චතුරා

අකාලික

මුනි දහම

පූජ්‍ය කිරිබත්ගොඩ ඤාණානන්ද ස්වාමීන් වහන්සේ

චතුරාර්ය සත්‍යාවබෝධයට ධර්ම දේශනා....

අකාලික මුනි දහම
පූජ්‍ය කිරිබත්ගොඩ ඤාණානන්ද ස්වාමීන් වහන්සේ

© සියලුම හිමිකම් ඇවිරිණි.

ISBN: 978-955-0614-94-3

ප්‍රථම මුද්‍රණය : ශ්‍රී බු.ව. 2555 ක් වූ නවම් මස පුන් පොහෝ දින

- පරිගණක අකුරු සැකසුම, පිටකවර නිර්මාණය සහ ප්‍රකාශනය -
මහාමේඝ ප්‍රකාශකයෝ
වඩුවාව, යටිගල්ඔළුව, පොල්ගහවෙල.
දුර : 037 4942069, 0773216685
info@mahameghapublishers.com | www.mahameghapublishers.com

- මුද්‍රණය -
ලීඩ්ස් ග්‍රැෆික්ස් (පුද්.) සමාගම,
අංක 356 E, පන්නිපිටිය පාර, තලවතුගොඩ.
ටෙලි : 011 4301616/ 011 2796151

චතුරාර්ය සත්‍යාවබෝධයට ධර්ම දේශනා....

අකාලික මුනි දහම

පූජ්‍ය කිරිබත්ගොඩ ඤාණානන්ද ස්වාමීන් වහන්සේ
විසින් පවත්වන ලද සදහම් වැඩසටහන් වලදී දේශනා කරන ලද
සූත්‍ර දේශනා ඇසුරෙනි.

මහාමේඝ ප්‍රකාශනයකි

පෙළගැස්ම....

01. මුනි සූත්‍රය 07
(සුත්ත නිපාතය - උරග වර්ගය)

02. මාගන්දිය සූත්‍රය 40
(මජ්ඣිම නිකාය 2 - පරිබ්බාජක වර්ගය)

03. මහා දුක්ඛක්ඛන්ධ සූත්‍රය 88
(මජ්ඣිම නිකාය 1 - සීහනාද වර්ගය)

04. පෝතලිය සූත්‍රය 119
(මජ්ඣිම නිකාය 2 - ගහපති වර්ගය)

05. වම්මික සූත්‍රය 156
(මජ්ඣිම නිකාය 1 - ඕපම්ම වර්ගය)

"දසබලසේලප්පභවා නිබ්බානමහාසමුද්දපරියන්තා
අට්ඨංග මග්ගසලිලා ජිනවචනනදී චිරං වහතූති"

දසබලයන් වහන්සේ නමැති ශෛලමය පර්වතයෙන් පැන නැඟී
අමා මහා නිවන නම් වූ මහා සාගරය අවසන් කොට ඇති
ආර්ය අෂ්ටාංගික මාර්ගය නම් වූ සිහිල් දිය දහරින් හෙබි
උතුම් ශ්‍රී මුඛ බුද්ධ වචන ගංගාව
(ලෝ සතුන්ගේ සසර දුක නිවාලමින්)
බොහෝ කල් ගලාබස්නා සේක්වා!

(සළායතන සංයුත්තය - උද්දාන ගාථා)

නමෝ තස්ස භගවතෝ අරහතෝ සම්මාසම්බුද්ධස්ස
ඒ භාග්‍යවත් අරහත් සම්මා සම්බුදුරජාණන් වහන්සේට නමස්කාර වේවා!

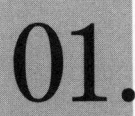

01.

මුනි සූත්‍රය

(සුත්ත නිපාතය - උරග වර්ගය)

ශ්‍රද්ධාවන්ත පින්වත්නි,

අද අපි ඉගෙන ගන්නේ 'මුනි සූත්‍රය.' මේ මුනි සූත්‍රය ඇතුළත් වෙලා තියෙන්නේ සුත්ත නිපාතයට. මුනි කියලා කියන්නේ නිකෙලෙස් උත්තමයන්ට කියන නමක්. අපි දන්නවා, බුදුරජාණන් වහන්සේ නිකෙලෙස් මුනිවරුන් ගැන කියද්දී විවිධ නම්වලින් දක්වා තියෙනවා.

ඉසිගිලි සූත්‍රයේදී බුදුරජාණන් වහන්සේ නිකෙලෙස් මුනිවරුන්ව 'ඍෂි' කියන නමින් හඳුන්වනවා. ඒ දේශනාවට අනුව 'ඍෂි' කියලා කියන්නේ ජටාධර තාපසවරුන්ට නෙවෙයි. ඒ වගේම නිකෙලෙස් උත්තමයන්ට කියන නමක් තමයි 'මුනි' කියලා කියන්නේ. මුනි කියන වචනයත් එක එක අර්ථවලට යෙදෙනවා.

ඔබ අහලා ඇති 'මෞන' කියලා ව්‍රතයක් ගැන. 'මෞන' කියන්නේ කතා නොකර සිටීමට. ඒක ව්‍රතයක්.

එතකොට මෙතැන 'මෞන ව්‍රතය' කියලා කියන්නේ නිශ්ශබ්දව සිටීම.

අදටත් ඉන්දියාවේ ඉන්න සමහර සාධුවරු කතා කරන්නේ නෑ. යම්කිසි කතාවක් කරන්න වුණොත් අතින් පයින් තමයි කතා කරන්නේ. බුදුරජාණන් වහන්සේ මේ මෞන කියන ව්‍රතය අනුමත කළේ නෑ. උන්වහන්සේ කතා නොකර සිටීම කවදාවත් පුරුද්දක් හැටියට කරන්න එපා කිව්වා. මෞන ව්‍රතය අනුගමනය නොකළ යුතුයි කිව්වා.

මුනිවරුන්ගේ ලෝකය...

මුනි කියලා කියන්නේ මුනි බවට පත්කරන දහම. ඒ නිසා බුදුරජාණන් වහන්සේට '**(මෝනෙය්‍යං පත්තෝ)** මුනි බවට පත් වූ' කියලා කියනවා. ඒ වගේම අපි දන්නවා බුදුරජාණන් වහන්සේට 'ශාක්‍ය මුනි, මහා මුනි' ආදී නම් භාවිතා වෙනවා. එතකොට මුනි කියලා කියන්නේ කෙලෙස් නැසූ (රාග, ද්වේෂ, මෝහ නැසූ) කෙනාටයි. රාග, ද්වේෂ, මෝහවලින් බැටකන ලෝකෙක ජීවත්වෙන මිනිසාට, රාග, ද්වේෂ, මෝහ දුරුකරපු චරිත ගැන අහන්න ලැබෙද්දී, ඒක ලොකු අස්වැසිල්ලක්. මොකද, අද ලෝකය පුරාම තියෙන්නේ රාග, ද්වේෂ, මෝහයෙන් කිපිලා බැට කෑමක්. මෙයින් මිදිලා වාසය කරන මුනිවරුන් ගැන සඳහන් වෙන අති සුන්දර දේශනාවක් තමයි 'මුනි සූත්‍රය' කියලා කියන්නේ.

ලොවට උතුම් - අපේ මුනිරජු...

මුනි සූත්‍රයේදී බුදුරජාණන් වහන්සේ දේශනා කළේ මුනිවරුන් ගැනයි. අපගේ ශාස්තෘ වූ, ඒ භාග්‍යවත් අරහත් සම්මා සම්බුදුරජාණන් වහන්සේ තමයි ශාක්‍ය මුනීන්ද්‍රයන් වහන්සේ. මහා මුනිරාජයාණන් වහන්සේ. උන්වහන්සේට

ඉහළින් ලෝකේ වෙන මුනිවරයෙක් නෑ. අන්‍යාගම්වලත් මුනි කියන වචනය 'පිදුම් ලැබිය යුතු' කියන අර්ථයට පාවිච්චි කරනවා. නමුත් ඒකෙන් 'පිදුම් ලැබිය යුතුයි' කියන අර්ථය එන්නේ නෑ. පිදුම් ලැබිය යුතුයි කියන අර්ථය එන්නේ '**ආහුනෙය්‍ය**' කියන වචනයෙනුයි.

දෙමව්පියන්ටත් කියනවනේ '(**ආහුනෙය්‍යා ච පුත්තානං පජාය අනුකම්පකා**) දරුවන්ගෙන් පිදුම් ලබන්නෝ මවුපියෝය' කියලා. ඒ නිසා දෙමව්පියන්ටත් 'ආහුනෙය්‍යය' කියනවා. 'ආහුනෙය්‍යය' කියන්නේ දුර ඉඳලා හරි ඇවිදින් පුද පූජා කරන්න සුදුසුයි කියන අර්ථයෙන්. දුර ඉඳලා හරි ඇවිදින් වැඳුම් පිදුම් පූජාවල් කිරීමට සුදුසුයි කියන අර්ථයෙන් ශ්‍රාවක සංඝයාටත් 'ආහුනෙය්‍යය' කියනවා. නමුත් මුනි කියන වචනයේ පැහැදිලිම තේරුම, නිකෙලෙස් කියන එකයි. රාග, ද්වේෂ, මෝහ ප්‍රහාණය කර මුනි බවට පත් වූ කියන එකයි. බුදුරජාණන් වහන්සේ මේ මුනි සූත්‍රයේදී හරිම ලස්සනට මුනිවරයා බිහිවෙන හැටි දේශනා කරනවා.

කෙලෙස් උපදින තැන...

උන්වහන්සේ දේශනා කරනවා "(**සන්ථවාතෝ භයං ජාතං**) එකතුවෙලා වාසය කිරීමෙන් තමයි ලෝකයේ බිය හටගන්නේ. (**නිකේතා ජායතේ රජෝ**) එකතු වී වාසය කරන ජීවිතය තුළ තමයි (නිකේත කියලා කියන්නේ වාසය කරන තැන) කෙලෙස් උපදින්නේ. මේ කාරණය දකින කෙනා (**අනිකේතමසන්ථව**) 'අනිකේත' කිව්වේ නිකේතයක් නෑ, ගෘහයක් නෑ, ගෘහය අත්හරිනවා කියන එකට. 'අසන්ථවං' කිව්වේ එක්වී වාසය කිරීමක් නෑ කියලයි.

පින්වන්ත රටක අයට වාසනාව අහිමි වූ හැටි...

ලෝකයේ මේ ක්‍රමය තියෙන්නේ ඉන්දියාවේ විතරයි. ලෝකේ වෙන කොහේවත් නෑ. බුදුරජාණන් වහන්සේගේ කාලෙත් එහෙමයි. අදත් එහෙමයි. නමුත් අද ඒක අල්පයි. බුද්ධ කාලේ එහෙම නෙවෙයි, මිනිස්සු ගෙවල් දොරවල් අත්හැරලා විමුක්තිය හොයාගෙන යනවා. ඔක්කෝම අත්හැරලා ගිහින් තනිවම වාසය කරනවා. එහෙම අය අදත් ඉන්නවා.

මට හම්බවෙලා තියෙන සමහර සාධුවරු ගංගා නම් ගඟ අයිනේ තනිවම පුංචි ගල් ලෙනකට වෙලා ඉන්නවා. කිසි දෙයක් නෑ. සෙම්බුවක් තියෙනවා, සීත කාලෙට පොරවන්න ලොකු කම්බිලි තියෙනවා, ඔය මොනවහරි තම්බ ගන්න පොඩි ලිපක් තියෙනවා. තනිවම ඔහේ ඉන්නවා. මාර්ග යක් නෑ. නමුත් තනිවම ඉන්න එක තියෙනවා. එක පායන කාලෙක මම 'කුම්භමේලා' කියලා උත්සවයක් බලන්න ගියා. හිතාගන්න බෑ, සාධුවරු ඔක්කොම තනිවම සතුටු වෙවී ඉන්නවා. ඔන්න එක සාධුවරයෙක් ආවා. ගහක් යට වාඩිවුණා. වාඩිවෙලා වට පිට බැලුවා. ගොම ටිකක් අරන් ආවා. එයාම ගොම ගාලා ලස්සනට අඟල් හයක් විතර උස පොඩි පිලක් හැදුවා. හදලා මැට්ටෙන්ම ගානට කොට්ටේ වගේ හැදුවා.

මුනි මග නොදැන මුනි වෙන්න වෑයමක්...

පහුවදා බලද්දී මෙයා ඒ ගහ යට ඉන්නවා. ඉස්සරහින් පොඩි වලකුත් හැරුවා. ඒකට දර කොට ටිකක් දැම්මා. ගිනි ගොඩක් ගහගත්තා. දැන් ඉතින් ඔහේ ඉන්නවා. කා එක්කවත් කතාබහක් නෑ. සිහි කරන්න

ධර්මයකුත් නැතුව එහෙම ඉන්න එක ගැන මම පුදුමයට පත්වුණා. ඒකෙන් තමයි මම 'රුක්ඛමූලගතෝවා' කියන්නේ මොකක්ද කියලා දැනගත්තේ. අදටත් එහෙම ජීවත් වෙනවා.

බුද්ධ කාලෙත් ස්වාමීන් වහන්සේලා ගස් යට ඉන්න ඇත්තේ එහෙමයි. ගහක් යටට වෙලා ඉඳලා පිණ්ඩපාතේ වැඩියා. දානෙ පොඩ්ඩක් වැළඳුවා. පාත්තරෙත් හෝද ගත්තා. කොහෙන් හරි වතුර ටිකක් වැළඳුවා. ඇවිත් මේ විදිහට ගස් යට කල් ගෙව්වා. එහෙම තමයි, මුනිවරු බිහිවුණේ.

අවිද්‍යාවෙන් අන්ධ වූ වත්මන් ලෝකය...

"(අනිකේතං) වාසය කිරීමට ගෘහයක් නැති, (අසන්ථවං) පිරිසක් සමඟ එකතුවෙලා නැති කෙනෙක් ඉන්නවා. (ඒතං වේ මුනි දස්සනං) ඒකාන්තයෙන්ම මේ තමයි මුනිවරුන්ගේ දැක්ම." බුදුරජාණන් වහන්සේගේ කාලේ ජීවත්වුණ මුනිවරු ගැනයි මේ කියන්නේ. මේක තමයි මුනිවරුන්ගේ දැක්ම. අද ලෝකේ මේක කරන්න බෑ. අදත් ඉන්දියාවේ නම් කරන්න පුළුවන්. වෙන රටක කරන්න බෑ. කොහේවත් බෑ. පත්තරවලින් එයි, ෆොටෝ ගනියි, ලිපි ලියයි, මහා ජරමර වෙනවා. මොකද, අද ලෝකයා එච්චරටම අවිද්‍යාවෙන් අන්ධ වෙලයි ඉන්නේ. ඒ නිසා ලෝකයාට මේ මුනි දහම තේරෙන්නේ නෑ. මුනි දහම තේරෙන යුගය ඉවරයි.

බුදුන් උදෙසා පැවිදි වූ පළමු කෙනා...

මේ විදිහට 'මෝනෙය්‍යය ව්‍රත' සමාදන් වෙලා සිටි කෙනෙක් ගැන බුද්ධ දේශනාවේ සඳහන් වෙලා

තියෙනවා. ඒ තමයි 'නාලක' කියන රහතන් වහන්සේ ගැන සඳහන් වෙන තැන. ඒ රහතන් වහන්සේ අසිත කියන තාපසතුමාගේ බෑනා කෙනෙක්. අසිත කියන ඍෂිවරයා තමන්ගේ බෑනා වෙන නාලකට කතා කරලා කිව්වා "පුත්‍රය, මගේ ආයුෂ ඉවරයි. ඔන්න මනුෂ්‍ය ලෝකේ සම්බුද්ධත්වයට පත්වෙන උත්තමයා ඉපදිලා ඉන්නවා. දරුවෝ නුඹ, ඒ උත්තමයාගේ නාමයෙන් පැවිදි වෙන්න. නුඹට යම් දවසක ආරංචි වෙයි, 'බුදු කෙනෙක් පහළ වෙලා ධර්මය දේශනා කරගෙන යනවා' කියලා. එතකොට නුඹ ගිහින් ඒ බුදුවරයන් වහන්සේව බැහැදකින්න. උන්වහන්සේ නුඹට ධර්මය කියයි."

එතකොට බෝසතාණන් වහන්සේ ඉපදුණා විතරයි. උන්වහන්සේගේ නාමයෙන් මේ නාලක තරුණයා පැවිදි වුණා. මේ නාලක පැවිදි වුණේ තාපස පැවිද්දෙන්. පැවිදිවෙලා පසු කාලෙක බුදුරජාණන් වහන්සේව මුණ ගැහෙන්න පැමිණියා. උන්වහන්සේ ධර්මය දේශනා කළා. එක ගමක රෑ දෙකක් ගෙව්වේ නෑ. එක තැනක ගෙව්වේ එක රැයයි. එහෙම ඇවිදගෙන ගියා. ධර්මය අවබෝධ කළා. කොහේ හරි ඈතක පිරිනිවන්පෑවා.

මුනිවරුන්ගේ ස්වභාවය බලන්න...

බුදුරජාණන් වහන්සේ දේශනා කරනවා **"(යෝ ජාතමුච්ඡිජ්ජ න රෝපයෙය්‍ය)** යම් ක්ලේශයක් උපදිනවා නම් එය උපදින තැනම මුනිවරයා ඒක නසලා දානවා. ඒක පැළකර ගන්නේ නෑ." බලන්න මේ මුනිවරුන්ගේ ස්වභාවය. ක්ලේශයක් උපදිනවා නම් උපදින තැනම ඒ ක්ලේශය නසනවා. එය රෝපනය කරගන්නේ නෑ. පැළ කරගන්නේ නෑ. ඊළඟට **"(ජායන්තමස්ස නානුප්පවෙච්ඡේ)**

ආයෙමත් එතැන කෙලෙස් හටගන්න ඉඩ තියන්නෙත් නෑ." මුනිවරයා ඒ ක්ලේශය හටගන්න තැනම ඒ ක්ලේශය නසලා දානවා. ඒක රෝපනය කරන්නෙත් නෑ, ආයෙමත් පැළවෙන්න ඉඩ තියන්නෙත් නෑ. **(තමාහු ඒකං මුනීනං චරන්තං)** අන්න එබඳු හුදෙකලාවක, එබඳු ක්‍රියාවක යෙදි යෙදී හැසිරෙන කෙනාට තමයි මුනිවරයා කියන්නේ. **(අද්දක්ඛී සෝ සන්ති පදං මහේසී)** ඔහු මේ ලෝකයේ ශාන්ත පදය දැකපු මහා සෘෂිවරයෙක් කියනවා.

දහම නොලත් අසරණ ලෝකය...

මේ ලෝකයේ ශාන්ති පදය තමයි නිවන. නිවන කිව්වේ **(රාගක්ඛයෝ නිබ්බානං)** රාගය ක්ෂයවීමයි. **(දෝසක්ඛයෝ නිබ්බානං)** ද්වේෂය ක්ෂයවීමයි නිවන. **(මෝහක්ඛයෝ නිබ්බානං)** මෝහය ක්ෂයවීමයි නිවන. බුදුරජාණන් වහන්සේ නමකගෙන් හැරෙන්න අපට මේ දේවල් කවදාවත් දැනගන්න අහන්න ලැබෙන්නේ නෑ. බුදු දහම නැති තැන මේ ලෝකේ හරිම අසරණයි. හරිම භයානක විදිහට මේ ලෝකේ මිනිස්සු අසරණ වෙලා. බුදු කෙනෙක් පහළ වෙලා තමයි අකුසල් ප්‍රහාණය කරන, කුසල් වඩන විදිහ කියාදෙන්නේ. මේ ලෝකේ වෙන කොහෙන්වත් ඔබ අහලා තියෙනවද, රාග ද්වේෂ මෝහ ප්‍රහාණය කරන ධර්මයක්?

එන්න, ඇවිත් බලන්න...

බුදුරජාණන් වහන්සේ දේශනා කරනවා "අකුසල් ප්‍රහාණය කරන කෙනා ප්‍රහාණය කළොත් කළාමයි. ඒක නැවත රෝපනය කරන්නේ නෑ" කියලා. ඊට පස්සේ ඒ මුනිවරයා "**(සංඛාය වත්ථූනි පහාය බීජං)** නුවණින් කල්පනා කරලා කුඹුර හොයාගන්නවා. කුඹුර තමයි **(කම්මං**

කෙත්තං) ක්‍රියාව. චේතනා පහළකොට කරන ක්‍රියාව තමයි කුඹුර. (පහාය බීජං) ඒ කුඹුරේ බීජය පැළවෙන්න දෙන්නේ නෑ. බීජය විඤ්ඤාණයයි. (සිනේහ මස්ස නානුප්පවෙච්ඡේ) ඒ කුඹුරට වතුර දාන්නේ නෑ.”

ඉපදීමේ අන්තය දකින තථාගත මුනි දහම...

මුනිවරයා ඒ කුඹුරට ආයේ බීජ පැළවෙන්න දිය දෙන්නේ නෑ. බලන්න කොයිතරම් ලස්සනද කියලා. “(සවේ මුනි ජාතිඛයන්තදස්සී) ඒකාන්තයෙන්ම ඒ මුනිවරයා ඉපදීමෙහි අන්තය දකිනවා.” ඉපදීමෙහි අන්තය රාග, ද්වේෂ, මෝහ නැති තැනයි. ඒ කියන්නේ නිවනයි. “(තක්කං පහාය න උපේති සංඛං) මුනිවරයා තර්ක අත්හරිනවා. කිසි දවසක මේ ලෝකයට පැමිණෙන්නේ නෑ” කියනවා. ඒ කාරණය බුදුරජාණන් වහන්සේ හරි ලස්සනට දේශනා කළා.

අහන්න ලැබීමත් වාසනාවක්...

බලන්න, අද වන් යුගයක මෙවැනි විස්තර අහන්න ලැබීම පවා කොච්චර වාසනාවක්ද? ඉන්දියාවට ගියාම හරි දුක හිතෙන්නේ ඒකයි. ඉන්දියාවට අද මේ වගේ ධර්මයක් අහන්න ලැබෙන්නේ නෑ. ඉන්දියාවේ අය කෝවිල් පෙන්නලා කියනවා ‘මේක වඳින්න. භව සයුරින් එතෙර වෙයි’ කියලා. ‘භව සාගර පාර’ කියලා ඒ වචනය නම් තියෙනවා. නමුත් ‘භව සයුරින් එතෙර වෙන්න නම් රාග, ද්වේෂ, මෝහ ප්‍රහාණය කළ යුතුයි’ කියන එක දන්නේ නෑ.

(අඤ්ඤාය සබ්බානි නිවේසනානි - අනිකාමයං අඤ්ඤතරම්පි තේසං) ‘නිවේසනානි’ කියන්නේ ලෝකයේ

උපදින්න තියෙන තැන්. ඔබට මතක ඇති බුදුරජාණන් වහන්සේ මේ ශරීර කූඩුවට ගෘහය කියලා වචනයක් පාවිච්චි කළා. ගෘහය කියන්නේ පදිංචි වී සිටින තැන. දැන් අපි මේ කාලේ පදිංචි වෙලා ඉන්නේ මනුෂ්‍ය ශරීරය නැමැති නිවසේ, කූඩුවේ, එහෙම නැත්තම් ගෘහයේ. තව කොටස් ඉන්නවා භූත නැමැති නිවාසවල. තව කොටස් ඉන්නවා දේව නැමැති නිවාසවල. මේ එක එක්කෙනාගේ ජීවිතය ගත්තොත් එක එක නිවාසවල. 'අඤ්ඤාය' කිව්වේ මේ සියලුම නිවෙස් අවබෝධ කරගෙන, (**අනිකාමයං අඤ්ඤතරම්පි තේසං**) ඒ නිවාස කිසිවක් ගැන තිබූ ඇල්ම අත්හරිනවා.

අල්ලාගැනීම නවතා අත්හැරීම පුරුදු කරමු...

සාමාන්‍ය මනුෂ්‍යයා නම් එකක් අතාරින්නේ තව එකක් අල්ලගෙනනේ. නදී සූත්‍රයේ තියෙනවා, ගඟකට වැටුණු මනුෂ්‍යයෙක් වේගයෙන් පහළට ගහගෙන යද්දී, ඒ කෙනා ගංගාවේ ඉවුරේ සැඩ පහර පැත්තට හැරිලා තියෙන ගස් කොළන්වල එල්ලෙනවා. එතකොට ඒවත් කඩාගෙන එයා ආපහු පහළට යනවා. ඒ වගේ කියනවා මේ භව ගමන.

ඒ නිසා බුදුරජාණන් වහන්සේ දේශනා කරනවා "මේ නිවෙස් ගැන අවබෝධ කරන්න" කියලා. මොකද, මුනි වෙන්න නම් සියලු ලෝකයන් කෙරෙහි නොඇල්ම තියෙන්න එපායැ. ඒ දක්ෂකම ඇති කරගන්න කෙනා තමයි මුනිවරයා. එයා ගිහි ජීවිතෙත් අත්හැරියා. පිරිසක් එක්ක එකතුවීමත් අත්හැරියා. අකුසල් අත්හැරියා. ඊළඟට විඤ්ඤාණය පැළවෙන්න දෙන්නේ නෑ. තෘෂ්ණාව නැමැති දිය දෙන්නේ නෑ. මේ කිසිම නිවෙස්නයකට ඇලුම්

නොකරන ඔහු ඒකාන්තයෙන්ම මුනිවරයෙකි.

(වීත ගේධෝ) 'ගේධ' කියලා කියන්නේ තෘෂ්ණාවට. 'ගේධ' කියන වචනය අපිට කරණීය මෙත්ත සූත්‍රයේදී හම්බ වෙනවා. **(කාමේසු විනෙය්‍ය ගේධං)** කාමය කෙරෙහි ඇති ඇල්ම අත්හැරීම. එතකොට 'ගේධ' කියන්නේ තෘෂ්ණාවට. ඒ වගේම මෙතැන කියන්නේ යළි උපතක් පිණිස තියෙන ආශාව අත්හැර වාසය කරනවා කියන එකයි. ඒ වගේම **(අගිද්ධෝ)** කිසිවකට ගිජුනොවී වාසය කරනවා. **(නායූහතී පාරගතෝ හි හෝතී)** ගෘහයක් පිණිස කිසිවක් රැස් කරන්නේ නෑ. එහෙම නැත්නම් ඔහු ගිලෙන්නේ නෑ. 'පාරගතෝ' කියන්නේ එතෙර වෙනවා. 'පාර' කියලා කියන්නේ එතෙර. 'පාරගතෝ' කිව්වේ එතෙරට ගියා වෙනවා.

සුන්දර කතන්දරයක් පමණක්ද...?

එතකොට බලන්න මුනිවරුන්ගේ ලෝකය කොයිතරම් ආශ්චර්යයක්ද? අද අපිට ඒක තේරෙන්නේ නැතේ. අද අපි මුනිවරුන්ගේ ලෝකය කියලා කියන්නේ අපට සමීපවෙන්න අමාරු යම්කිසි සුන්දර කතාන්දරයකට. බුදුරජාණන් වහන්සේ දේශනා කරනවා "**(සබ්බාභිභුං සබ්බවිදුං සුමේධං)** ඒ නුවණැති මුනිවරු සියල්ල මැඩලනවා. සියලු අකුසල් මැඩලනවා. සියල්ල අවබෝධ කරනවා. **(සබ්බේසු ධම්මේසු අනූපලිත්තං)** ලොව කිසිවකට නොඇලී වාසය කරනවා. **(සබ්බංජහං)** කෙලෙස් හටගන්න සියලු දේ අත්හරිනවා. **(තණ්හක්ඛයේ විමුත්තං)** තෘෂ්ණාව ක්ෂයවෙලා නිදහස අත්පත් කරගෙන ඉන්නවා. **(තං වාපි ධීරා මුනිං වේදයන්ති)** ඤාණවන්ත උදවිය ඒ කෙනාව 'මෙන්න මුනිවරයා' කියලා හඳුනා ගන්නවා."

ලෝකේ මනුෂ්‍යයෙකුට මුනිවරයාව හඳුනාගන්න තියෙන පිළිවෙලයි මේ කියන්නේ. ඒ විදිහට හඳුනගන්නේ ඥාණවන්ත මනුෂ්‍යයෙක්. ඥාණවන්ත මනුෂ්‍යයෙකුට විතරයි, මුනිවරයාව හඳුනාගන්න පුළුවන් වෙන්නේ.

මුනිවරයාගේ බලය සීලයයි...

එතකොට නුවණැති කෙනා තමයි මුනිවරයාව හඳුනාගන්නේ. **(පඤ්ඤාබලං සීලවත්තූපපන්නං)** ඒ මුනිවරයා වාසය කරන්නේ ප්‍රඥාව බලය කරගෙනයි. ඒ වගේම සීලයෙන් යුක්තයි, වත පිළිවෙතින් යුක්තයි. **(සමාහිතං)** සමාහිත සිතින් යුක්තයි. **(ඣානරතං)** ධ්‍යානයට ඇලී වසනවා. **(සතිමං)** සිහි නුවණින් වසනවා. **(සංගා පමුත්තං)** කෙලෙසුන්ගෙන් මිදී වසනවා. **(අඛිලං)** කියන්නේ හුල. කෙලෙස් හුල් නැතුව වසනවා. **(අනාසවං)** ආශ්‍රව නැතුව වසනවා. **(තං වාපි ධීරා මුනිං වේදයන්ති)** නුවණැත්තෝ ඔහුට කියන්නේ මුනිවරයා කියලයි. බලන්න බුදුරජාණන් වහන්සේ මුනිවරයාව හඳුන්වා දෙන හැටි කොච්චර ලස්සනද?

ඊළඟට මුනිවරුන්ගේ ස්වභාවය තමයි **(ඒකං චරන්තං)** හුදෙකලාවේ හැසිරෙයි. **(මුනිං අප්පමත්තං)** අප්‍රමාදීව වසයි. **(නින්දා පසංසාසු අවේධමානං)** නින්දා ප්‍රශංසාවට නොසැලී වාසය කරනවා.

දිය නොම තැවරෙන පියුමක් විලසේ...

එහෙනම් අපිට පේනවා මුනිවරුන්ටත් නින්දා ලැබෙනවා. ඒ වගේම ප්‍රශංසා ලැබෙනවා. මුනිවරුන්ට නින්දා ප්‍රශංසා ලැබෙනකොට ඒ මුනිවරු ඒවාට නොඇලී ඉන්නවා. මෙතැන හරි ලස්සනට ඒ ගැන සඳහන්

වෙනවා. හරියට (**සීහං ව සද්දේසු අසන්තසන්තං**) ශබ්දයට නොසැලෙන සිංහයා ලෙස. (**වාතං ව ජාලම්හි අසජ්ජමානං**) දැලෙහි නොබැඳිය හැකි සුලඟක් ලෙස. (**පදුමං ව තෝයේනා අලිප්පමානං**) දියෙහි නොතැවරෙන පියුමක් ලෙස. (**නේතාරමඤ්ඤේසං සමනඤ්ඤ නෙය්‍යං**) ඒ මුනිවරයා ශ්‍රමණයන් වහන්සේලා අතර නායකයෙක් කියනවා. ඒ වගේම අනිත් අයවත් ශ්‍රමණභාවයට පමුණුවනවා කියනවා. එතකොට මෙතැන මුනිවරයා කියලා කියන්නේ බුදුරජාණන් වහන්සේ ගැන. (**තං වාපි ධීරා මුනිං වේදයන්ති**) නැණැති දනෝ මොහුටත් පවසති මුනිවරයා කියා.

සිරිලක භාග්‍යයේ උදාව...

එතකොට බලන්න, මුනිවරයන් වහන්සේ කොයිතරම් ආශ්චර්යක්ද? අපි ගත්තොත්, අපේ ලංකාවට වැඩම කළ මිහිඳු මහරහතන් වහන්සේගේ ජීවිතයේ තිබුණු මුනිභාවයෙන් තමයි උන්වහන්සේ සියල්ලන්ගේම සිත් වසඟ කළේ. උන්වහන්සේලාගේ ජීවිතයේ දක්වපු අසාමාන්‍ය ගුණවත්කම නිසයි රජතුමා ඇතුළු සියලු දෙනා ක්ෂණයෙන් ධර්මයට පැහැදුණේ.

ඉතිහාසයේ අපේ රටට නොයෙකුත් විදේශිකයෝ පැමිණියානේ නේද? මිහිඳු මහරහතන් වහන්සේත් අපේ රටට පැමිණි එක්තරා විදේශිකයෙක්නේ. ඊට කලිනුත් විජය කුමාරයා ආදී අය ආවා. නමුත් මිහිඳු මහරහතන් වහන්සේට හැර අනිත් හැම කෙනෙකුටම යම් යම් චෝදනා තියෙනවා. ඊට පස්සේ ආපු හැමෝටම චෝදනා තියෙනවා. පෘතුගීසින්ට, ලන්දේසින්ට, ඉංග්‍රීසින්ට බරපතල චෝදනා තියෙනවා.

මුනිවරයෙකුගේ ආගමනය ආශීර්වාදයක් විය...

ඒ අය මේ රටවල් හූරගෙන කෑවා. නමුත් මිහිඳු මහරහතන් වහන්සේ මුනිවරයන් වහන්සේ නමක්. උන්වහන්සේ නූල් පොටක් මව් රටට පිටත් කළේ නෑ. මේ රටට තමයි සියල්ලම ලබා දුන්නේ. ශ්‍රී මහා බෝධීන් වහන්සේ ලබා දුන්නා. ධාතූන් වහන්සේලා ලබා දුන්නා. මුනිබවට පත්වෙන දහම දුන්නා. ඒක පොඩි දෙයක්ද? බුදුරජාණන් වහන්සේගේ නිර්මල දහම දුන්නා. ඒ වගේම ශ්‍රී මහා බෝධීන් වහන්සේ ප්‍රමුඛ ඒ ස්ථාන ගොඩනගන්න දහඅට කුලයක ශිල්පීන් ගෙනාවා. පුරුදු කෙරෙව්වා.

පුදුම ලස්සනට බුදුරජාණන් වහන්සේගේ ධර්මය හැසිරෙන ධර්ම රාජ්‍යයක් ගොඩනගන්න මිහිඳු මහරහතන් වහන්සේ උදව් කළා. ඒ තුළ සියලු දෙනාම සහයෝගයෙන් සතුටින් වාසය කළා. අපේ මුතුන් මිත්තන්ගේ පරපුරේ අය මුනිවරු වෙලා අහසින් වඩිද්දී, පොළොවේ වී වේලගන්න ඉඩක් නැතිවුණා.

අද අපි නිකම් මෙලොව පරලොව නැතුව ආතතුර වෙලා හිටියට ඒ කාලේ එබඳු ආකාරයට කටයුතු කළ මුනිවරුන්ගේ යුගයක් අපට තිබුණා. බුදුරජාණන් වහන්සේගෙන් තමයි ඒ මුනි ධර්මය අපට ලැබුණේ. ඒ සියල්ලටම හේතුව, ඒ ධර්මය අරගෙන වැඩියේ මුනිවරයෙක් වීමයි.

රටට වැඩියෙන්ම ආදරය කළ කෙනා...

බලන්න, මිහිඳු මහරහතන් වහන්සේ අපිට දීපු දේ. මෙතරම්ම මේ ලංකාවට ආදරය කළ, මෙතරම්ම අපේ සිංහල හෙළදිවවාසී ජනයාට ආදරය කළ, තවත්

කෙනෙක් මේ ඉතිහාසේ නෑ. ඒකට හේතුව, ඒ වැඩම කළේ මුනිවරයෙක්. මුනිවරයෙකුගේ වැඩම කිරීමයි, රාග ද්වේෂ මෝහ සහිත අයගේ පැමිණීමයි අතර වෙනස බලන්න. කෙලෙස් සහිත අය සාපයක් වුණා. මුනිවරයා ආශිර්වාදයක් වුණා. ඒ මුනිවරුන්ව බිහිකළේ බුදුරජාණන් වහන්සේයි.

මුනිවරයාගේ ලක්ෂණය බලන්න **(යෝ ගාහණේ ථම්භෝරිවාභිජායති)** කවුරුහරි පිරිසක් ඔහුට අපහාස කරනවා නම්, සැර පරුෂවෙලා ගරහනවා නම්, ඔහු නිශ්ශබ්දව ඉන්නවා. හරියට කණුවක් වගේ කියනවා. **(යස්මිං පරේ වාචා පරියන්තං වදන්ති)** අන් අය කියලා ඉවර වුණාට පස්සේ තමයි මුනිවරයා කතා කරන්නේ. **(තං වීතරාගං සුසමාහිතින්ද්‍රියං)** ඒ මුනිවරයා ඇස, කණ, නාසය, දිව, කය, මනස කියන ඉඳුරන් මනාව සංවර කරගෙනයි ඉන්නේ.

නිකෙලෙස් බවේ සුන්දරත්වය...

මිහිඳු මහරහතන් වහන්සේ ප්‍රමුඛ උතුම් සංඝරත්නය මෙහෙට වැඩම කළ විට රජ්ජුරුවෝ "මේ මාළිගාවේ වාසය කරන්න" කිව්වා. "නෑ. අපි ටිකක් ඈතින් ඉන්නම්" කිව්වා. බලන්න නිකෙලෙස් බව. කෙලෙස් තිබ්බා නම් "බොහෝම හොඳයි. අපිටත් කිට්ටුවෙන්ම තැනක් හදන්න" කියයි. "අපි එන්නම් පුරෝහිතකමට" කියයි. බලන්න වෙනස. රජ්ජුරුවෝ බැලුවා, මේ උත්තමයන් වහන්සේලා කැලෑවට හුදෙකලාවට ආසයි. ඒ නිසා වාසය කරන්න ලෙන් හදලා දුන්නා. **(තං වාපි ධීරා මුනිං වේදයන්ති)** නුවණැති අය මේ උත්තමයන් හට මුනිවරයා කියලා කියනවා.

(යෝ වේ ඨිතත්තෝ තසරං ව උජ්ජුං) 'තසර' කියලා කියන්නේ නූල් කටින යන්ත්‍රයේ හරස් අතට තියෙන ඇද නැති පොල්ලට. ඒකේ තමයි නූල් ඔතන්නේ. ඒක දසමෙට කෙලින් තියෙන්න ඕන. ඒකෙ තියෙන නූලෙන් තමයි රෙද්ද වියෙන්නේ. නූල් කටින යන්ත්‍ර දැකලා තියෙන අය දැකලා ඇති, ඒක හරි කෙලින් තියෙන්න ඕන. ඒකට තමයි තසර කියලා කියන්නේ. ඒකේ තමයි නූල ඔතන්නේ.

මොකද, ඒක ඇද වුණොත් රෙද්ද හරියට වියෙන්නේ නෑ. ඒ නිසා බුදුරජාණන් වහන්සේ මුනිවරයාගේ සිත හරියට තසරයක් වගේ කියලා දේශනා කළා. මුනිවරයාගේ සිත නූල් කටින යන්ත්‍රයේ තියෙන කෙලින් ලීය වගේ ඍජුයි කියනවා. දහමේ ස්ථිරව පිහිටලා තියෙනවා.

(ජිගුච්ඡති කම්මේහි පාපකේහි) ඒ මුනිවරයා පව්කම් වලට පිළිකුල්. පව්කම් කරන්න කැමති නෑ. **(වීමංසමානෝ විසමං සමංච)** හොඳ නරක දෙකම හොඳින් නුවණින් විමසනවා. **(තං වාපි ධීරා මුනිං වේදයන්ති)** ප්‍රාඥයෝ, එබඳු අයට මුනිවරයා කියලා කියනවා.

කිසිවෙකුගෙන් දොස් නොලබන උත්තම ජීවිත...

ඒ මුනිවරු **(යෝ සඤ්ඤතත්තෝ න කරෝති පාපං)** තමාව සංවර කරගෙනයි වාසය කරන්නේ. ඒ වගේම පව් කරන්නේ නෑ. **(දහරෝ ච මජ්ඣිමෝ ච මුනි යතත්තෝ)** ඒ මුනිවරයා පොඩි කෙනෙක් වෙන්න පුළුවන්. මැදුම් වයසේ කෙනෙක් වෙන්නත් පුළුවන්. යෞවන වයසේ කෙනෙක් වෙන්නත් පුළුවන්. හැබැයි ඔහු මුනි ගුණයෙන් යුක්තයි. **(අරෝසනෙය්‍යෝ සෝ න රෝසේති කංචි)** ඔහු කිසිවෙකුගෙන් දොස් නොලබන චරිතයකින් යුක්තයි. ඒ වගේම ඔහු කිසිවෙකුටත් දොස් කියන්නේ නෑ.

එතකොට මුනිවරයා කියන්නේ අනුන්ගෙන් දොස් නොලබන චරිතයක්. ඒ වගේම අනුන්ට දොස් නොකියන චරිතයක්. (**තං වාපි ධීරා මුනිං වේදයන්ති**) නැණැති දනෝ මොහු හඳුනති මුනි ලෙසින.

මුනි ගුණ වරුණ...

ඊළඟට තියෙනවා, මුනිවරයා පිණ්ඩපාතේ වඩිනවා. එහෙම වඩිනකොට (**යදග්ගතෝ මජ්ඣතෝ සේසතෝ වා**) සමහරවිට මුනිවරයාට පාත්තරේට දෙන්නේ මුට්ටිය උඩින් තියෙන බත් ටිකක්. එහෙම නැත්තම් මුට්ටිය මැදින් බත් ටිකක්. එහෙමත් නැත්තම් හම්බවෙන්නේ දංකුඩ. (**පිණ්ඩං ලභේථ පරදත්තූපජීවී**) ඒ විදිහට අනුන්ගෙන් ජීවත් වෙන, අනුන් දුන් දෙයින් යැපෙන කෙනාට පිණ්ඩපාතේ ලැබුණාට පස්සේ (**නාලං ථුතුං නෝපි නිපච්චවාදී**) පිණ්ඩපාතය හේතුවෙන් ඒ කෙනාව අමුතුවෙන් වර්ණනා කරන්නේ නෑ. 'හෙට දවසේ මීට වඩා ප්‍රණීත භෝජන ගන්න ඕන' කියලා හිතාගෙන වර්ණනා කරන්නේ නෑ. අද කාලේ වගේ "මේ දන් දීපු කෙනා දානපති, දානසාගර, දාන චක්‍රවර්ති" කියලා වර්ණනා කරන්නේ නෑ. "හෙටත් මේ විදිහට දෙන්න" කියලා කියන්නේ නෑ. මොකද, ඒ තමයි මුනිවරයා. (**නාලං ථුතුං**) තුති කර කර යන්නේ නෑ. වර්ණනා කරන්නේ නෑ.

මොහු හට නැණැති අය - මුනිවරයෙකි පවසති...

සාමාන්‍ය මනුෂ්‍යයා නම් දීපු දේ වර්ණනා කරන්න කැමතියිනේ. මොකද, වර්ණනා කරහම තමයි තව දෙන්නේ. ඒ ක්‍රමය මුනි දහම නෙවෙයි. ඒ වගේම දංකුඩ දුන්නා කියලා නපුරු සිතක් පහළ කර ගන්න කෙනෙකුත් නෙවෙයි. ඒකට අපහාස කරන්නේ නෑ. (**තං වාපි ධීරා**

මුනිං වේදයන්ති) නැණවතුන් මේ උතුමාට මුනිවරයා කියලා කියනවා.

(මුනී චරන්තං විරතං මේථුනස්මා) මුනිවරයා මෛථුනයෙන් වැළකී බ්‍රහ්මචාරීව වාසය කරනවා. **(යෝ යොබ්බනේන උපනිබජ්ඣතේ කච්චි)** යෞවනයෙන් වාසය කරන මුනිවරයා කවදාවත් කාමයට ඇලෙන්නේ නෑ කියනවා. මොකද, ඔහු වාසය කරන්නෙ මුනි දහමක සිත බැඳගෙනයි. **(මදප්පමාදා විරතං විප්පමුත්තං)** මද ප්‍රමාද වලින් නොඇලී, ඒවාට ඇලුම් නොකොට කෙලෙසුන්ගෙන් මිදී වාසය කරනවා. **(තං වාපි ධීරා මුනිං වේදයන්ති)** නුවණැත්තෝ ඔහුට කියනවා 'මුනිවරයා' කියලා.

මුනිවරුන්ගේ පාරාදීසයක අසිරිය...

බුද්ධ ශාසනයේ තමයි හැබෑම මුනිවරයෝ බිහි වුණෙත්, මුනිවරියෝ බිහිවුණෙත්. ථේරී ගාථාවල අපි ථේරී කිව්වේ ස්ථවිරී කියලනේ. නමුත් ඒකේ නියම වචනය මුනිවරිය කියන්න ඕන. මොකද, ඒ කතා කරන්නේ නිකෙලෙස් පිරිසක් ගැනයි.

දැන් බලන්න කෙලෙස් සහිත කෙනාගේ හැටි. ඔබ අහලා ඇතිනේ උපක චාපා ගැන. උපක ආජීවක කියන්නේ බුදුරජාණන් වහන්සේ බරණැසට වඩිද්දී අතරමගදී මුණගැහුන කෙනා. "ඔබ වහන්සේ කවුද?" කියලා ඇහුවනේ. ඉතින් උන්වහන්සේ කිව්වා "මම මෙහෙම මෙහෙම කෙනෙක්.." කියලා. "ආ එහෙමනම් 'අනන්ත ජිනද?' කියලා ඇහුවා. "ඔව්, ඉතින් එහෙම කියන්නත් පුළුවන්" කිව්වා. හැබැයි උපකගේ හිතේ මේක තිබුණා. හැබැයි කාමයට ආස කරපු නිසා උපකට ඒ වෙලාවේ ධර්මය කරා යන්න බැරුව ගියා.

ස්ත්‍රී රූපය හමුවේ තපස් අමතක වුණා...

ඊට පස්සේ උපක කොහොමහරි වැදි ගම්මානෙකට ගියා. වැදි ගම්මානේ වාසය කළා. වැදි නායකයා තමයි උපස්ථාන කළේ. දවසක් වැදි නායකයට ඈත ගමකට යන්න වෙලා දූ ට කිව්වා "දානේ අරගෙන ගිහිල්ලා තාපසයන් වහන්සේට දෙන්න" කියලා. දූ දැක්ක ගමන් උපකට තපස් අමතක වුණා. ඉතින් වැදි නායකයා ආපු වෙලේ කිව්වා "මම රැහේට මංගච්චන්න කැමතියි" කියලා. ඊට පස්සේ වැදි නායකයාට කරන්න දේකුත් නෑ. වැදි නායකයා රැහේට කැන්දන් ගියා.

අත්හැරීම තුළමයි මුනිවරු බිහිවුණේ...

ඊට පස්සේ "දඩයම් කරන්න බෑ, කැලෑ ගානෙ හක්වලම් කරන්න බෑ" කිව්වා. "එහෙනං ඉතින් මස් කද කර තියාන වරෙන්" කිව්වා. "හා" කිව්වා. කාලයක් ගෙවුණා. පුතෙක් ලැබුණා. දැන් චාපා පුතා නලෝනවා. "තාපසයාගේ පුතා නැලවියන්... මුනිවරයාගේ පුතා නැලවියන්..." කිය කියා. උපකට මේ ජීවිතය තිත්ත වුණා.

උපක කිව්වා "මම මේ නාලා කියන ගම දාලා යනවා යන්න. කැලේ හිටපු තාපසයන් වහන්සේලාවත් බැඳලා ගත්තේ මේ ස්ත්‍රී රූපේ තමයි." උපක එහෙම කිව්වාම චාපා කියනවා "එහෙම කියන්න එපා කලූ. මතකද..? දූපතක් තියෙනවා වැවක් මැද්දේ. ඒ දූපතේ ලස්සනට මල් පිපුණු දෙළුම් ගහක් තියෙනවා. ඒ දූපතේ මල් පිපුන පලොල් රුකක් තියෙනවා. ඒ වගේ රත්සඳුන් ගාගෙන ඉන්න මේ වගේ කෙනෙක්ව ඔබ දාලා යනවද?" "ආ කියාපං තව.. ගෑනුන්ට ආස කරපු කෙනෙකුට නම්

ඕක මහා ලොකු දෙයක් වගේ පෙනෙයි. මට නම් වැඩක් නෑ. මම යනවා බුදුරජාණන් වහන්සේ හම්බ වෙන්න."

ලෝකනාථයන් වහන්සේගේ පිහිට පතා...

අන්න මතක් වෙන්න ගන්නවා, අපගේ මහා මුනීන්ද්‍රයන් වහන්සේව. ඒ තමයි පින. චාපත් කොහොම කොහොමහරි ඒ වෙලාවේ ඒක වළක්වන්න බැලුවා. "එහෙම බෑ. ඔයාට දැන් දරුවෙක් ඉන්නවා. එක්කෝ මම මේ දරුවව පොල්ලකින් ගහලා මරනවා. ආයුධයකින් කොටලා හරි මරනවා" කිව්වා. එතකොට උපක කියනවා "මේ ගෑනියේ, උඹ මේ දරුවාට ඕන දෙයක් කරගනින්. හැබැයි, දරුවෙක් නිසා හෝ උඹ නිසා හෝ මම නම් නවතින්නේ නෑ. මම යනවා." "කොහෙද ඔබ යන්නේ?" "මම යනවා මුනිරජාණන් වහන්සේ දකින්න. මම ලෝකනාථයන් වහන්සේ දකින්න යනවා." එතකොට චාපා කියනවා "අනේ එහෙනම් ඒ ලෝකනාථයන් වහන්සේව පැදකුණු කරලා වන්දනා කරලා ඒ පින මටත් දෙන්න" කිව්වා. "හොඳයි" කිව්වා.

තුන් දෙනාම මුනිවරු...

උපක ගියා. ගිහින් මුනිවරයෙක් වුණා. සියල්ල අත්හැරලා ගිහින් බුදුරජාණන් වහන්සේගේ ශ්‍රාවකයෙක් වුණා. පොඩි ළමයාව හදාගෙන හිටපු චාපත් කාලෙකින් යනවා. චාපත් භික්ෂුණියක් වෙනවා. පුතාවත් මහණ කරනවා. පුතත් රහතන් වහන්සේ නමක් වෙනවා. චාපා මුනිවරියක් වෙලා ගිහි ජීවිතයේ සිදු වූ ඒ අරගලය ගැන කියනවා. හරි පුදුමයි, මුනිවරුන්ගේ ලෝකය. අද ඒ ලෝකේ පේන තෙක් මානෙක නෑ. ඒ ලෝකේ ඉවරයි. ඒ ලෝකේ නැත්තටම නැතිවෙලා ගිහිල්ලා. අපි දැන්

කරන්නේ 'ඒ ලෝකේ මෙහෙම එකක්' කියලා ඡායාව පෙන්නන එක විතරයි. ඒකත් පෙන්නන්නේ කොච්චර අමාරුවෙන්ද?

බුදුරජාණන් වහන්සේ නිසා තමයි මේ ලෝකයට මුනිවරුන්ගේ යුගය පහළ වුණේ. **(අඤ්ඤාය ලෝකං පරමත්ථදස්සිං)** මේ ලෝකයේ අර්ථය හඳුනාගෙනයි, මුනිවරයා වාසය කරන්නේ. **(ඕඝං සමුද්දං අතිතරිය තාදිං)** ඕඝය කිව්වේ සැඩ පහර.

සසරට ඇදගෙන යන මහා ඕඝය...

කාමය කියන්නේ මේ ජීවිතයට තියෙන සැඩ පහරක් වගේ එකක්. මේ '**කාම ඕඝය**' මනුෂ්‍යයාව ඇදගෙන යනවා. ඊළගට '**භව ඕඝ.**' මේ භවය කියන ගමනට සත්වයාව ඇදගන යනවා. '**දිට්ඨි ඕඝ.**' නා නා මතවලට සත්වයාව ඇදගෙන යනවා. අවිද්‍යාවටත් සත්වයාව ඇදගෙන යනවා. '**අවිජ්ජා ඕඝ.**' මේ ඕඝය සත්වයාව සමුද්‍රයට ඇදගෙන යන දියවැල් වගේ. සත්වයාව දරුණු ලෙස සාගරය මැද්දට ඇදගෙන යනවා.

මුනිවරයා මේ සයුර තරණය කරනවා. තරණය කරලා 'තාදි' බවට පත්වෙනවා. තාදි වෙනවා කියන්නේ අටලෝ දහමට කම්පා නොවෙන කෙනෙක් වෙනවා. **(තං ඡින්න ගන්ථං)** ඔහු තමයි කෙලෙස් ගැට සිඳ දැමූ කෙනා. **(අසිතං)** ඔහු තමයි කෙලෙස් නැසූ කෙනා. **(අනාසවං)** ආශ්‍රව රහිත කෙනා. **(තං වාපි ධීරා මුනිං වේදයන්ති)** මොහු ගැන 'නැණැති දන හඳුනති මුනි ලෙසිනා..'

අපේ වාසනාව - ලෝකයේ අවාසනාව...

බලන්න කොච්චර වාසනාවක්ද කියලා. ථේර

ථේරී ගාථාවල ඒ රහතන් වහන්සේලා, රහත් භික්ෂුණීන් වහන්සේලා ගැන අපට කියවන්න ලැබෙනවා. අපිට ඒ මුනිවර මුනිවරියන් ගැන අහන්න ලැබෙනවා. ලෝකෙ වෙන කාටවත් ඒ වාසනාව නෑ. අද ලෝකේ අනිත් ආගම්වල මුනිවරුන්ගේ නාමයෙන් එක එක්කෙනාව අදහනවා. නමුත් ඒගොල්ලො කිව්වේ මොනවද, කළේ මොනවද? කියලා දන්නේ නෑ. මිනිස්සුන්ට කියලා තියෙන්නේ "මේ මුනිවරයෙක්. ඒ නිසා ඉල්ලපන්." එහෙමනේ අනිත් ආගම්වල කියන්නේ නේද? එක්කෝ මොනවහරි හාස්කම් කියලා එකක් දෙකක් අල්ලගෙන ඒක කියව කියවා "මේක කරපන්" කියලා කියනවා.

ලොව ලොකුම පරතරය...

නමුත් අපි මුනිවරු කියලා කියන්නේ හැබෑ ලෙසටම රාග, ද්වේෂ, මෝහ ප්‍රහාණය කරපු උත්තමයන්ට. මේ ලෝකයේ වාසය කරනවා එක කොටසක්, ගෘහ ජීවිතයේ වාසය කරන. අනිත් කොටස ගෘහ ජීවිතය අත්හළ අය. බුදුරජාණන් වහන්සේ දේශනා කරනවා "**(අස්මා වුභෝ දූර විහාර වුත්තිනෝ)** මේ දෙක ගොඩක් ළඟ තියෙන දෙකක් නෙවෙයි" කියලා. ගෘහ ජීවිතය අත්හළ මුනිවරයාගේ වාසයයි, ගෘහ ජීවිතයේ වාසය කරන කෙනාගේ වාසයයි අතර පරතරය ගොඩාක් ඈත කියනවා. "**(ගිහි දාර පෝසී අමමෝච සුබ්බතෝ)** ගිහි කෙනා අඹුව පෝෂණය කරමින් වාසය කරනවා. නමුත් මුනිවරයා මමත්වය රහිතව වත් පිළිවෙතින් යුක්තව වාසය කරනවා. **(පරපාණරෝධාය ගිහී අසඤ්ඤතෝ)** ඇතැම් විට ගිහිකෙනා සතුන් මරන්න පෙළඹෙනවා. **(නිච්චං මුනී රක්ඛති පාණිනෝ යතෝ)** කෙලෙස් රහිත, ඉන්ද්‍රිය දමනයෙන් යුතු මුනිවරයා හැම තිස්සේම සියලු සතුන් ආරක්ෂා කරනවා."

මොණරෙකු කෙසේ - යාවිද හංසයෙකු ලෙසේ...

මුනිවරයාගෙයි ගෘහස්තයාගෙයි තියෙන්නේ ලොකු ඈතක්. මුනිවරු හැම පණ රකිනවා. ගිහියාට ඒක කරගන්න පුළුවන්කමක් නෑ. ඊළඟට බුදුරජාණන් වහන්සේ දේශනා කරනවා "**(සිඛී යථා නීල ගීවෝ විහංග මෝ)** අහසේ යන නිල් ගෙල ඇති මොණරාට **(හංසස්ස නෝපේති ජවං කුදාචනං)** කිසි කලෙක හංසයෙකුගේ ජවයට ළංවෙන්න බෑ." ගෘහ ජීවිතය ගතකරන කෙනෙකුට ගෘහ ජීවිතය තුළ මුනිවරයෙක් වෙන්න බෑ කියලනේ ඒ කියන්නේ. කිසි දවසක මොණරෙකුට හංසයෙකුගේ ජවයට ළංවෙන්න බෑ. "**(ඒවං ගිහී නානුකරෝති භික්ඛුනෝ)** ඒ වගේම ගිහි කෙනාට භික්ෂුවත් එක්ක සමවෙන්න බෑ" කියනවා. 'නොහැකිය වනේ දැහැන් වඩනා මුනි විලසේ.'

මොකද, භික්ෂුව කියන්නේ හුදෙකලා තැන්වලට ගිහින් වනාන්තරයේ ධ්‍යාන වඩ වඩා ඉන්න කෙනෙක්. ඒ නිසා භික්ෂුවත් එක්ක ගිහි කෙනෙකුට සමාන වෙන්න බෑ කියනවා. හරි ලස්සනයි, මේ මුනිවරුන් ගැන තියෙන විස්තර.

නිකෙලෙස් ගුණය කෙරෙහි හිත පහදවා ගන්න...

අපිට පුළුවන් වෙන්න ඕන, මේ මුනිවරු ගැන සිත සිතා සතුටු වෙන්න. මොකද හේතුව, දැන් අපි ගත්තොත් බුදුරජාණන් වහන්සේගේ නිකෙලෙස් ගුණය, රහතුන්ගේ නිකෙලෙස් ගුණ නේද මේ පේන්නේ. මුනිවරු ඉන්නේ තුන් කොටසයි. ඒ තමයි, සම්මා සම්බුදුරජාණන් වහන්සේලා, පසේ බුදුරජාණන් වහන්සේලා, රහතන් වහන්සේලා. ලෝකේ වෙන මුනිවරු නෑ. ඒ මුනිවරුන් කෙරෙහි තමයි හිත පහදවා ගන්න ඕන. අපි ඒ විදිහට

හිත පහදවා ගත්තොත් සමහර විට ඒක අපේ සිත ඇතුළේ රැඳී පවතින්න ඉඩ තියෙනවා. ඒ දේ තමයි දිගින් දිගට මේ කරන පින් එක්ක එකතුවෙලා ධර්මාවබෝධයට උපකාරී වෙන්නේ. බලන්න, බුදුරජාණන් වහන්සේ මුනිවරුන් ගැන දේශනා කරනවා,

මුනි දහම තුළ තර්කයට ඉඩ නෑ...

එතකොට අපට හරි පැහැදිලියි, මුනිවරුන්ගේ ධර්මය තුළ තියෙන්නේ තර්ක කර කර ඉන්න එකක් නොවෙයි. අවබෝධ කරන එකක්. මොකද, තර්ක කරන අය හැමදාම තර්කයකින් බලාපොරොත්තු වෙන්නේ තව කෙනෙක්ව පරදවා තමා ජයගන්නයි. ඒකයි තර්කයකින් අවබෝධයක් කරා යන්න බැරි. තර්ක කරන කෙනාට ඒක කරන්න බෑ.

තර්ක කරන්න ගිහින් වෙච්ච දේ...

අපි ගත්තොත් බුදුරජාණන් වහන්සේගේ කාලේ හිටපු සච්චක තර්ක කරලා වාද කරන්නනේ හැම තිස්සේම කල්පනා කර කර හිටියේ. අන්තිමට ඔහු බුදුරජාණන් වහන්සේ ළඟට ඇවිල්ලා පරාජයට පත්වුණා නේද? පරාජයට පත්වුණාට පස්සේ ඔහු බුදුරජාණන් වහන්සේට දානමාන දුන්නා. උපස්ථාන කළා. නමුත් ඔහුට ඒ ජීවිතයේ ධර්මය අවබෝධ කරගන්න අවස්ථාවක් ලැබුණේ නෑ. බලන්න, තර්ක කරන්න ගිහිල්ලා නේද මේක වුණේ? නමුත් විමසිය යුතු අවස්ථාවල් තියෙනවා. බුදුරජාණන් වහන්සේ ඒ ඒ අවස්ථාවලදී විමසන්න ඕන විදිහත් පෙන්නනවා. මොකද, 'මේ තර්ක කිරීම හොඳ නෑ' කියලා අපි නුවණින් සලකා ගන්න තියෙන හැකියාව නැතිකර ගන්න හොඳ නෑ.

මතකනේ උන්වහන්සේ 'කේසපුත්ත' කියන නියම් ගම්වාසී කාලාමයන්ට දේශනා කළ ධර්මය. කාලාමයන් කිව්වා, "ස්වාමීනි අපට තේරෙන්නේ නෑ. මේ එක එක අය ඇවිල්ලා 'මේකයි ඇත්ත. අරක බොරුව' කියලා කියනවා" කිව්වා. එතකොට බුදුරජාණන් වහන්සේ, ඇහුවා කියලා අහපු දේ ඒ ආකාරයෙන්ම ගන්න එපා කිව්වා. පොතේ තිබුණා කියලා ඒක ඒ ආකාරයෙන්ම ගන්න එපා කිව්වා. පරම්පරාවෙන් ආවා කියලා ඒක ඒ ආකාරයෙන්ම ගන්න එපා කිව්වා. තර්කයට ගැලපුණා කියලා ගන්න එපා කිව්වා. න්‍යායට ගැලපුණා කියලා ගන්න එපා කිව්වා. බලාගෙන ගියාම මේකත් හරිනේ කියලා ගන්න එපා කිව්වා. මේ කියන්නේ ගුරුවරයානේ කියලා එහෙම ගන්නත් එපා කිව්වා. තමන්ගේ දෘෂ්ටියට ගැලපුණා කියලා එහෙම ගන්නත් එපා කිව්වා. යමක් කුසල්ද, යමක් අකුසල්ද ඒක තමන්ම හඳුනගන්න කිව්වා.

බුද්ධ වචනය වරද්දා ගන්න එපා...

ඊට පස්සේ උන්වහන්සේ "ලෝභ, ද්වේෂ, මෝහ කුසල්ද අකුසල්ද?" කියලා ඇහුවා. "ඒවා අකුසල්" කිව්වා. මේකෙන් තමයි අකුසල් හටගන්නේ. "එතකොට යමක් විශ්වාස කරගන්න ගිහිල්ලා ලෝභ, ද්වේෂ, මෝහ හටගන්නවා නම් ඒක හිතසුව පිණිස පවතීද?" කියලා ඇහුවා. "නෑ" කිව්වා. "ඒ නිසා, අන්න ඒක අත්හරින්න" කිව්වා. මේකත් වරදවා ගත්තනේ. මේක වරදවාගෙන, 'බුදුරජාණන් වහන්සේ කිව්වත් පිළිගන්න එපා කියලයි තියෙන්නේ' කියලා එකක් හැදුවා. ඔන්න වෙච්ච දේ.

ඊට පස්සේ ඒ පුද්ගලයාට මොනතරම් සත්‍යයක් වුණත් පෙන්නා දෙන්න බෑ. කියන්නේ 'බුදුරජාණන්

වහන්සේ කිව්වත් පිළිගන්න එපා කියලයි තියෙන්නේ' කියලනේ. මේක අමු බොරු බේගල්. ඒ විදිහට බේගල් කියන්න පෙළඹුණේ බුද්ධ දේශනාව හරියට ඉගෙනගෙන නැති නිසයි.

බුදුරජාණන් වහන්සේගේ අවවාදය...

එබඳු මනුෂ්‍යයෙකුට ධර්මය නම් සම්බන්ධ කරන්න බෑ. තමන්ගේ විනාශය තමන්ම හදාගන්නවා. එතකොට බලන්න, බුද්ධ දේශනා හරියට අහලා තියෙන එක කොච්චර වැදගත්ද? උන්වහන්සේ දේශනා කළේ 'මේ ලෝභ, ද්වේෂ මෝහමයි ප්‍රශ්නය' කියලයි. උන්වහන්සේගේ ධර්මය තුළ හැම තිස්සේම මතු කළේ ලෝභ, ද්වේෂ, මෝහ ප්‍රහාණය කරන්නයි.

දෙව්ලොව වඩිනා සුන්දර මාවත...

ඒ සැදැහැ ශ්‍රාවකයන්ට බුද්ධානුස්සතිය වඩන්න කිව්වා. ධම්මානුස්සතිය වඩන්න කිව්වා. සංඝානුස්සතිය වඩන්න කිව්වා. සීලානුස්සතිය වඩන්න කිව්වා. චාගානුස්සතිය වඩන්න කිව්වා. දේවතානුස්සතිය වඩන්න කිව්වා. මොකද, උන්වහන්සේ දන්නවා අපි ඔක්කෝටම එක පාර මේකෙන් එතෙර වෙන්න බැරි වග. හැබැයි උන්වහන්සේ එතෙර වෙන්න පුළුවන් ක්‍රමයත් දන්නවා.

උන්වහන්සේ ඒකයි දේශනා කළේ, "පංච සේඛ බල පිහිටුවාගෙන දිව්‍ය ලෝකෙට යන්න" කියලා. ඒ අනුශාසනාව බුදුරජාණන් වහන්සේගේ. ඒ ගිහි අයට. පැවිදි අයට උන්වහන්සේ නිරන්තරයෙන් දේශනා කළේ මුනිවරයෙක් වෙන්න මහන්සි වෙන්න කියලයි.

පැවිදිබවේ අර්ථය මුනිවරයෙක් වීමයි...

දවසක් බුදුරජාණන් වහන්සේ භික්ෂූන් ගෙන් අහනවා "මහණෙනි, ඔබ පිණ්ඩපාතේ වඩිද්දී, ඔබ චාරිකාවේ වඩිද්දී අන්‍යාගමිකයෝ මුණ ගැහෙනවා නේද?" "එහෙමයි ස්වාමීනී" "එතකොට ඒ අන්‍යාගමිකයෝ ඔබෙන් 'කොයි දිව්‍යලෝකේ යන්න හිතාගෙනද ඔයා ඔය බඹසර රකින්නේ?' කියලා ඇහුවොත් ලැජ්ජා හිතෙනවා නේද?" කියලා ඇහුවා. "අනේ ලැජ්ජයි" කියනවා. එතකොට බලන්න, බුදුරජාණන් වහන්සේ නිරන්තරයෙන් උනන්දු වුණේ පැවිදි වූ කෙනා මුනිවරයෙක් කරන්නයි.

එකිනෙකට දුරස් ජීවිත දෙකක්...

මේ වගේ දේශනා අහනකොට වෙන ලෝකෙක උපදින්න ආශාවක් තිබ්බා නම්, එයා ඒක අත්හැරලා මේ ජීවිතය තුළම මුනිවරයෙක් වෙන්න උත්සාහ කරනවා. අන්න ඒක තමයි බුදුරජාණන් වහන්සේ හැමතිස්සෙම පැවිදි ශ්‍රාවකයාගෙන් බලාපොරොත්තු වුණේ. හැබැයි මේ මුනිවරුන්ගේ ධර්මය දේශනා කරලා බුදුරජාණන් වහන්සේම දේශනා කරනවා "**(ගිහී දාර පෝසී)** ගිහි කෙනා කරන්නේ අඹුදරුවන් පෝෂණය කරගෙන ගෙදර ඉන්න වැඩේ. **(අමමෝච සුබ්බතෝ)** ඒ මමත්වය බැහැර කරපු මුනිවරයා තමයි වත් පිළිවෙත්වල යෙදී වනාන්තරයේ වාසය කරන්නේ. ඒ නිසා මේ ජීවිත දෙක එකිනෙකට දුරස්" කියනවා.

ඒකනේ බුදුරජාණන් වහන්සේගේ දේශනා කළේ, "යම් මව්කෙනකුගේ පුතෙක් තෙරුවන් සරණ යනවා නම්, ඒ අම්මා ඒ පුතාට කියන්න ඕන කියනවා 'පුතේ, ඔයා

හත්ථ ආළවක උග්ග වගේ වෙන්න. චිත්ත ගෘහපති වගේ වෙන්න' කියලා." බලන්න උන්වහන්සේ එතැන අනාථ පිණ්ඩික සිතුටුමා වගේ වෙන්න කියලා කිව්වේ නැනේ නේද? ඒ මොකද, අනාථ පිණ්ඩික සිටුතුමා අනාගාමී වුණේ නෑ. ඒකෙන් උන්වහන්සේ ගිහිකෙනාට ලබාදුන් පණිවිඩය, අනාගාමී තත්වයෙන් මැරෙන්න ලෑස්ති වෙන්න කියන එකයි.

ඒ කාලේ හිටපු බොහෝ දෙනා ඒක කරගත්තා. දුවක් තෙරුවන් සරණ ගියොත් දුවට කියන්න කියලා තියෙන්නේ 'දුවේ, **වේළුකණ්ටකී නන්ද මාතාව** වගේ වෙන්න, **ඛුජ්ජුත්තරා** වගේ වෙන්න' කියලයි.

පැවිදි ජීවිතයේ පරමාදර්ශය...

මොකද ඒ දෙදෙනාම මරණයට පත්වුණේ අනාගාමී වෙලා. පැවිදි වූ කෙනෙකුට නම් ගුරු ස්වාමීන් වහන්සේට උපදෙස් දෙන්න කිව්වේ "**සාරිපුත්ත, මොග්ගල්ලාන වගේ වෙන්න**" කියලයි. පැවිදි වූ භික්ෂුණියකට නම් "**ඛේමා, උප්පලවණ්ණා වගේ වෙන්න**" කියලයි උපදෙස් දුන්නේ. කවදාවත් බුදුරජාණන් වහන්සේ වගේ වෙන්න කියලා දේශනා කළේ නෑ. එහෙම කොහෙවත් දේශනා කරලා නෑ. බුදුරජාණන් වහන්සේ දේශනා කළේ අර විදිහටයි.

හරියට අර්ථය ගත්තේ නැත්තම් අවුල්. ඔන්න කෙනෙක් ඇවිල්ලා මගෙන් ඇහුවා "බුදුරජාණන් වහන්සේ 'ගෙදර බුදුන් අම්මා' කියලා දේශනා කරලා තියෙනවාද?" කියලා. මම කිව්වා, "නෑ එහෙම දේශනාවක් නෑ" කියලා. ඊට පස්සේ ඇහුවා "බුදුරජාණන් වහන්සේ දේශනා කරලා තියෙනවාද, උන්වහන්සේ පිරිනිවන්පෑවට පස්සේ ගෙදර

බුදුන් හැටියට අම්මට සලකාගෙන ඉන්න?" කියලා. මම කිව්වා "නෑ එහෙම එකක් නම් දේශනා කරලා නෑ. දේශනා කරලා තියෙන්නේ, උන්වහන්සේ පිරිනිවන්පෑවට පස්සේ 'ධර්ම විනය' තමයි බුදුන් හැටියට සළකන්න තියෙන්නේ" කියලා. එතකොට බලන්න අහලා තියෙන දේවල්. සම්පූර්ණ බේගල්නේ අහලා තියෙන්නේ. උන්වහන්සේ 'ගෙදර බුදුන් අම්මා' කියලා දේශනා කරලා නෑ.

දහමේ නාමෙන් වැරදි අර්ථකථන...

උන්වහන්සේ දේශනා කරල තියෙන්නේ මෙහෙමයි. **(බ්‍රහ්මාති මාතාපිතරෝ)** මව්පියවරු කියලා කියන්නේ බ්‍රහ්මවරු. **(පුබ්බාචරියාති වුච්චරේ)** පූර්වාචාර්යවරු. **(ආහුනෙය්‍යා ච පුත්තානං)** දරුවන්ගේ සැළකිලි ලබා ගන්න සුදුසු අය. **(පජාය අනුකම්පකා)** ප්‍රජාවට අනුකම්පා දක්වන අය. එහෙම මිසක් 'ගෙදර බුදුන් අම්මා' කියලා කිසිම බුද්ධ දේශනාවක නෑ. උන්වහන්සේ දේශනා කරලා තියෙන්නේ "බුදුරජාණන් වහන්සේ සමාන වෙන්නේ තවත් බුදුරාණන් වහන්සේ නමකට පමණයි" කියලයි. ඊළඟට උන්වහන්සේ පිරිනිවන් පෑවට පස්සේ උන්වහන්සේ වෙනුවට තිබෙන්නේ ධර්මයයි විනයයි කියලයි. එහෙමනේ බුද්ධ දේශනාවල තියෙන්නේ. ඒ ධර්ම විනය තුළ තමයි මුනිවරු බිහිකරන්නේ. ඒ ධර්ම විනයට තමයි මුනිවරු බිහිකරන්න පුළුවන්. ඉතින් බුදුරජාණන් වහන්සේ ඒ මුනිවරු බිහි කරන ධර්මය දේශනා කරනවා,

මේ ගුණධර්ම ප්‍රායෝගිකව ඇතිකර ගන්න...

දැන් බලන්න පින්වත්ති, ඒ බුදුරජාණන් වහන්සේගේ කාලයේ මේ මුනි දහම ඇසූ බුදුරජාණන් වහන්සේගේ

ශ්‍රාවකයෝ කවදාවත් ගිහි පිරිස පැවිද්දන් හා සමකොට සැළකුවේ නෑ. සමකොට නොසැලකුවේ, එකල පැවිද්දන් මුනිවරයන් හැටියට ජීවිතය ගතකරපු නිසයි. ඒ මුනිවරයන්ගේ ජීවිත කෙරෙහි සිත පහදවාගෙන බුදුරජාණන් වහන්සේගේ කාලේ හිටපු ශ්‍රාවක පිරිස් බොහෝ දෙනෙක් මරණින් මත්තේ සුගතියේ ගියා.

දේශනාවක තියෙනවා, සාරිපුත්ත මහරහතන් වහන්සේට පැහැදිලා සමහර අන්‍යාගම්කාර අය "දාන දෙනවා නම් බුදුරජාණන් වහන්සේගේ ශ්‍රාවක සංඝයාට දීපං" කියාගෙන ගියා. මොකද, එච්චරටම බුදුරජාණන් වහන්සේගේ ශ්‍රාවක සඟ පිරිස මුනි දහම තුළ වැඩහිටියා. මුනි දහම කියලා මේ කියන විස්තරය ප්‍රායෝගිකව ඇති කරගන්න බුදුරජාණන් වහන්සේගේ ශ්‍රාවක පිරිස් සමර්ථ වුණා. මුල්ම කාලේ හිටපු ඒ පරම්පරාව තමයි ගෞතම බුදුරජාණන් වහන්සේගේ ධර්මය පැතිරෙව්වේ. ඒ පතුරවපු නිර්මල ධර්මය නිසයි, හැම තැනම ඒ ධර්මය පැතිරිලා ගියේ.

තිසරණය පෙරට ගන්න...

අපිට හරි පැහැදිලියි, වෙන කෙනෙකුට ඒක කරන්න බෑ. මම එක රටකට ගියා. ඒ රටේ ඉන්න එක හාමුදුරු කෙනෙක් ඒ රටේ අලුතින් පිරිසක් බෞද්ධයෝ කළා. දෙදහස් පන්සීයක් විතර බෞද්ධයෝ වුණා. පස්සේ ඒ හාමුදුරුවන්ගෙන් වරදක් වෙලා ඒ හාමුදුරුවෝ සිවුරු ඇරියා. ඊට පස්සේ අර බෞද්ධයෝ ඔක්කොමත් ධර්මය අත්හැරියා. ඒකෙ තේරුම, බුදුරජාණන් වහන්සේව හඳුන්වා දෙන්න බැරිවුණා. ධර්මය හඳුන්වා දෙන්න බැරිවුණා. ශ්‍රාවක සංඝයාව හඳුන්වා දෙන්න බැරිවුණා.

මිහිඳු මහරහතන් වහන්සේ ලංකාවට වැඩම කරලා කළේ බුදුරජාණන් වහන්සේව හඳුන්වා දුන් එකයි. ධර්මය හඳුන්වා දුන්නා. ශ්‍රාවක සංඝයාව හඳුන්වා දුන්නා. එතැන තමයි ධර්මය පිහිටන තැන. ඒ නිසා මිහිඳු මහරහතන් වහන්සේ පිරිනිවන්පෑවා කියලා සංඝ පරම්පරාව අනාථ වුණේ නෑ.

රහතන් වහන්සේලා නිර්මලව යුතුකම ඉටුකළා...

මිහිඳු මහරහතන් වහන්සේ ඇතිකරපු වැඩපිළිවෙල තුළ සම්පූර්ණයෙන්ම ගෞතම ශාසනය බබලන පිරිසක් දිගින් දිගටම මේක අරගෙන ගියා. අපි දන්නවා, මිහිඳු මහරහතන් වහන්සේ ආයේ තමන්ගේ මව්බිමට වැඩියේ නෑ. සංඝමිත්තා රහත් මෙහෙණින් වහන්සේත් ආයෙ මව්බිමට වැඩියේ නෑ. උන්වහන්සේලා මෙහෙම තමයි පිරිනිවන්පෑවේ. මොකද, උන්වහන්සේලගේ ජීවිතයේ අමුතුවෙන් කරන්න මොකුත් නෑනේ. කළ යුත්ත කරලා ඉවරයි. මුනි බවට පත්වුණාට පස්සේ ආයේ අමුතුවෙන් කරන්න දෙයක් නෑ. කළ යුත්ත කරලා ඉවරයි. ඊට පස්සේ කරන්න තියෙන්නේ මේ ධර්මය අන් අයට කියලා දෙන එක විතරයි. ඒක ඒ රහතන් වහන්සේලා නියම ආකාර විදිහටම කළා. නිර්මල ආකාරයටම කළා. පිරිසිදු විදිහටම කළා.

ගෞතම සසුනේ පිහිට ලබන්නට...

ඒකේ ප්‍රතිඵලය හැටියට තමයි මේ ලෝකයාට ගෞතම බුදුරජාණන් වහන්සේගේ ධර්මය ලැබුණේ. මිහිඳු මහරහතන් වහන්සේත් කිසි කෙනෙකුව 'බුදුවෙන්න' කියලා පෙළඹෙව්වේ නෑ. 'මෛත්‍රී බුදුරජාණන් වහන්සේ

ආකාලික මුනි දහම 37

බලාපොරොත්තු වෙන්න' කියලා පෙළඹෙව්වෙත් නෑ. මොකද, උන්වහන්සේ මුනි බවට පත්වුණේ ගෞතම බුදුරජාණන් වහන්සේගේ ධර්මය නිසයි. උන්වහන්සේට ඕනවුණේ තමන් රාග, ද්වේෂ, මෝහ ප්‍රහාණය කරපු ධර්මය අන් අයටත් කියලා දෙන්නයි.

ඒ නිසා 'මුනිවරයන් වහන්සේලාට නමස්කාර වේවා' කියන අදහසින් ඒ මුනිවරයන් වහන්සේලා ගැන තියෙන සිංහල තේරුම අපි කියමු.

එක්වී වසන කලටය කෙලෙස් බිය හටගන්නේ
නිවෙසක වසන කලටය ඒ කෙලෙස් උපදින්නේ
ගේ දොරද අත්හළ එක්වීම් හැම දුරු කළ
මුනිවරු වෙසෙති ලොව දකින ලොව්තුරු අමා නිවනම

උපදින කෙලෙස් නසනා යළි නොම සදනා
යළි කිසි කෙලෙස් හටගන්නට ඉඩ නොදෙනා
සලකති එබඳු උතුමන් මුනිවරු ලෙසිනා
ඉසිවරයෙකි හෙතෙම ලොව නිවනම දකිනා

දැනගෙන පොළොව - බිජුවට නසමින් නිබඳ
යළි බිජු නොපැළවෙන ලෙස - නොම දෙයි දිය ද
මුනිවරු දකිති ඉපදෙන දුක කෙළවර ද
දුරු කොට හැම තර්ක - නොම එති යළි ලොවට

පවතින සියලු ජීවිත ගැන හඳුනගෙන
ඒ ජීවිත වලින් කිසිවක් නොපතමින
ගිජු බව අත්හැරිය කිසිවක ගිජු නොවන
රැස් නොම කරති මුනිවරු පරතෙර වඩින

හැම දෙය දිනුව හැම දෙස ඇති තතු දකින
නුවණැති හෙතෙම කිසි තැනකට නොම ඇලුන
හැම දෙය අත්හැරිය කෙලෙසුන්ගෙන් මිදුන
නුවණැති දනෝ ඔහු හඳුනති මුනි ලෙසින

වැටහෙන නුවණ බල ඇති සිල් ගුණය ඇති
එකඟව සිත ද ඇලෙන දැහැණේ සිහිය ඇති
දුරු කොට කෙලෙස් හුල් පිරිසිදු සිත පැවති
මොහු හට නැණැති අය මුනිවරයා කියති

තනිව වසන මුනිවරු නොපමාවෙන්
නොසැලෙති එන දොස් හා වරුණාවෙන්
හඬට සසල නැති - සිහ රජු විලසේ
දැල වෙත නොබැඳෙන - සුළඟක් විලසේ
දිය නොම තැවරෙන - පියුමක් විලසේ
හැමට නිවන දෙන - තම ගමන ද යන
මොහු ගැන හඳුනති - මුනිවරු විලසින

අනුන් දොඩන විට ඔහු හට - උස් මිටි හැම බස
සසල නැතිව සිටිනා ඔහු - සිට වූ කණුවක් ලෙස
රාග කිසිවක් නොම ඇති - සමාහිත ඉඳුරන් ඇති
මොහු හට නැණැති අය - මුනිවරයෙකියි පවසති

දහමේ පිහිටි නොසැලෙන ඇද ගති නැතිව
වරදක නොබැඳෙමින් පව් පිළිකුල් කෙරුව
හොඳ හා නරක විමසන නිති නුවණැතිව
හඳුනාගනිති මුනිවරයෙකු ලෙස මොහුව

සංවර වී සිටින හැම පව් නොම කරන
යෞවන මැදුම් කල හෝ මුනි ගුණ දරන
දොස් නොම කියන - පිටතින් දොස් නොම ලබන
මොහු මුනිවරයෙකි'යි - හඳුනති නැණැති අය

දෙන විට සැළි මුවින් හෝ උඩ මැද තැනකින්
ලැබගෙන පිඬු යැපෙන කිසිවෙකු දෙන දෙයකින්
තුති නොම කරන - නපුරක් නොකියන සිතකින්
මොහු හඳුනාගනිති මුනිවරයෙකු ලෙසකින්

නොඇලී කම්සුවේ බඹසර හැසිරෙමින
සිටිනා යොවුන් විය තුළ ලොව නොම ඇලෙන
දුරුවී පමාවෙන් කෙලෙසුන්ගෙන් මිදුන
හඳුනාගනිති මොහු මුනිවරයෙකු ලෙසින

දැනගෙන ලොවේ පවතින ඇති තතු දකිනා
සිඳ සැඩ සමුදුර ද එතෙරට යන පිහිනා
දුරුකොට කෙලෙස් හැම භව ගැට සිඳ දමනා
මොහු ගැන නැණැති දන හඳුනති මුනි ලෙසිනා

දෙදෙනෙක් ලොව සිටිති නිති වෙන් වී වසනා
ගිහියා ගත කරයි ලොව අඹු දරු රකිනා
දුරුකොට කෙලෙස් පිළිවෙත් සුරකියි සමණා
ගිහියා අසංවර වෙයි පර පණ නසනා
මුනිවරු වැඩසිටිති ලොව හැම පණ රකිනා

නිල් ගෙල තිබෙන මොණරිඳු ඉගිලෙන අහසේ
නොම පැමිණේය ජවයට හංසයෙකු ලෙසේ
මෙලෙසින් සමවන්ට ගිහියෙකු හට කිසි සේ
නොහැකිය වනේ දැහැන් වඩනා මුනි විලසේ

සාදු! සාදු!! සාදු!!!

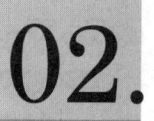

නමෝ තස්ස භගවතෝ අරහතෝ සම්මාසම්බුද්ධස්ස
ඒ භාග්‍යවත් අරහත් සම්මා සම්බුදුරජාණන් වහන්සේට නමස්කාර වේවා!

02.

මාගන්දිය සූත්‍රය

(මජ්ඣිම නිකාය 2 - පරිබ්බාජක වර්ගය)

ශ්‍රද්ධාවන්ත පින්වත්නි,

බුදුරජාණන් වහන්සේ නමකගේ ධර්මය අපට අහන්න ලැබෙන්නේ ඉතාමත් කලාතුරකින්. බාහිර දේ අල්ලන්නේ නැති, ධර්මය විතරක් අල්ලන කෙනා ඒ ධර්මය අල්ලා ගන්නවා. බුදුරජාණන් වහන්සේගේ කාලෙත් එහෙමයි. මේ කාලෙත් එහෙමයි. 'බුදුරජාණන් වහන්සේගේ ධර්මය අවබෝධ කරනවා' කියන අදහසින් ඉන්න කෙනා ඒ ධර්මය අවබෝධ කරනවාමයි. ඒ මතයට ආපු නැති කෙනා ධර්මය අවබෝධ කරන්නේ නෑ.

යෝනිසෝ මනසිකාරය (ඒ කිව්වේ බුද්ධ දේශනාව ඒ ආකාරයෙන්ම මෙනෙහි කරන්න පුළුවන්කම) තියෙන කෙනා විතරක් මේ ධර්මය අවබෝධ කරනවා. 'ආදිබ්‍රහ්මචරිය පඤ්ඤා සූත්‍රය' කියන සූත්‍ර දේශනාවේ තියෙනවා, ඒ සඳහා පළමුවෙන්ම ධර්මය කියලා දෙන

කෙනා කෙරෙහි ගෞරවය ඇතිවෙන්න ඕන කියලා. ධර්මය කියලා දෙන කෙනා '**කළ්‍යාණ මිත්‍රයන් වහන්සේ**' කියලා හඳුනාගන්න ඕනේ. ඒ වගේම මේ දුර්ලභ ධර්මය ලැබෙන්නේ කළ්‍යාණ මිත්‍රයාගෙන් කියලත් හඳුනගන්න ඕන.

එකලත් එහෙමයි. මෙකලත් එහෙමයි...

ඊට පස්සේ එයාට ධර්මයම සිහිවෙනවා මිසක් වෙන දෙයක් සිහිවෙන්නේ නැහැ. ඒක තමයි මේ ධර්ම මාර්ගයේ තිබෙන දුර්ලභකම. බුදුරජාණන් වහන්සේගේ ධර්මය සිහි කරන අය විතරයි, ඒ ධර්මය අවබෝධ කරගන්නේ. එකලත් එහෙමයි. මෙකලත් එහෙමයි. ධර්මය කොච්චර ඉගෙන ගත්තත් 'ධර්මය අවංකවම අවබෝධ කරන්න ඕන' කියලා කල්පනා කරන්නේ නැත්නම්, ධර්මය අවබෝධ වෙන්නේ නෑ. මොකද මේ ධර්මය '**ඕපනයිකයි.**' ඕපනයිකයි කිව්වේ තමා තුළට පමුණුවා ගන්න එකක් මිසක් අනුන්ගෙන් බලන එකක් නෙවෙයි. අපටත් ඉතාමත් කලාතුරකිනුයි තමා තුළට පමුණුවා ගත යුතු මේ ධර්මය ලැබුණේ.

ඒ ධර්මය අවබෝධ කරන ආකාරය ගැන අපට හිතන්න පුළුවන් යමක්, තේරුම් ගන්න පුළුවන් යමක්, ගැන සඳහන් වෙන සූත්‍ර දේශනාවක් තමයි අද අපි ඉගෙන ගන්නේ. මේ දේශනාවේ නම '**මාගන්දිය සූත්‍රය.**' මේ මාගන්දිය සූත්‍රය ඇතුලත්ව තිබෙන්නේ මජ්ඣිම නිකායේ දෙවන කොටසටයි.

චාරිකාවේ වඩින අතරතුර...

ඒ දවස්වල බුදුරජාණන් වහන්සේ වැඩසිටියේ, '**කම්මාස්සදම්ම**' කියන කුරු රට වැසියන්ගේ නියම්

ගමේ. අපි දන්නවා කම්මාස්සදම්ම කියන නගරයේදීමයි බුදුරජාණන් වහන්සේ සතිපට්ඨාන සූත්‍රය දේශනා කළෙත්.

මේ ගමේ භාරද්වාජ ගෝත්‍ර කියලා බ්‍රාහ්මණයෙකුගේ ගිනි පුදන ශාලාවක් තිබුණා. ඒ කියන්නේ සාමාන්‍ය ශාලාවක් මැද්දේ, ගිනි දල්වන උදුනක් හදලා ගිනි පුදන ශාලාවක්. මේ ශාලාවේ තමයි බුදුරජාණන් වහන්සේ ඒ දවස්වල වැඩසිටියේ. උන්වහන්සේ වෙනුවෙන් මේ භාරද්වාජ ගෝත්‍ර බමුණා තණ ඇතිරියක් පිළියෙල කරලා තිබුණා. බුදුරජාණන් වහන්සේ එදා උදේ වරුවේ පාත්‍ර සිවුරු අරගෙන කම්මාස්සදම්ම කියන ගමට පිණ්ඩපාතේ වැඩියා. පිණ්ඩපාතේ වැඩලා, දානේ වළඳලා, ඒ ගම කිට්ටුව තිබුණු වනාන්තරේකට ගිහින් ගහක් යට භාවනා කරමින් වැඩසිටියා.

තණ ඇතිරිල්ල ලොවේ අග්‍රම කෙනා වෙනුවෙන්...

මේ වෙලාවේ 'මාගන්දිය' කියන තාපසයෙක් ඇවිදගෙන යද්දී, භාරද්වාජ බ්‍රාහ්මණයාගේ ගිනි පුදන ශාලාවට ගොඩවුණා. ඒ ශාලාව පැත්තක තණ ඇතිරියක් අතුරලා තියෙනවා දැක්කා. මේක දැකපු මාගන්දිය, භාරද්වාජ ගෝත්‍ර බමුණාගෙන් මෙහෙම අසා සිටියා. "භවත් භාරද්වාජ, ගිනි පුදන ශාලාවේ තණ ඇතිරියක් පණවලා තියෙන්නේ කාටද? මේක නම් ශ්‍රමණයෙකුට ගැලපෙන එකක් වගේ..."

එතකොට භාරද්වාජ ගෝත්‍රයේ බ්‍රාහ්මණයා මාගන්දිය තවුසාට කියනවා, "භවත් මාගන්දිය, මේ දවස්වල ශ්‍රමණ ගෞතමයන් වහන්සේ මෙහේ වැඩඉන්නවා. උන්වහන්සේ අරහං, සම්මා සම්බුද්ධ, විජ්ජාචරණ සම්පන්න, සුගත, ලෝකවිදූ, අනුත්තරෝ පුරිසදම්මසාරථී,

සත්ථා දේවමනුස්සානං, බුද්ධ, භගවා කියලා හරි ප්‍රසිද්ධයි. උන්වහන්සේ උදෙසා තමයි අපි මේ තණ ඇතිරිය පිළියෙල කරලා තියෙන්නේ."

නොදැකිය යුතු දෙයක්ද...?

එතකොට මේ මාගන්දිය බමුණා අර තණ ඇතිරිය දෙස බලලා කියනවා, "අයියෝ... භාරද්වාජ, මං මේ දැක්කේ එහෙනම්, නොදැකිය යුතු දෙයක්! මොකද, ඔය ශ්‍රමණ ගෞතමයන් වහන්සේ 'දියුණුව විනාශ කරන කෙනෙක්' කියලයි අපි අහලා තියෙන්නේ..."

එතකොට මේ භාරද්වාජ ගෝත්‍ර බමුණා කියනවා, "හා... හා... මාගන්දිය, ඔහොම කියන්න එපා! ශ්‍රමණ ගෞතමයන් වහන්සේව බොහෝ දෙනෙක් පිළිගන්නවා. ශ්‍රමණ පණ්ඩිතයින්, ක්ෂත්‍රිය පණ්ඩිතයන්, බ්‍රාහ්මණ පණ්ඩිතයන්, ගෘහපති පණ්ඩිතයන් උන්වහන්සේව බොහෝම ගෞරවයෙන් පිළිගන්නවා. උන්වහන්සේ කියන කරුණු කෙරෙහි ලොකු අවබෝධයකින් ඉන්න පිරිසක් රටේ ඉන්නවා. ඒ නිසා එකපාරටම ඔහොම කියන්න එපා."

එහෙම කියන කොට මේ මාගන්දිය බමුණා කියනවා, "නෑ... නෑ... මම උන්වහන්සේ ඉදිරියේ වුණත් 'දියුණුව විනාශ කරන කෙනෙක්' කියලා කියනවා. මොකද එහෙම තමයි අපේ සූත්‍රවල තියෙන්නේ. අපේ පොත්වල ඇවිල්ලා තියෙන විදිහට තමයි මම මේ කියන්නේ."

එතකොට භාරද්වාජ බ්‍රාහ්මණයා කියනවා, "එහෙනම් ඔබට බරක් නැත්නම් 'ඔබ මෙහෙම කිව්වා' කියලා ඔය කතාව ශ්‍රමණ ගෞතමයන් ආවට පස්සේ මම කියන්නම්."

දිව්‍ය ශ්‍රවණයට ආවරණය වූ කිසිවක් නෑ...

ඒ වෙලාවේ වනාන්තරේ භාවනා කරමින් හිටිය බුදුරජාණන් වහන්සේට දිව්‍ය ශ්‍රවණයෙන් මේගොල්ලන්ගේ මේ සාකච්ඡාව ඇහුණා. බුදුරජාණන් වහන්සේ හවස් වරුවේ ඒ ගිනි පුදන ශාලාවට වැඩම කළා. වැඩම කරලා පණවා තිබූ තණ ඇතිරියේ වැඩසිටියා. ඒ වෙලාවේ භාරද්වාජ ගෝත්‍ර බ්‍රාහ්මණයා බුදුරජාණන් වහන්සේ ළඟට ආවා. ඇවිල්ලා කතාබස් කර කර ඉන්නකොට, බුදුරජාණන් වහන්සේ තණ ඇතිරිය පෙන්නලා "භාරද්වාජ, මාගන්දිය කියන තාපසයෙක් එක්ක මේ තණ ඇතිරිය මුල් කරගෙන කතාබහක් ඇතිවුණාද?" කියලා ඇහුවා.

අහනකොටම 'මේ කාරණේ මුන්වහන්සේ දැනගත්තනේ' කියලා භාරද්වාජ ගෝත්‍ර බ්‍රාහ්මණයාගේ ඇගේ මවිල් කෙලින් වුණා. ඊට පස්සේ මෙයා කියනවා, "භවත් ගෞතමයන් වහන්සේට මම මේක කියන්න තමයි හිටියේ. නමුත් මම කියන්න කලින්ම ඔබවහන්සේ මගෙන් මේ කාරණේ ඇහුවා නෙව. අපි අතර එහෙම කතාවක් ඇතිවුණා තමයි. ඒ කතාව ඇතිවුණේ මෙන්න මෙහෙමයි..." කියලා කියන්න පටන් ගන්න හදනකොටම මාගන්දියත් එතැනට ආවා. මාගන්දිය බමුණාත් බුදුරජාණන් වහන්සේ ළඟට ඇවිල්ලා කතාබස් කරලා වාඩිවුණා.

පුදුම සහගත හැකියාව...

වාඩිවුණහම බුදුරජාණන් වහන්සේ මාගන්දියට මෙන්න මෙහෙම කියනවා. බලන්න බුදුරජාණන් වහන්සේට මනුෂ්‍යයන්ව එකපාරටම අවබෝධ කිරීමට තියෙන හැකියාව පුදුම සහගතයි.

මාගන්දිය කියන්නේ ඒ වෙලාවේ බුදුරජාණන් වහන්සේට ප්‍රශංසා කර කර හිටපු කෙනෙක් නෙවෙයිනේ. දොස් කිය කියා හිටපු කෙනෙක්. එතැනින් තමයි එයාගේ අවබෝධය වැහිලා තිබුණේ. නමුත් බුදුරජාණන් වහන්සේ එකපාරටම එයාගේ බුද්ධියට කතාකළා. මෙන්න වෙනස. බුදුරජාණන් වහන්සේ මාගන්දියගෙන් 'ඔබ මෙහෙම කිව්වේ ඇයි? මෙහෙම කතා කිව්වේ ඇයි?' කියලා මොකුත් ඇහුවේ නෑ. එහෙම අහන්නේ නැතුව එකපාරටම මෙන්න මේ දේශනාව පටන් ගත්තා.

චෝදනාව මේ නිසාද...?

"(චක්ඛුං බෝ මාගන්දිය රූපාරාමං රූපරතං, රූපසම්මුදිතං) මාගන්දිය, මේ ඇස කියලා කියන්නේ රූපය තුළම පවත්වන්න කැමති එකක්. ඇසට පේන රූපෙත් එක්ක තමයි ඇස පවතින්නේ. (රූපරතං) ඇස තියෙන්නේ රූපයට ඇලිලා. (රූපසම්මුදිතං) ඇස තියෙන්නේ රූපයෙන් සතුටු වෙවී. (තං තථාගතස්ස දන්තං ගුත්තං රක්ඛිතං සංවුතං) ඒ ඇස තථාගතයන් වහන්සේ දමනය කරලා තියෙනවා. සංවර කරලා තියෙනවා. රැකගෙන තියෙනවා. මනාකොට සංවර කරලා තියෙනවා. (තස්ස ච සංවරාය ධම්මං දේසේති) ඒ වගේම ඇස සංවර කිරීම පිණිස ධර්ම දේශනා කරනවා. මාගන්දිය, මේ කාරණය ගැන කල්පනා කරලා වෙන්න ඇති ඔබ 'ශ්‍රමණ ගෞතමයන් වහන්සේ අභිවෘද්ධිය විනාශ කරන කෙනෙක්' කියලා කිව්වේ" කියලා දේශනා කළා.

ඒ වෙලාවේ මේ මාගන්දිය කියනවා, "භාග්‍යවත් ගෞතමයන් වහන්ස, ඒ කාරණේ හරි. මම එහෙම හිතලා තමයි ඒ කාරණය කිව්වේ. ඒ විදිහට තමයි අපි ඉගෙන

ගෙන තියෙන්නේ.”

කණ ශබ්දයෙහි ඇලී පවතින්නක්...

බුදුරජාණන් වහන්සේ මාගන්දියගෙන් අහනවා, “මාගන්දිය, කණ කියලා කියන්නේ ශබ්දය පදිංචි කරගෙන ඉන්න දෙයක්. කණ කියන්නේ ශබ්දයෙහි ඇලී තිබෙන දෙයක්. ශබ්දයෙන් සතුටු වෙවී තියෙන එකක්. අන්න ඒ කණ, තථාගතයන් වහන්සේ දමනය කරලා තියෙනවා. මනාකොට පාලනය කරලා තියෙනවා. ආරක්ෂා කරලා තියෙනවා. සංවර කරලා තියෙනවා. ඔබ ඒක වෙන්න ඇති ‘අභිවෘද්ධිය වනසනවා’ කියලා කිව්වේ?”

එතකොට මාගන්දිය කියනවා, “ශ්‍රමණ භවත් ගෞතමයන් වහන්ස, එසේය... ඒ නිසා තමයි මා කිව්වේ ‘අභිවෘද්ධිය වනසනවා’ කියලා. අපේ පොත්වල තියෙන්නේ එහෙම තමයි.”

බුදුරජාණන් වහන්සේ තවදුරටත් අහනවා, “මාගන්දිය, නාසය කියන්නේ ගඳ සුවඳ තුළම පවත්වන එකක්. නාසය කියන්නේ ගඳ සුවඳටම ඇලුණු එකක්. ගඳ සුවඳින් සතුටු වෙන එකක්. අන්න ඒ නාසය, තථාගතයන් වහන්සේ දමනය කරලා තියෙනවා. පාලනය කරලා තියෙනවා. රැකගෙන තියෙනවා. සංවර කරලා තියෙනවා. එහෙනම් ඔබ ඒ ගැන වෙන්න ඇති ‘අභිවෘද්ධිය වනසනවා’ කියලා කිව්වේ? “එහෙමයි ගෞතමයන් වහන්ස, මම ඒ ගැන තමයි කිව්වේ. අපේ පොත්වල තියෙන්නෙත් එහෙම තමයි.”

තථාගතයන් වහන්සේ මේ සියල්ල දමනය කළා...

ඊට පස්සේ බුදුරජාණන් වහන්සේ දේශනා කරනවා,

"මාගන්දිය, දිව කියලා කියන්නේ රසය තුළම තියෙන එකක්. රසයට ඇළුණු එකක්. රසයෙන් සතුටු වෙන එකක්. අන්න ඒ දිව, තථාගතයන් වහන්සේ දමනය කළා. පාලනය කළා. ආරක්ෂා කළා. සංවර කළා. ඒක වෙන්න ඇති ඔබ කිව්වේ 'අභිවෘද්ධිය, දියුණුව වනසනවා' කියලා." ඉතින් මාගන්දිය කිව්වා, "ඔව් ඒකට තමයි කිව්වේ" කියලා.

"මාගන්දිය, කය කියලා කියන්නේ ස්පර්ශය තුළම පදිංචිවුණු එකක්. ස්පර්ශයට ඇලී තිබෙන එකක්. ස්පර්ශයෙන් සතුටුවෙන එකක්. ඒ කය තථාගතයන් වහන්සේ දමනය කළා. පාලනය කළා. ආරක්ෂා කළා. සංවර කළා. ඒක වෙන්න ඇති ඔබ මේ කිව්වේ 'අභිවෘද්ධිය, දියුණුව වනසනවා' කියලා." "ඔව්, එහෙම තමයි කිව්වේ..." කිව්වා.

"මාගන්දිය, මනස කියන්නේ අරමුණු තුළ පදිංචි වෙලා ඉන්න එකක්. අරමුණුවල ඇලී තිබෙන එකක්. අරමුණුවලින් සතුටු වෙවී තිබෙන එකක්. අන්න ඒ මනස, තථාගතයන් වහන්සේ දමනය කළා. පාලනය කළා. ආරක්ෂා කළා. සංවර කළා. ඒක වෙන්න ඇති ඔබ 'අභිවෘද්ධිය වනසනවා' කියලා කිව්වේ." "ඔව්, එහෙම තමයි. ඒක තමයි එහෙම කිව්වේ..." කියලා මාගන්දිය කිව්වා.

මේ ගැන කියන්නේ මොකද්ද...?

බුදුරජාණන් වහන්සේ මාගන්දියගෙන් අහනවා "මාගන්දිය, ඔබ මේ ගැන මොකක්ද කියන්නේ...? කෙනෙක් ඉන්නවා. ඒ කෙනා ඇහෙන් රූප දැකලා ඒ ගැන සතුටු වෙනවා. ඒ ගැන සතුටු වෙලා ඉෂ්ට කාන්ත මනාප රූපවලින් ඇස පිනව පිනවා ඉන්නවා. ඒ කියන්නේ

එයා කලින් ඇහෙන් රූප බල බලා ඒකෙන් සතුටු වෙවී හිටපු කෙනෙක්. නමුත් මෙයා පස්සේ කාලෙක ඇහැට පේන රූපවල හටගැනීම අවබෝධ කරනවා. ඒ රූප නැසීයාම අවබෝධ කරනවා. ඒ රූපවල ආශ්වාදය මේකයි කියලා අවබෝධ කරනවා. ඒ රූපවල ආදීනව මේකයි කියලා අවබෝධ කරනවා. ඒ රූපවලින් නිදහස් වෙන්නෙ මෙහෙමයි කියලා නිස්සරණය අවබෝධ කරනවා.

කියන්න කිසිදෙයක් නැතිලු...

මුල් කාලේ මේ විදිහට ඇහැට පෙනුණු රූපයෙන් සතුටු වෙවී හිටපු එක්කෙනා, පස්සේ කාලෙක ඒ රූපයෙහි හටගැනීමත්, වැනසීමත්, ආශ්වාදයත්, ආදීනවයත්, නිස්සරණයත් කියන මේ කරුණු අවබෝධ කරගෙන, රූප තණ්හාව සම්පූර්ණයෙන්ම ප්‍රහාණය කරලා, රූප දකින්න තියෙන ඇවිස්සිල්ල, දාහය, පිපාසය නැතිකරලා, හිත සංසිඳිලා වාසය කරනවා නම්, මාගන්දිය, එබඳු කෙනෙක් ගැන ඔබට කියන්න තියෙන්නේ මොකද්ද?" මාගන්දිය කියනවා, "භවත් ගෞතමයනි, එබඳු කෙනෙක් ගැන මට කියන්න දෙයක් නෑ."

බුදුරජාණන් වහන්සේ නැවතත් අහනවා, "මාගන්දිය, මිහිරි ප්‍රියමනාප ශබ්දවලින් සතුටු වෙවී, කණ පිනව පිනවා හිටපු කෙනෙක් ඉන්නවා. පස්සේ කාලෙක එයා ඒ ශබ්දවල හටගැනීම අවබෝධ කරලා, ඒ ශබ්ද නැතිවීම අවබෝධ කරලා, ශබ්දවල ආශ්වාදය ආදීනවය අවබෝධ කරලා, ශබ්දවලට තියෙන ඡන්දරාගය දුරුකරලා, නිස්සරණයට පත්වෙලා, ශබ්ද තණ්හාව සම්පූර්ණයෙන් දුරුකළා නම්, ශබ්ද ඇසීමට තිබෙන දාහය නැතිකළා නම්, පිපාසය නැතිකළා නම්, ශබ්ද පස්සේ යන්නේ නැතුව

ආකාලික මුනි දහම

ආධ්‍යාත්මිකව සංසිඳිලා ඉන්නවා නම් එයා ගැන කියන්න තියෙන්නේ මොකක්ද?" එතකොට මාගන්දිය "භවත් ගෞතමයන් වහන්ස, ඒ ගැන මට කියන්න දෙයක් නෑ" කියලා කිව්වා.

මාගන්දිය නිරුත්තරයි...

ඊට පස්සේ බුදුරජාණන් වහන්සේ අහනවා, "මාගන්දිය, නාසයෙන් ඉෂ්ට කාන්ත මනාප වූ ගඳ සුවඳ පස්සේ ගිය කෙනෙක් ඉන්නවා. එයා නාසයෙන් ගඳ සුවඳ පස්සේ ගිය, නාසය පිනව පිනවා හිටපු කෙනෙක්. එයා පසුව නාසය පිනවපු ඒ ගඳ සුවඳ ගැන, එහි හටගැනීම, නැතිවීම, ආශ්වාදය, ආදීනවය, නිස්සරණය කියන කරුණු පහ අවබෝධ කරලා, ගන්ධ තණ්හාව සම්පූර්ණයෙන්ම ප්‍රහාණය කරලා දැම්මා නම්, නැතිකරලා දැම්මා නම්, ඒ පිපාසය දුරුකළා නම්, ආධ්‍යාත්මිකව සංසිඳීමට පත්වුණා නම් මොකද්ද ඔබට එයා ගැන අමුතුවෙන් කියන්න තියෙන්නේ?"

"අනේ, භවත් ගෞතමයාණන් වහන්ස, මට එයා ගැන කියන්න දෙයක් නෑ" කිව්වා.

ඊට පස්සේ බුදුරජාණන් වහන්සේ අහනවා, මාගන්දිය, දිවෙන් දත යුතු ඉෂ්ට කාන්ත මනාප රස තියෙනවා. කෙනෙක් ඉන්නවා, එයා රසය මුල්කරගෙන දිව පිනව පිනවා ඉන්නවා. නමුත් මෙයා පස්සේ කාලෙක ඒ රසයේ හටගැනීම, නැතිවීම, ආශ්වාදය, ආදීනව, නිස්සරණය කියන මේ කරුණු අවබෝධ කරලා, රස තෘෂ්ණාව සම්පූර්ණයෙන්ම ප්‍රහාණය කරලා, රස තෘෂ්ණාව දුරින්ම දුරු කරලා, ආධ්‍යාත්මිකව සංසිඳිලා ඉන්නවා නම්, එයා ගැන මොකද්ද කියන්න තියෙන්නේ?" කියලා ඇහුවා.

"අනේ, එයා ගැන කියන්න දෙයක් නෑ" කිව්වා.

ඊට පස්සෙ අහනවා, "මාගන්දිය, කයට දැනෙන ඉෂ්ට කාන්ත මනාප වූ පහස නිසා කය පිනව පිනව හිටපු කෙනෙක් ඉන්නවා. මේ කෙනා පස්සේ කාලේ ඒ ස්පර්ශය අවබෝධ කරනවා. ස්පර්ශයේ හටගැනීම, ස්පර්ශයේ නැතිවීම, ස්පර්ශයේ ආශ්වාදය, ආදීනවය, නිස්සරණය අවබෝධ කරලා, ස්පර්ශය ලැබීමේ තණ්හාවෙන් සම්පූර්ණයෙන්ම නිදහස් වෙනවා. පරිදාහය බැහැර කරනවා. දුරු කරනවා. පිපාසය නැති කරනවා. නැතිකරලා ආධ්‍යාත්මිකව සංසිඳිලා සිටිනවා නම්, මාගන්දිය, මොකද ඔබ ඒ ගැන කියන්නේ...?" මාගන්දිය කිව්වා, "ඒ ගැන කියන්න දෙයක් නෑ" කියලා.

පරිපූර්ණ ආධ්‍යාත්මික සංසිඳීම...

බුදුරජාණන් වහන්සේ මාගන්දියට කියනවා, "මාගන්දිය, මාත් ඒ වගේ කෙනෙක් තමයි. මාගන්දිය, මම ගෙදර ඉන්දැද්දී පංචකාමයෙන් සතුටු වෙවී වාසය කරපු කෙනෙක්. මාගන්දිය, මට ප්‍රාසාද තුනක් තිබුණා. මම වැසි කාලයේ හිටියේ එක ප්‍රාසාදයක. සීත කාලයේ හිටියේ තව ප්‍රාසාදයක. ගිම්හාන කාලයේදී තවත් ප්‍රාසාදයක. මාගන්දිය, වැස්ස කාලයේ මාස හතරේම මම උඩ තට්ටුවෙන් පහළට බහින්නේ නෑ. මට උපස්ථාන කරන්න හිටියේ කාන්තාවන් විතරයි. නමුත් පස්සේ කාලෙක මට පුළුවන් වුණා, ඒ කාමයෙහි හටගැනීමත්, නැතිවීයාමත්, ආශ්වාදයත්, ආදීනවයත්, නිස්සරණයත් අවබෝධ කරන්න. මම කාම තණ්හාව සම්පූර්ණයෙන්ම ප්‍රහාණය කළා. කාම පරිදාහය ප්‍රහාණය කළා. ඒ නිසා මම වාසය කරන්නේ ආධ්‍යාත්මික සංසිඳීමෙන්.

කාමය විසින් ජීවිත කාලා දානවා...

එතකොට මට පේනවා, මේ අනිත් මිනිස්සු කාම තණ්හාව දුරුනොකළ නිසා, කාම තණ්හාව විසින් ඒ මිනිස්සුන්ව විනාශ කරන හැටි. කාම තණ්හාව විසින් ඒ මිනිස්සුන්ව කාලා දාන හැටි. ඒ මිනිස්සු කාම තණ්හාවෙන් දැවි දැවී ඉන්න හැටි. ඒ මිනිස්සු කාමය සේවනය කරද්දී සෑහීමකට පත්වෙන්නේ නැතුව, ඒකෙන් දැවි දැවී ඉන්න ආකාරය දකිද්දී, මට නම් ඒ කාමය ගැන සිතක් පහළ වෙන්නේ නෑ. මම කැමති වෙන්නේ නෑ.

ඒකට හේතුව තමයි මාගන්දිය, කාමයන්ගෙන් වෙන්වූ, අකුසල ධර්මයන්ගෙන් වෙන්වූ, යම්කිසි දිව්‍ය සැපයක් තියෙනවා නම් අන්න ඒ සැපය මම අත්දකිනවා. ඒ නිසයි කාම සැපය කෙරෙහි හිත පහළ වෙන්නේ නැත්තේ.

ඒක මෙන්න මේ වගේ. ඒ තමයි, මහා ධනය තියෙන ධනවතෙක් ඉන්නවා. මේ ධනවතා මනුස්ස ලෝකේ ඉන්දැද්දී පංච කාමයෙන් හිත සතුටු කර කර වාසය කරනවා. මෙයා කයෙන් සුචරිතයේ හැසිරිලා, වචනයෙන් සුචරිතයේ හැසිරිලා, මනසින් සුචරිතයේ හැසිරිලා, කය බිඳී මරණයෙන් මතු සුගතියේ, ස්වර්ග ලෝකයේ උපදිනවා. තව්තිසා දිව්‍ය ලෝකේ උපදිනවා. ඉපදිලා නන්දන වනයේ දිව්‍ය පිරිස පිරිවරාගෙන දිව්‍ය කාමයෙන් සතුටු වෙවී ඉන්නවා.

දෙව්ලොව සැප අභියස මිනිස් ලොව සැප කුමටද...?

මෙහෙම ඉන්නකොට මෙයාට මනුස්ස ලෝකයේ ගෙවල්වල ඉන්න අය පංච කාමයෙන් සතුටු වෙන හැටි

පේනවා. නමුත් එහෙම දැක්කට මෙයාට 'ආයෙමත් මිනිස් ලෝකයේ පංච කාමය විඳින්න ඕන' කියලා සිතක් පහළ වෙන්නේ නෑ. මොකද, අර දිව්‍ය මානසිකත්වය, දිව්‍ය පංච කාමය තමයි අග්‍ර සැපයක් හැටියට එයාට ඒ වෙලාවේ පේන්නේ. ඒ නිසා එයා කිසිසේත් පල්ලෙහාට වැටෙන්න කැමති නෑ."

බුදුරජාණන් වහන්සේ වදාළා, "මාගන්දිය, ඒ වගේ තමයි. මමත් ගිහි ජීවිතය ගතකරද්දී මටත් මාළිගා තුනක් තිබුණා. මම ඒ මාළිගා තුනේම වාසය කළා. නමුත් මම මේ කාමයන්ගේ හටගැනීමත්, නැසීයාමත්, ආශ්වාදයත්, ආදීනවයත්, නිස්සරණයත් කියන කරුණු පහ යථාර්ථයෙන්ම අවබෝධ කරගෙන, මේ පංච කාම තෘෂ්ණාවෙන් නිදහස් වුණා. ඒ දැවිල්ලෙන් නිදහස් වුණා. ඒ නිසා මට මේ මිනිස්සු පංච කාමයන් පස්සේ ගිහිල්ලා කාමයෙන් දැවි දැවී ඉන්න ආකාරය පේනවා. ඒ නිසා මට ඒ ගැන කිසි ඇලීමක්, කැමැත්තක්, ඇතිවෙන්නේ නෑ. මොකද ඊට වඩා දිව්‍ය සැපයක් මං විඳිමින් ඉන්න නිසා."

ඒක මේ වගේ දෙයක්...

ඊට පස්සේ බුදුරජාණන් වහන්සේ ඒක මේ වගේ එකක් කියලා වදාළා. "මාගන්දිය, ඔන්න කුෂ්ඨ රෝගියෙක් ඉන්නවා. ඒ කුෂ්ඨ රෝගියාගේ ඇගේ සම්පූර්ණයෙන්ම කුෂ්ඨ හැදිලා පැසවනවා. පැසෙව්වට පස්සේ ඒ කුෂ්ඨයේ පණුවෝ ගහනවා. පණුවෝ ගැහැව්වාට පස්සේ මේ මනුස්සයා මේ පණුකැවිල්ල නිසා පුළුවන් තරම් කහනවා. කහලා කහලා, ගිනි කබලක් අරගන ඇඟ තවනවා. ඒකෙන් තමයි මෙයා සතුටක් ලබන්නේ. මෙයාගේ යාළු මිත්‍රයෝ මෙයාව වෙද මහත්තයෙක් ගාවට අරගෙන

යනවා. ඒ වෙද මහත්තයා මෙයාට බෙහෙත් කරනවා. බෙහෙත් කරලා කුෂ්ඨය සම්පූර්ණයෙන්ම සනීප කරනවා.

ආයේ දුකට වැටෙන්න කැමති කව්ද...?

සනීප කළාට පස්සේ මෙයාට ඒ වගේම කුෂ්ඨයක් හැදුණු තව පුද්ගලයෙක්ව දකින්න ලැබෙනවා. එයත් අර වගේම කහ කහා ඉන්නවා. ඒ වගේම ගිනි කබලක් අරගෙන ඇඟ රත්කරනවා. එතකොට මෙයාට 'අනේ, මට ආයෙත් කුෂ්ඨ හැදෙනවා නම් කොච්චර හොඳයිද... ආයෙමත් මට කහ කහා ඉන්න ඇත්නම් කොච්චර හොඳයිද..., ආයෙමත් මට ගිනි කබලකින් රත් කර කර ඉන්න ඇත්නම් කොච්චර හොඳයිද...' කියලා හිතෙනවාද?"

"අනේ, භවත් ගෞතමයන් වහන්ස, එයාට එහෙම හිතෙන්නේ නෑ. ඒ මොකද, භවත් ගෞතමයන් වහන්ස, ඒක අසනීපයක්. ඒක රෝගයක්. එයා බෙහෙත් කරලා ඒ රෝගය සනීප කරගෙනයි ඉන්නේ. ඒ නිසා එයා ආයේ ඒ රෝගය හදාගන්න කැමති නෑ."

"මාගන්දිය, මමත් ගිහි ජීවිතේ ගතකරපු කාලේ විඳපු පංච කාම සැපයත් අන්න ඒ වගේ" කියනවා. බලන්න බුදුරජාණන් වහන්සේ ජීවිතය ගැන කල්පනා කරපු ආකාරය.

හීන වූ කාම සැපය ඉක්මවා යන්න...

"මාගන්දිය, මම පස්සේ කාලේදී මේ කාමයෙහි හටගැනීමත්, නැතිවීයාමත්, ආශ්වාදයත්, ආදීනවයත්, නිස්සරණයත් අවබෝධ කරගෙන, කාම තණ්හාව සම්පූර්ණයෙන්ම ප්‍රහාණය කරලා, කාම පරිදාහය

දුරුකරලා, කාම පිපාසය නැතිකරලා දැම්මා. එසේ වාසය කරද්දී, මට පේනවා අනිත් උදවිය මේ කාම තණ්හාවෙන් විනාශ වෙන හැටි. ඒ තණ්හාව විසින්ම ඒගොල්ලන්ව කාලා දානවා. කාම පරිදාහයෙන් දැවි දැවී ඉන්නවා. එතකොට මට කවදාවත් 'ඒගොල්ලන්ගේ කාමය මටත් විඳින්න ඕන' කියලා හිතෙන්නේ නෑ. හිතක් පහළ වෙන්නේ නෑ. මොකද, ඒ කාම සැපය ඉක්මවා ගිය, අකුසලය ඉක්මවා ගිය, දිව්‍ය වූ සැපයක් මා අත්විඳින නිසා. ඒ දිව්‍ය වූ සැපයෙන් සතුටුවෙන නිසා මම මේ හීන වූ කාම සැපයට සතුටු වෙන්නේ නෑ."

සඤ්ඤාව විපරීත වූ අපේ ජීවිත...

ඊළඟට බුදුරජාණන් වහන්සේ අහනවා, "මාගන්දිය, අර කුෂ්ඨ රෝගියා ගැන ආයේ කල්පනා කරන්න. ඒ කුෂ්ඨ රෝගියා ශරීරයම කහ කහා, ගිනි කබලකින් ශරීරය රත් කර කර හිටියා. පස්සේ කාලේ එයා සම්පූර්ණයෙන් සනීප වුණා. සනීප වුණාට පස්සේ එයාට ගිනි කබලක අවශ්‍යතාවය තියෙනවද? මාගන්දිය, ඒ සනීප වෙලා හිටපු කෙනාව බලවත් පුරුෂයෝ දෙන්නෙක් බලෙන් අරගෙන ගිහිල්ලා ආයෙමත් ගිනි කබලකින් තවන්න හදනවා. එතකොට ඒ පුරුෂයා ගිනි කබලෙන් ආයේ තවනවාට කැමතිවෙයිද?"

"අනේ කැමති නෑ. එයා ගිනි කබල ලඟට යන්න බැරුව කය එහෙට මෙහෙට අදිනවා. භවත් ගෞතමයන් වහන්ස, ඒ ගිනි කබලෙන් එන ගින්දර සැර ශරීරයට කටුක පහසක්. ඒක මහා තැවිල්ලක්. ඒක මහා දැවිල්ලක්. ඒ නිසා එයා ඒකට කැමති නෑ."

බුදුරජාණන් වහන්සේ අහනවා, "ඉතින් මාගන්දිය,

ඉතින් කලින් එයා මේකට එයා කැමති වුණේ නැද්ද? එයා කලින් ගිනිකබලින් ඇඟ තවන එකට සතුටු වුණානේ. ඇයි එයා දැන් ඒකට අකමැති? මාගන්දිය, එකම ගිනි කබලින් තවද්දී කලින් සතුටු වෙන්නත්, දැන් අසතුටු වෙන්නෙත් හේතුව මොකක්ද?"

එතකොට මේ මාගන්දිය කියනවා, "භවත් ගෞතමයන් වහන්ස, අර කුෂ්ඨ රෝගියා ගිනි කබලින් වණමුඛය කහද්දි, කහද්දි... ඒ කැසිල්ලට එයාගේ ඉඳුරන් තුවාල වෙලා තිබුණා. ඒ නිසා ගිනි කබලින් ඇතිවෙන දුක් පහස එයාට දැනුණේ සැපයක් විඳිනවා වගේ. එයාට තිබුණේ විපරීත සඤ්ඤාවක්. ගිනි කබලින් රත්වෙවී, රත්වෙවී තියෙද්දී තුවාලවෙලා තිබුණු නිසා, විපරීත සඤ්ඤාවක් තිබුණු නිසා, ගිනි කබලේ රස්නය එයාට දැනුනේ සැපයක් වගේ. නමුත් ස්වාමීනී, ඒ ගිනි කබලේ තියෙන්නේ දුකමයි."

කාමය සැමකල්හී දුක් පහසින් යුක්තයි...

බුදුරජාණන් වහන්සේ දේශනා කරනවා, "මාගන්දිය, ඔය වගේමයි, ඔය විදිහමයි. අතීතයේ යම් කාමයක් තිබුණද, ඒක දුක් පහසින් යුක්තමයි. මහා දැවිල්ලකින්, තැවිල්ලකින්, යුක්තමයි. අනාගතයේ යම් කාමයක් හටගන්නවාද, ඒ කාමයත් දුක් පහසකින් යුක්තමයි. මහා දැවිල්ලකින්, තැවිල්ලකින්, යුක්තමයි. වර්තමානයේ යම් කාමයක් තිබෙනවාද, ඒ කාමයත් දුක් පහසින් යුක්තමයි. මහා දැවිල්ලකින්, තැවිල්ලකින්, යුක්තමයි."

කාමය පතා යන ජීවිතවල උරුමය...

මිනිස්සු මේ කාමය මුල්කරගෙනමයි අකුසල්

රැස්කර ගන්නේ. කාමය මුල්කරගෙන ප්‍රාණඝාතය කරනවා. කාමය මුල්කරගෙන සොරකම් කරනවා. කාමය මුල්කරගෙන අනාචාරයේ හැසිරෙනවා. කාමය මුල්කරගෙන මත්පැන් බොනවා. කේලාම් කියනවා. බොරු කියනවා. නින්දා අපහාස කරනවා. කාමය මුල්කරගෙන සිල්වතුන්ට ගරහනවා. මේ වගේ නොයෙක් පව් රැස් කරගන්නවා. ඒ විදිහට පව් රැස්කරගෙන, කාම සැපයක් පත පතා, කාම සැපය විඳ විඳ, කාම තණ්හාවෙන් ඒගොල්ලන්ව විනාශ කරනවා.

ඉතින් බුදුරජාණන් වහන්සේ දේශනා කරනවා, "ඒ කාමයන් කෙරෙහි (**අවීතරාගී**) ඇල්ම දුරු නොකළ අයව, ඒ කාම තණ්හාව විසින් කාලා දානවා. කාම තණ්හාව විසින් දවනවා. කාම තණ්හාවෙන් දැවි දැවී, (**උපහතින්ද්‍රිය**) උපහත ඉන්ද්‍රිය කියන්නේ අර කුෂ්ඨය හැදුණු වෙලාවේ ශරීරයේ තිබුණේ හැබෑ ඉන්ද්‍රියන් නෙවෙයිනේ. කහල කහලා වෙනස් වෙලානේ. ඒ වගේ කියනවා මනුස්සයෙක් මේ කාම තණ්හාවට ගියාට පස්සේ. ඊට පස්සේ (**දුක්ඛසම්ඵස්සේව ච කාමේසු සුඛමිති විපරීතසඤ්ඤං පච්චලත්ථුං**) මේ දුක් සඤ්ඤාව දැනෙන්නේ විපරීත වෙලයි. එයාට දැනෙන්නේ 'මෙය සැපයි' කියලයි."

කාමයේ ආශ්වාද මාත්‍රයක් තියෙනවා...

බුදුරජාණන් වහන්සේ වදාළා, "මාගන්දිය, ඒ තුවාල හැදුණු, පණුකෑමට ලක් වූ, පණු කැවිල්ල තියෙන කුෂ්ඨ රෝගියා ගිනි අඟුරු කබලින් කය තවන්න තවන්න එයාට තව තව කහන්න පුළුවන්. තව තව කහන්න කහන්න තව තව තුවාලේ වැඩිවෙනවා. තව තව තුවාලේ අපිරිසිදු වෙනවා. තව තව ගඳ ගහන්න ගන්නවා. තව තව සැරව

හැදෙනවා. හැබැයි ඒ වණ මුඛය කහන නිසා එයාට ඒකෙන් ආශ්වාදයක්, ආශ්වාද මාත්‍රයකුත් තියෙනවා. අන්න ඒ වගේ, මේ කාමය නිසා යම් ආශ්වාද මාත්‍රයකුත් තියෙනවා. ආශ්වාද මාත්‍රයක් තියෙන නිසා මේ පස්කම් ගුණය සේවනය කරද්දි කරද්දී එයාට වැඩෙන්නේ කාම තෘෂ්ණාව, කාම පරිදාහය, කාම දැවිල්ල විතරයි."

මෙවැනි කෙනෙක් දැකලා තියෙනවාද...?

බුදුරජාණන් වහන්සේ මාගන්දියගෙන් අහනවා, "මාගන්දිය, ඔබ දැකලා තියෙනවාද රජකෙනෙක්, එහෙම නැත්නම් රජ ඇමතියෙක් මේ පංචකාම ගුණයන් සේවනය කර කර, පංචකාම ගුණයෙන් සතුටු වෙවී ඉඳිමින්, කාම තණ්හාව අත්හැරලා, කාමදාහය අත්හැරලා, ආධ්‍යාත්මික සංසිඳීමෙන් වාසය කරනවා? "දැක්කේ නෑ" කියනවා. "ඔබ අහලා තියෙනවද, අතීතයේවත් එවැනි කෙනෙක් සිටියා කියලා?" "එහෙම අහලා නෑ" කියනවා. මොකද ඒගොල්ලෝ සතුටක් හැටියට හොයන්නේ කාම සේවනයමයි. සතුට ලබන්න කියලා රූප, ශබ්ද, ගන්ධ, රස, ස්පර්ශමයි හොයන්නේ. වෙන දෙයක් හොයන්නේ නෑ.

කාමය ඉක්මවා යන අවබෝධය...

ඉතින් බුදුරජාණන් වහන්සේ වදාළා, "සාදු... සාදු... මාගන්දිය. මාගන්දිය, මමවත් අතීතයේ එහෙම රජෙක් ඉන්නවා කියලා දැකලා නෑ. වර්තමානයේ එහෙම රජෙක් ඉන්නවා දැකලත් නෑ. අනාගතයේවත් එහෙම රජෙක් දකින්න නෑ. යම්කිසි කෙනෙක් මේ කාම තණ්හාව ප්‍රහාණය කළා නම්, කාම තණ්හාව අත්හැරියා නම්, කාම

දාහය දුරුකළා නම්, ඒ සියලු දෙනා මේ කාමයන්ගේ හටගැනීමත්, නැසීයාමත්, ආශ්වාදයත්, ආදීනවයත්, නිස්සරණයත් කියන මේ කරුණු පහම ඒ ආකාරයෙන්ම අවබෝධ කරලා, කාම තණ්හාව දුරුකරලා, කාම පිපාසය දුරුකරලයි ආධ්‍යාත්මිකව සංසිඳීමෙන් වාසය කරන්නේ.

අතීතයේ යම්කිසි කෙනෙක් කාම තණ්හාව දුරුකරලා සිටියා නම්, ඒ වගේම අනාගතයේ යම්කිසි කෙනෙක් කාම තණ්හාව දුරුකරලා වාසය කරනවා නම්, ඒ ඉන්නෙත් මේ ආකාරයටයි" කියනවා. ඒ මේ පස් ආකාර වූ අවබෝධයෙන්. ඒ තමයි **'හටගැනීම, වැනසීම, ආශ්වාදය, ආදීනවය, නිස්සරණය.'**

ඒ වෙලාවේ භාග්‍යවත් බුදුරජාණන් වහන්සේ මෙන්න මෙහෙම උදානයක් පහල කළා.

ආරෝග්‍යපරමා ලාභා - නිබ්බානං පරමං සුඛං
අට්ඨංගිකෝ ච මග්ගානං - ඛේමං අමතගාමිනන්ති.

"නීරෝගීබව පරම ලාභයයි. නිවන පරම සැපයයි. අමෘතය ලැබෙන මාර්ගය, බිය රහිත මාර්ගය ආර්ය අෂ්ටාංගික මාර්ගයයි."

හරි අපූරු කියමනක්නේ...

ඒක කිව්වහම මාගන්දිය කියනවා, "භවත් ගෞතමයන් වහන්ස, ආශ්චර්යයයි. පුදුම සහගතයි. හරි අපූරු කියමනක්නේ භවත් ගෞතමයන් වහන්සේ කිව්වේ. **'ආරෝග්‍යාපරමා ලාභා - නිබ්බානං පරමං සුඛං'** කියන එක අපේ මේ පොත්වලත් තියෙනවා. අපේ ආගමෙත් ඕක විස්තර වෙනවා."

බුදුරජාණන් වහන්සේ අහනවා, "මාගන්දිය, කොහොමද ඔබේ පොත්වල මේ '**ආරෝග්‍යාපරමා ලාභා - නිබ්බානං පරමං සුඛං**' කියලා විස්තර කරන්නේ? මොකද්ද මේ ආරෝග්‍යය, නිරෝගීකම කියන්නේ? කොහොමද ඔබේ ඒ පොත්වල විස්තර වන්නේ? 'නිබ්බානං' කියලා මොකද්ද විස්තර වෙන්නේ?"

එතකොට මාගන්දිය එයාගෙ අතපය පිරිමදින්න පටන් ගත්තා. අත පය දිග හැරලා, එහෙට මෙහෙට අතගාලා, පිරිමැදලා කියනවා, "මේක තමයි '**ආරෝග්‍යාපරමා ලාභා**' කියන්නේ. මට දැන් කිසි ලෙඩක් නෑ. දැන් මම හොඳට ඉන්නවා. මේක තමයි '**ආරෝග්‍යා පරමාලාභා**' කියලා කියන්නේ."

අන්ධ මනුස්සයෙකුගේ කතාවක් වගෙයි...

එතකොට බුදුරජාණන් වහන්සේ කියනවා, "මාගන්දිය, ඕක හරියට උපතින්ම අන්ධ, සුදු කළු දකින්නේ නැති, රූප දකින්නේ නැති අන්ධ මනුස්සයෙකුගේ කතාවක් වගෙයිනේ. ඔන්න මනුෂ්‍යයෙක් ඉන්නවා. එයා අන්ධයි. ඒ මනුස්සයාට 'සුදු වස්ත්‍රය ඉතාමත්ම සුන්දරයි, ලස්සනයි' කියලා ආරංචි වෙනවා. නමුත් එයාට සුදු වස්ත්‍රය පේන්නේ නැනේ. ඇස් ඇති පුරුෂයන් තමයි මේක කියන්නේ. ඇස් තියෙන, සුදු කළු හඳුනන අය තමයි 'සුදු වස්ත්‍රය ඉතාමත් ලස්සනයි' කියලා කියන්නේ. මෙහෙම කියන කොට මෙයාටත් සුදු වස්ත්‍රයක් පොරවා ගන්න ආශා හිතෙනවා. එහෙම හිතිලා මෙයා 'මට සුදු වස්ත්‍රයක් ඕන' කියලා පුරුෂයෙකුට කියනවා. ඊට පස්සේ එක මනුෂ්‍යයෙක් 'මෙන්න නුඹ හොයන සුදු වස්ත්‍රය' කියලා මෙයාට ඉතාමත් කිළිටු, දැලි කුණු වැතිරුණු, විරූපී

වස්ත්‍රයක් ගෙනැල්ලා දෙනවා.

එයා මේක පොරව ගන්නවා. පොරවගෙන පිරිස මැද්දට ගිහිල්ලා "භවත්නි, බලන්න මේ මම පොරවගෙන ඉන්න සුදු වස්ත්‍රය දිහා. මේ සුදු වස්ත්‍රය ඉතා සුන්දරයි. ඉතා නිර්මලයි, පිරිසිදුයි" කියලා කියනවා.

මේ අසරණකම අන්ධභාවය නිසයි...

මෙහෙම කියනකොට අනිත් පිරිස මෙයාව සතුටු කරන්න ඕන නිසා "හරි... හරි ඔබ කියන්නේ ඇත්ත තමයි. ඔබ බොහෝම සුදු වස්ත්‍රයක් පොරවගෙන ඉන්නවා" කියලා කියනවා. අර අන්ධ මනුස්සයාව සතුටු කරන්න බොරුවෙන් රවට්ටනවා. එතකොට එයා ඒකෙන් සතුටු වෙවී ඉන්නවා.

බුදුරජාණන් වහන්සේ දේශනා කරනවා, "මාගන්දිය, මේ අන්‍යාගම්කාරයොත් අන්න ඒ වගෙයි. අන්‍යාගම්කාරයොත් ඒ වගේ අන්ධයි. ඒ නිසා 'ආරෝග්‍ය' කියන්නේ මොකද්ද කියලා ඒ අය දන්නේ නෑ. 'නිබ්බානං' කියන්නේ, නිවන කියන්නේ මොකද්ද කියලා දන්නේ නැතුවයි, ඔය වගේ අදහස් කියන්නේ."

බුදුවරුන්ගේ ගාථාවක්...

"මාගන්දිය, ඕක පෙර විසූ අරහත් සම්මා සම්බුදුරජාණන් වහන්සේලාගෙන් පරම්පරාවෙන් ආපු ගාථාවක්. එය මතක තබාගෙන ඉඳලා, දැන් එය ක්‍රම ක්‍රමයෙන් පෘථග්ජනයන්ගේ කීමක් වෙලා." අදත් ඒක වෙලා නැද්ද? 'ආරෝග්‍යා පරමාලාභා' කිව්වාම අදත් සලකන්නේ ශරීරයේ රෝග නැති බවනේ. බුදුවරුන්ගේ

භාෂාව ටික ටික පෘථග්ජන වෙලා. 'නිබ්බාන' කියන එක පෘථග්ජන වෙලා. 'මගේ නිවන මගේ පැල්පතයි' කියනවා.' අහල තියෙනවනේ එහෙම. නිබ්බාන කියන එක පෘථග්ජන වෙලා.

ඒ වචන ඔක්කොම කාලයාගේ ඇවෑමෙන් පෘථග්ජනයන්ගේ වචන බවට පත්වෙනවා කියලා බුදුරජාණන් වහන්සේ වදාළා. "මාගන්දිය, මේ කය වූ කලී (**අයං බෝ පන මාගන්දිය කායෝ රෝගභූතෝ**) තනිකරම රෝගයක්මයි. (**ගණ්ඩභූතෝ**) ගඩුවක්මයි. (**සල්ල භූතෝ**) හුලක්මයි. (**අඝභූතෝ**) දුකක්මයි. (**ආබාධභූතෝ**) ආබාධයක්මයි. ඉතින් මාගන්දිය, ඔබ මෙවැනි රෝගයක් වැනි, ගඩුවක් වැනි, හුලක් වැනි, දුකක් වැනි, ආබාධයක් වැනි මේ ශරීරය මුල්කරගෙන, 'මේක තමයි භවත් ගෞතමයනි ආරෝග්‍ය කියන්නේ, මේක තමයි නිවන කියන්නේ' කියලා කියනවා. මාගන්දිය, ඔබට ඒ ආර්ය ඇස නෑ."

ආර්ය ඇස නැතුව නිවන් දකින්න බෑ...

බුදුරජාණන් වහන්සේ වදාළා, "ඒ ආර්ය ඇසින් දකින 'ආරෝග්‍ය' ඔබට දකින්න විදිහක් නෑ. ඒ ආර්ය ඇසින් දකින 'නිවන' ඔබට දකින්න ලැබෙන්නේ නෑ" කියලා.

එතකොට මාගන්දිය "මමත් කැමතියි ඒ ආරෝග්‍ය දකින්න, මමත් කැමතියි ඒ නිවන දකින්න" කියලා බුදුරජාණන් වහන්සේගෙන් ඉල්ලා සිටියා. මේ වෙනකොට මාගන්දිය සම්පූර්ණයෙන්ම ධර්මය පැත්තට ඇවිල්ලා. බලන්න, අහගෙන ඉන්නකොටයි ධර්මය කරා යන්නේ.

අහගෙන ඉන්නකොට එයා යෝනිසෝ මනසිකාරයේ යෙදෙනවා. ඒ නිසා අහගෙන ඉද්දී එයා ඒක තේරුම් ගන්නවා. හෘද සාක්ෂියට අවංක කෙනෙක් විතරයි මේක කරන්නේ. හිතේ එකයි, මූණේ එකයි, කටේ එකයි තියාගෙන මේක කරන්න බෑ. මේක හෘද සාක්ෂියට අවංකවම කරන එකක්.

මමත් කැමතියි නිවන් දකින්න...

ඊට පස්සේ මාගන්දිය, "භවත් ගෞතමයන් වහන්ස, මමත් කැමතියි ඒ ආරෝග්‍ය දකින්න. මමත් කැමතියි ඒ නිවන දකින්න. ඒ දකින හැටියට, දැනගන්න හැටියට මට ඒ ආරෝග්‍ය ගැන දේශනා කරන සේක්වා" කියලා ඉල්ලා සිටියා.

බුදුරජාණන් වහන්සේ වදාළා, "මාගන්දිය, උපතින්ම අන්ධ කෙනෙක් ඉන්නවා. මෙයාට රූප පේන්නේ නෑ. මෙයා රූප දකින්නෙත් නෑ. වෛද්‍යවරයෙක් මෙයාට බෙහෙත් කරනවා. බෙහෙත් කළාට වැඩක් නැත්නම්, බෙහෙත් කළාට එයා ඇස් දෙක පාදගන්නේ නැත්නම්, එයා ඇස් දෙකේ පෙනුම හරිගස්ස ගන්නේ නැත්නම්, ඒකෙන් පීඩාවට පත්වෙන්නේ වෙදකම් කරන කෙනයි. වෙදකම් කරද්දි කරද්දී ඇස් දෙක පාදගන්නේ නැත්නම්, පෙනීම හරිගස්ස ගන්නේ නැත්නම්, තවදුරටත් අන්ධයෙක් වගේම ඉන්නවා නම්, වෙද මහත්තයා ඒ ගන්න මහන්සියේ කිසි තේරුමක් නෑ."

දහම් දේශනාවෙන් ඵලක් වේවිද...?

"මාගන්දිය, ඒ වගේ තමයි, මා ඔබට 'මේ තමයි ආරෝග්‍ය, මේ තමයි නිර්වාණය' කියලා කොච්චර කිව්වත්

ඔබ ඒක හඳුනගන්නේ නැත්නම්, ඔබ ඒක අවබෝධ කරන්නේ නැත්නම්, ඒකෙන් මහන්සිය තියෙන්නේ මටයි. ඒක ඔබට කොච්චර කීවත් වැඩක් වෙන්නේ නෑ." එතකොට මාගන්දිය කියනවා, "අනේ! භවත් ගෞතමයන් වහන්ස, මට මේ ආරෝග්‍ය මොකද්ද කියලා දැනගන්න ඕන. මට මේ නිර්වාණය මොකද්ද කියලා දැනගන්න ඕන. ඒ නිසා භවත් ගෞතමයන් වහන්ස, මට සදහම් දේශනා කරන සේක්වා! මම ඒක දැනගන්නම්."

එතකොට බුදුරජාණන් වහන්සේ මාගන්දියට කියනවා "මාගන්දිය, රූප පේන්නේ නැති, ඇස් පෙනීම නැති අන්ධ කෙනෙක් ඉන්නවා. මේ කෙනා සුදු වස්ත්‍රයකට හරි කැමතියි. මේ කෙනා යාළු මිත්‍රයන්ට 'මම හරි කැමතියි සුදු වස්ත්‍රයකට. ඒ නිසා මට සුදු ඇඳුමක් ගෙනල්ලා දෙන්න' කියලා කියනවා. ඉතින් යාළුවෝ 'ඔන්න ඔබට සුදු ඇඳුමක්' කියලා දැලි තැවරුණු කළු පාට වස්ත්‍රයක් දෙනවා. දැන් මෙයා මේක ඇඳගෙන සතුටු වෙවී ඉන්නවා.

අන්ධභාවයෙන් මිදී ඇත්ත දකින්න...

මෙයාගේ පවුලේ පිරිස කරන්නේ මෙයාව වෛද්‍යවරයෙක් ගාවට එක්කගෙන යනවා. එක්කගෙන ගිහාම වෛද්‍යවරයා මෙයාට බෙහෙත් කරනවා. මේකේ තියෙනවා දෙන බෙහෙත් ගැන. බඩඑළිය යන්න දෙනවා. හිසට තෙල් වර්ග දානවා. ඇස්වලට බෙහෙත් වර්ග දානවා. නස්න කරනවා. මෙහෙම කරන්න කරන්න ඇස් පෙනීම හරි යනවා. ඇස පිරිසිදු වෙනවා. ඇස පිරිසිදු වුණ ගමන් එයාගේ ඇස් පේන්න ගන්නවා. ඇසේ පෙනීමත් එක්ක මෙයා පොරවාගෙන ඉන්න වස්ත්‍රය දිහා බලනවා. බලද්දී මෙයාට තේරෙනවා 'මේ වස්ත්‍රය දීපු කෙනා

නම් මිත්‍රයෙක් වෙන්න බෑ. මේ වස්ත්‍රය දීපු කෙනා නම් මිත්‍රයෙක් නෙවෙයි, හතුරෙක්මයි. මොකද, සම්පූර්ණ සුදු වස්ත්‍රයක් හැටියට මාව රවට්ටලා තමයි මෙයා මේක දීලා තියෙන්නේ' කියලා. ඇයි දැන් එයා ඇස් පෙනීමත් එක්ක සුදු කළු හඳුනාගත්තනේ. ඇස් පෙනීමත් එක්ක වස්ත්‍රය හඳුනගත්තා.

මෙබඳු රූපයක්ද උපාදාන කරගෙන හිටියේ...?

ඊට පස්සේ බුදුරජාණන් වහන්සේ වදාළා, "මාගන්දිය, අන්න ඒ වගේ ඔබ මේ ධර්මය අවබෝධ කරගන්නවා නම්, මේ ධර්මය ඔබ දකිනවා නම්, (මෙතැන හරි ලස්සන කියමනක් තියෙනවා) ඔබ මේ නීරෝග කම දන්නවා නම්, නිවන දකිනවා නම්, ඔබට මේ ඇස පහළවීමත් සමඟ මේ පංචඋපාදනස්කන්ධය කෙරෙහි යම් ඡන්දරාගයක් තිබුණාද, ඇසූ පමණින් එය ප්‍රහාණය වෙලා යාවි. එතකොට ඔබට මෙහෙම හිතේවි. 'බොහෝ කාලයක් මුළුල්ලේ මේ සිත විසින් මාව රවටා තිබෙනවා නේද? මේ සිත විසින් මාව වංචා කරලා තිබෙනවා නේද? මේ සිත විසින් මාව පොළඹවලා තියෙනවා නේද? මම මෙබඳු වූ රූපයක්ද, මෙච්චර කල් උපාදාන කරගෙන හිටියේ?' කියලා."

මේ විදිහට ඔබට අවබෝධ වෙයි...

බුදුරජාණන් වහන්සේ වදාළා, "ඊට පස්සේ ඔබට හිතෙයි 'මම බැඳුණා නම් බැඳුණේ රූපයකටමයි. බැඳුණා නම් බැඳුණේ විඳීමකටමයි. බැඳුණා නම් බැඳුණේ සඤ්ඤාවකටමයි. බැඳුණා නම් බැඳුණේ සංස්කාරවලටමයි. බැඳුණා නම් බැඳුණේ විඤ්ඤාණයකටමයි. ඒ නිසා තමයි උපාදාන ප්‍රත්‍යයෙන් භවය හටගත්තේ. භවය ප්‍රත්‍යයෙන්

ඉපදීම හටගත්තේ. ඉපදීම ප්‍රත්‍යයෙන් ජරා, මරණ, සෝක, පරිදේව, වැළපීම්, දුක්, දොම්නස්, සුසුම් හෙළීම්... ඔක්කෝම හටගත්තේ' කියලා. ඒ විදිහට ඔබටම මේක අවබෝධ වෙයි."

වංචනික සිතකින් ධර්මය දකින්න බෑ...

එතකොට මාගන්දිය කියනවා, "අනේ, බුදුරජාණන් වහන්ස, මට ඒ ආකාරයෙන් ධර්ම දේශනා කරන සේක්වා! මට මේ ආසනයේදීම අන්ධ නැතුව නැගිටින්න ඕනේ." කියලා. බලන්න එයාට ඒ වෙනකොට ජීවිතේ ගැන කොච්චරට තේරිලාද? මේක තමයි අවංකකම කියන්නේ. වංචනික සිතකින් නම් කාටවත්ම කිසි දවසක මේ ධර්මය අවබෝධ කරන්න බෑ. මහණ වුණත් බැහැ. බැහැ බැහැමයි. ලාභ සත්කාර කීර්ති ප්‍රශංසා අපේක්ෂාවෙන් නම්, මේ ධර්මය අවබෝධ කරන්න බෑ. ගිහි කෙනාටත් බෑ. මහණ කෙනාටත් බෑ. ළඟ හිටියත් බෑ. ඉස්සරහින් වාඩිවුණත් බෑ. පස්සෙන් වාඩිවුණත් බෑ. ඒක කරන්න තියෙන්නේ අවංකකම මතමයි.

මේ අවංකකම ඇතිවෙන ආකාරය ගැන බුදුරජාණන් වහන්සේ පෙන්වා දෙනවා "**(තේන හි ත්වං මාගන්දිය සප්පුරිසේ භජෙය්‍යාසි)** එහෙනම් ඔබට මේ ධර්මය ඇසුරු කරන්න ඕනෙ නම්, සත්පුරුෂයන්ව ඇසුරු කරන්න. **(යතෝ ඛෝ ත්වං මාගන්දිය, සප්පුරිසේ භජිස්සසි)** යම් ආකාරයෙන් ඔබ සත්පුරුෂයන්ව ඇසුරු කරනවා නම් **(තතෝ ත්වං මාගන්දිය සද්ධම්මං සොස්සසි)** ඒ සත්පුරුෂයන්ගෙන් ඔබට සද්ධර්මය අහන්න ලැබෙනවා. එහෙනම් සත්පුරුෂයාගේ ස්වභාවය, සද්ධර්මය කියන එක මිසක් කුණු ගොඩවල් කතාකරන එක නෙවෙයි.

සත්පුරුෂයා හඳුනාගන්න..

සත්පුරුෂයාගේ ස්වභාවය 'අරයා මෙහෙමයි... මෙයා මෙහෙමයි...' කිය කියා කයි කතන්දර කතා කරන එක නෙවෙයි. සත්පුරුෂයා කරන්නේ සද්ධර්මය කතාකරන එක විතරයි. තමන් සත්පුරුෂයෙක් නම් දැන් තමන්වම හඳුනගන්න පුළුවන්, 'තමන් සද්ධර්මය විතරක් කතාකරන කෙනෙක්ද?' කියලා. තමන් අසත්පුරුෂ නම් ඒකත් තමන්ම දන්නවා.

සත්පුරුෂයා හැම තිස්සේම ඉන්නේ සද්ධර්මය තුළයි. "**(සප්පුරුසේ භජිස්සති)** සත්පුරුෂයාව ඇසුරු කරනවා නම්, **(ත්වං මාගන්දිය සද්ධම්මං සොස්සසි)** සද්ධර්මය අහන්න ලැබෙනවා. **(යථෝ ඛෝ ත්වං මාගන්දිය සද්ධම්මං සොස්සසි)** මාගන්දිය, ඔබ සද්ධර්මය අසනවා නම්, **(තතෝ ත්වං මාගන්දිය ධම්මානුධම්මං පටිපජ්ජිස්සසි)** ඒ අහපු ධර්මය හරියට ඇල්លුවා නම් ධම්මානුධම්ම පටිපදාවෙයි යෙදෙන්නේ. **(යතෝ ත්වං මාගන්දිය ධම්මානුධම්මං පටිපජ්ජසි)** මාගන්දිය, ඔබ ධර්මානුධර්ම ප්‍රතිපදාවේ යෙදෙනවා නම්, **(තතෝ ත්වං මාගන්දිය සාමංයේව ඤස්සසි, සාමං දක්ඛිසි)** ඒ ධර්මය තමන්ම දැනගන්නවා."

එහෙමනම් මේ ධර්මයට මූලිකම පදනම සකස් කරන්නෙ සත්පුරුෂයන් විසින්, කළ්‍යාණ මිත්‍රයන් විසින්. ඒ නිසා සත්පුරුෂයන්ව හරියට හඳුනගන්න ඕන. සත්පුරුෂයන්ව කතාබහෙන්, මිත්‍රත්වයෙන්, යාළුකමින් හඳුනගන්න බෑ. සත්පුරුෂයන්ව හඳුනාගන්න තියෙන්නේ ධර්මයෙන්මයි. වෙන කිසිම දේකින් සත්පුරුෂයාව හඳුනාගන්න පුළුවන්කමක් නෑ.

සත්පුරුෂයාව හඳුනාගැනීම පහසු දෙයක් නෙවෙයි...

එකල හිටිය එක ගෝලයෙකුට මහාකාශ්‍යප මහරහතන් වහන්සේවවත් හඳුනගන්න බැරිවුණානේ. මහා කාශ්‍යප මහරහතන් වහන්සේගේ ගෝලයෙක් හිටියා. දවසක් මහාකාශ්‍යප මහරහතන් වහන්සේ ඒ ගෝලයාට තදින් අවවාදයක් කළා. ඊට පස්සේ මේ ගෝලයා මහා කාශ්‍යප මහරහතන් වහන්සේ පිණ්ඩපාතේ වඩින කල් ඉඳලා උන්වහන්සේගේ කුටිය ගිනි තියලා යන්න ගියා. ළඟ මහණවුණාට සත්පුරුෂයාව හඳුනාගන්න බැරිවුණා.

ඒ ගෝලයා මහාකාශ්‍යප මහරහතන් වහන්සේව දැක්කේ මහා දරුණු කෙනෙක් වගේ. අන්න අසත්පුරුෂයාට සත්පුරුෂයාව පෙණුනු හැටි. ඒකෙන් පේනවා අසත්පුරුෂයාට සත්පුරුෂයා හොයන්නත් බෑ, අසත්පුරුෂයාව හොයන්නත් බෑ.

සත්පුරුෂකමේ වටිනාකම...

අසත්පුරුෂයා, සත්පුරුෂයා වෙන්කරලා දැකගන්න පුළුවන් වෙන්නේ සත්පුරුෂයෙකුටමයි. ඒ නිසා සත්පුරුෂයා ඇසුරු කරන්නේ සත්පුරුෂයන්ව විතරයි. අසත්පුරුෂයාට ඒක හොයන්න බෑ. අසත්පුරුෂයා සත්පුරුෂයාවත් ඇසුරු කරනවා, අසත්පුරුෂයාවත් ඇසුරු කරනවා. සත්පුරුෂයාගේ කීමත් පිළිගන්නවා, අසත්පුරුෂයාගේ කීමත් පිළිගන්නවා. අන්තිමට යමක් කියන්න දක්ෂ වෙන්නේ කවුද, ඒ පැත්ත ගන්නවා. අසත්පුරුෂයා නම් දක්ෂ වෙන්නේ, අසත්පුරුෂයාගේ පැත්ත ගන්නවා. මොකද, සත්පුරුෂයාව හඳුනන්නේ නෑ. සත්පුරුෂයාව හොයන්න දන්නේ නෑ. සත්පුරුෂයාව

හොයන්න දන්නේ ශ්‍රුතවත් ආර්ය ශ්‍රාවකයෙක් විතරයි. අශ්‍රැතවත් පෘථග්ජනයෙකුට සත්පුරුෂයෙක්ව හඳුනගන්න බෑ.

සත්පුරුෂ ධර්ම...

සත්පුරුෂයාව හඳුනාගත්තොත් ඒ හඳුනාගැනීමත් එක්කම සත්පුරුෂයාගෙන් ලැබෙන දේ හරියටම ගන්නවා. සත්පුරුෂයාගෙන් ලැබෙන්නේ ශ්‍රී සද්ධර්මය. සත්පුරුෂයා තවත් කෙනෙක්ව තවත් කෙනෙක් සමඟ බිඳවන්නේ නෑ. සත්පුරුෂයා කොටවන්න යන්නේ නෑ. චරිත ඝාතන කරන්නේ නෑ. සත්පුරුෂයා ගෞරව කරනවා. ගරු කළ යුත්තන්ට ගරු කරනවා. සැලකිය යුත්තන්ට සළකනවා. කෙළෙහි ගුණ දන්නවා. ඒක සත්පුරුෂ ධර්මයක්.

අසත්පුරුෂයාට මේ මොකුත් නෑ. ඒ නිසා තමයි බුදුරජාණන් වහන්සේ මංගල සූත්‍රයේ පළවෙනි එක හැටියට (අසේවනා ච බාලානං) බාලයන් සේවනය නොකිරීම (පණ්ඩිතානං ච සේවනා) සත්පුරුෂයන්ව සේවනය කිරීම මංගල කාරණා හැටියට දේශනා කළේ. බාලයන්ට සේවනය කරන්න ගියොත් කවදාවත් යහපතක් වෙන්නේ නෑ. පණ්ඩිතයෙක් සේවනය කිරීමෙන් විතරයි යහපත වෙන්නේ.

සත්පුරුෂයන්ගෙන් ඇහෙන්නේ ආර්ය සත්‍යයයි...

ඒ සත්පුරුෂ ඇසුර නිසා ධර්මය ලැබෙනවා. ධර්මයට හැටියට දුක්ඛ ආර්ය සත්‍යය විස්තර වශයෙන් අහන්න ලැබෙනවා. දුක්ඛ සමුදය විස්තර වශයෙන් අහන්න ලැබෙනවා. දුක්ඛ නිරෝධය විස්තර වශයෙන් අහන්න ලැබෙනවා. දුක්ඛ නිරෝධගාමිනීපටිපදාව විස්තර

වශයෙන් අහන්න ලැබෙනවා. මේක තමයි අහන්න ලැබෙන්නේ. සත්පුරුෂයන්ගෙන් චතුරාර්ය සත්‍ය ධර්මය තමයි විස්තර වශයෙන් අහන්න ලැබෙන්නේ.

ඒ ධර්මය ශ්‍රවණය කළාට පස්සේ මෙයා චතුරාර්ය සත්‍යය අවබෝධ කරන වැඩපිළිවෙලකට එනවා. ඒ වැඩපිළිවෙල තමයි ආර්ය අෂ්ටාංගික මාර්ගය. මෙයා කයින් සංවර වෙනවා. ධම්මානුධම්ම ප්‍රතිපදාව කියන්නේ ඒකට. ප්‍රාණඝාතයෙන් වෙන් වෙනවා. සොරකම්න් වෙන් වෙනවා. වැරදි කාමසේවනයෙන් වෙන් වෙනවා. බොරුකීමෙන් වෙන් වෙනවා. කේලාම් කීමෙන් වෙන් වෙනවා. පරුෂ වචන, හිස්වචන කීම ආදියෙන් වෙන් වෙනවා.

සත්පුරුෂ ධර්මයේ පිහිටා සීලයට පැමිණෙන්න...

මෙහෙම වෙන්වෙන්නේ සත්පුරුෂ ධර්මයේ පිහිටියාට පස්සෙයි. නැත්නම් නොදුටු දේ දැක්කා කියලා බොරු කියනවා. නොඇසූ දේ ඇසුවා කියලා බොරු කියනවා. නොදත් දේ දන්නවා කියලා බොරු කියනවා. බලාගෙන හිටියා වගේ කයි කතන්දර හදලා අනුන්ට අපහාස කරනවා. මේ තමයි අසත්පුරුෂයා කරන දේ. සත්පුරුෂ ධර්මයේ පිහිටපු කෙනා, ඒ අසත්පුරුෂ ධර්මයන්ගෙන් වෙන් වෙනවා. සිල්වතුන්ව හඳුනාගන්නවා. සත්පුරුෂ ධර්මයේ පිහිටපු කෙනා ගුණවතුන්ව හඳුනා ගන්නවා. අසත්පුරුෂයාට මේ මොකුත් හඳුනාගන්න බෑ. සිල්වතුන් හොයන්නත් බෑ, ගුණවතුන් හොයන්නත් බෑ. නමුත් සත්පුරුෂයා ඒ දේවල් නිවැරදිව හඳුනාගන්නවා. හඳුනාගෙන ඒ සත්පුරුෂ ධර්මයේ පිහිටලා සීලයකට එනවා. ධම්මානුධම්ම ප්‍රතිපදාව කියන්නේ ඒකයි.

සත්පුරුෂයා සතුටුවෙන කාරණා...

ඊට පස්සේ පංච නීවරණ බැහැර කිරීම පිණිස සතර සතිපට්ඨානය වඩන්න පටන් ගන්නවා. කායානුපස්සනාව පුරුදු කරනවා. වේදනානුපස්සනාව පුරුදු කරනවා. චිත්තානුපස්සනාව පුරුදු කරනවා. ධම්මානුපස්සනාව පුරුදු කරනවා. සත්පුරුෂයා සතුටුවෙන්නේ මේ දේවල් වලින්. ඒ කියන්නේ සත්පුරුෂයා ඇසුරු කරනකොට, සත්පුරුෂයාගේ සද්ධර්මය ශ්‍රවණය කරනකොට, ඒ අහන කෙනා සත්පුරුෂයෙක් නම් එයා නිකම්ම ධර්මයට එනවා. සත්පුරුෂ නැතිකෙනා එන්නේ නෑ. සත්පුරුෂ වේශයෙන් ඉඳීවි. නමුත් සත්පුරුෂයෙක් බවට පත්වෙන්නේ නෑ.

සත්පුරුෂයා සද්ධර්ම ශ්‍රවණය කරලා අවබෝධයට එනවා. අවබෝධයට ඇවිල්ලා ඒ සත්පුරුෂ ධර්මයේ පිහිටලා සත්පුරුෂයෙක් බවට පත්වෙනවා. ඊට පස්සේ එයා සත්පුරුෂ ධර්මයන් තුළ තමයි ඉන්නේ. ඉතින් එයා පංච නීවරණ ධර්ම ප්‍රහාණය කරලා සමාධියක් පුරුදු කරනවා. ඊට පස්සේ මෙයා පංච උපාදානස්කන්ධය ගැන නුවණින් විමසනවා. දුක ගැන නුවණින් විමසනවා.

දුකෙන් නිදහස් වෙන්නේ සත්පුරුෂ කෙනෙක්...

එයා නුවණින් විමසන්නේ '(ඉමේ රෝගා) මේ පංච උපාදානස්කන්ධය කියන්නේ රෝගයක්. (ගණ්ඩා) ගඩුවක්. (සල්ලා) හුලක්. මේවා ඉතිරි නැතුව නිරුද්ධ වෙන්නේ මේ ඇල්ම නිරුද්ධ වීමෙන්මයි' කියලයි. එතකොට එයා දුකත් අවබෝධ කරගන්නවා. දුකෙන් නිදහස්වීමත් අවබෝධ කරගන්නවා. ඇල්ම නිරුද්ධවීම නිසා උපාදාන නිරුද්ධ වෙනවා. උපාදාන නිරුද්ධවීම නිසා

භවය නිරුද්ධ වෙනවා. භවය නිරුද්ධවීම නිසා ඉපදීම නිරුද්ධ වෙනවා. ඉපදීම නිරුද්ධවීම නිසා ජරා, මරණ, සෝක, වැළපීම්, දුක් දොම්නස්, සුසුම් හෙළීම්, සියල්ලම නිරුද්ධ වෙනවා. එහෙනම් දුකින් නිදහස් වෙන්නේ සත්පුරුෂයායි. සත්පුරුෂයා ධර්ම මාර්ගය තුළට එනවා. ඇවිදින් මේ විදිහට දුකින් නිදහස් වෙනවා.

පැවිදිවීමට අවසර...

මෙහෙම කියපු ගමන් මාගන්දිය කියනවා, "ස්වාමීනි, භවත් ගෞතමන් වහන්ස, යටට හරවපු දෙයක් උඩට හැරෙව්වා වගෙයි. වැහිලා තිබුණු දෙයක් ඇරලා පෙන්නුවා වගෙයි. අඳුරෙහි තෙල් පහනක් දැල්លුවා වගෙයි. ඇස් නැති අයට රූප දකින්න පෙන්නුවා වගෙයි. ඒ නිසා මම භාග්‍යවත් බුදුරජාණන් වහන්සේව සරණ යනවා. ධර්මයත් සරණ යනවා. ආර්ය සංඝයාවත් සරණ යනවා. මට භවත් ගෞතමයන් වහන්සේ ළඟ පැවිදි වෙන්න ඕන. උපසම්පදා වෙන්න ඕන."

එවිට බුදුරජාණන් වහන්සේ මාගන්දියට දේශනා කරනවා "මාගන්දිය, ඔබ වෙන ආගමක ඉන්න කෙනෙක්. අන්‍යාගමික කෙනෙක් මේ ධර්මයට කැමති වෙනවා නම්, මාස හතරක් පරිවාස කාලයක් ඉන්න ඕන. ඒ මාස හතරක පරිවාස කාලයේදී භික්ෂූන් වහන්සේලා ඔබේ පැවිද්ද ගැන සන්තෝෂ වෙනවා නම් ඔබේ උපසම්පදාව ගැන ඊට පස්සේ බලන්න පුළුවන්. ඒක පුද්ගලයන්ගේ වෙනස්කම මත තියෙන එකක්" කියනවා.

මෙයා කියනවා "අනේ! ස්වාමීනී, මම මාස හතරක් නොවෙයි, අවුරුදු හතරක් හරි ඉන්නම්."

අවබෝධය ඇති කෙනාගේ අවශ්‍යතාවය...

අන්න බලන්න අවබෝධය තියෙන කෙනාගේ අවශ්‍යතාවය මොකද්ද කියලා. එයාට අවශ්‍ය කරන්නේ එකපාරට සිවුරක් දාගන්න නොවෙයි. 'මාස හතරක් නොවෙයි, අවුරුදු හතරක් හරි මම ඉන්නම්. මං ගැන ස්වාමීන් වහන්සේලා සතුටට පත්වෙනකම් මම ඉන්නම්. එහෙම ඉඳලා මේ ධර්මයේ පැවිදිවෙලා, උපසම්පදාව ලබා දුන්නොත් මට ඒක ඇති' කියනවා. බුදුරජාණන් වහන්සේගේ සමීපයේ මේ වාසනාවන්ත පින්වත් කෙනා පැවිදි වුණා. උපසම්පදා වුණා. සුළු කලකින් රහතන් වහන්සේ නමක් බවට පත්වුණා.

බලන්න මේ මාගන්දිය සූත්‍රයේ තියෙන විස්තර ටික. බුදුරජාණන් වහන්සේ මේකේ මුල ඉඳලාම විස්තර කරන්නේ කාමයන්ගේ ආදීනව ගැනයි. මේ සූත්‍රයේදී ලෝක සත්වයා කාමයේ සැපයට ඇලුම් කරන ආකාරය පෙන්වා දෙනවා. කාමයන්ගේ සැපයට ඇලුම් කරන ආකාරය අවබෝධ වෙන්න ආකාර පහක් තියෙනවා.

යථාර්ථය ආකාර පහකින් දැකිය යුතුයි...

කාමයන් කෙරෙහි විතරක් නෙවෙයි, ඇස ගැන, කණ ගැන, නාසය ගැන, දිව ගැන, කය ගැන, මනස ගැන අවබෝධ කිරීමට ආකාර පහක් තියෙනවා. මේ ආකාර පහෙන් අවබෝධ කිරීමෙන් තමයි සම්පූර්ණ යථාර්ථයක් දකින්නේ. යමක් ගැන සම්පූර්ණ අවබෝධයක් ඇතිවුණා කියලා කියන්න නම්, ඔය ආකාර පහෙන්ම එයා ඒ කාරණේ දැනගන්න ඕනේ. එහෙම නැත්නම් කරන්න පුළුවන්කමක් නෑ. ඒ තමයි **හටගැනීම**, **නැසීයාම**, **ආශ්වාදය**, **ආදීනවය**,

නිස්සරණය කියන මේ පහ.

මේ ධර්ම මාර්ගයේදී අපි 'යථාර්ථයකින් දකිනවා' කියලා කියන්නේ අනිත්‍යයට. යමක් අනිත්‍ය නම් ඒ අනිත්‍ය බව තේරුම් ගැනීමටයි. යථාර්ථය දකින්න කැමති කෙනෙක් මේ ධර්ම මාර්ගයේ පුහුණු වෙනකොට යථාර්ථය හැටියට එයා ඉස්සෙල්ලාම විමසන්න ඕන මේකේ වෙනස්වීමමයි.

ඇස ගැන බලනවා නම් ඉස්සරලාම බලන්න ඕන ඇසේ අනිත්‍යය ගැනයි. කණ ගැන බලනවා නම් බලන්න තියෙන්නේ කණේ අනිත්‍යය. නාසය ගැන බලනවා නම් බලන්න තියෙන්නේ නාසයේ අනිත්‍යය. දිව ගැන බලන්න තිබෙන්නේ දිවේ අනිත්‍යය. කය ගැන බලන්න තිබෙන්නේ කයේ අනිත්‍යය. මනස ගැන බලන්න තියෙන්නේ මනසේ අනිත්‍යය. අනිත්‍යය ගැන බලන්න පටන් ගත්තොත් එයාට 'මේ අනිත්‍ය දෙය පවතින්නේ කොහොමද? නැතිවෙන්නේ කොහොමද?' කියන කාරණය අවබෝධ කරගන්න පුළුවන්කම ඇතිවෙනවා. මොකද 'අනිත්‍ය දෙය අනිත්‍යයි' කියන අවබෝධයට එනකොට (ඒ අනිත්‍ය දෙයක් පවතින්න හේතුවක් තියෙනවනේ) 'ඒ හේතු නැතිවීමෙන් ඒක අනිත්‍යවෙලා යනවා' කියන එක අවබෝධ කරගන්නවා.

අනිත්‍ය දේ අනිත්‍ය හැටියට තේරුම් ගන්නකොට ඒ අනිත්‍ය දේ හටගන්නා ආකාරයත්, නැතිවෙන ආකාරයත් දැනගන්න පුළුවන්කම තියෙනවා. අනිත්‍යය ගැන හටගැනීමයි, වැනසීමයි දැනගන්න කෙනා ඊළඟට 'අනිත්‍ය දේට මොකද මේ ඇලෙන්නේ?' කියලා තේරුම් ගන්නවා. එයාට තේරුම් යනවා 'අනිත්‍ය වුණාට මේ අනිත්‍ය දේ තුළ ආශ්වාදයක් තියෙනවා' කියලා.

අනිත්‍ය දේ තුළ ලබන සැපය...

ඇසේ ආශ්වාදයක් තියෙනවා. රූපයේ ආශ්වාදයක් තියෙනවා. කණේ ආශ්වාදයක් තියෙනවා. ශබ්දයේ ආශ්වාදයක් තියෙනවා. නාසයේ ආශ්වාදයක් තියෙනවා. ගඳ සුවඳේ ආශ්වාදයක් තියෙනවා. දිවේ ආශ්වාදයක් තියෙනවා. රසයේ ආශ්වාදයක් තියෙනවා. කයේ ආශ්වාදයක් තියෙනවා. පහසේ ආශ්වාදයක් තියෙනවා. මනසේ ආශ්වාදයක් තියෙනවා. අරමුණුවල ආශ්වාදයක් තියෙනවා. 'මෙන්න මේ ආශ්වාදය මොකද්ද' කියලා එයා අවබෝධ කරගන්නවා. ආශ්වාදය කියන්නේ ඒ අනිත්‍ය දේ තුළින් ලබන සැපය, සොම්නස. සැපය කිව්වේ කායික වශයෙන් ලබන එක. සොම්නස කිව්වේ මානසික වශයෙන් ලබන එක. හැබැයි මේ ආශ්වාදය දිගින් දිගට පවත්වන්න බෑ. මේක ආදීනවයට පත්වෙනවා. ඒ ආදීනවය තමයි **(අනිච්චං දුක්ඛං විපරිනාමං)** අනිත්‍ය බවට පත්වෙනවා. දුකට පත්වෙනවා. විපරිණාමයට, වෙනස්වීමට භාජනය වෙනවා. එහෙම ආදීනවයට භාජනය වෙන්නේ ආශ්වාදය ලැබූ දේමයි.

ආදීනවය බවට පත්වෙන්නේ ආශ්වාදයමයි...

අපි ඇසෙන් ආශ්වාදයක් ලබනවාද, ඒකමයි අනිත්‍ය වෙලා යන්නේ. ඒකමයි ආදීනවයට පත්වෙන්නේ. කණෙන් යම් ආශ්වාදයක් ලබනවාද, ඒකමයි අනිත්‍ය බවට පත්වෙන්නේ. ඒකමයි ආදීනවය වෙන්නේ. නාසයෙන් ආශ්වාදයක් ලබනවාද, ඒකමයි ආදීනවයට පත්වෙන්නේ. දිවෙන් ආශ්වාදයක් ලබනවාද, ඒකමයි ආදීනවය වෙන්නේ. කයෙන් ආශ්වාදයක් ලබනවද, ඒකමයි ආදීනවය වෙන්නේ. මනසින් ආශ්වාදයක් ලබනවද, ඒකමයි ආදීනවය වෙන්නේ.

ආකාලික මුනි දහම

යමක ආශ්වාදයක් තියෙනවාද, ආදීනවය තියෙන්නෙත් එතැනමයි. ඒක තමයි මුලින්ම හටගැනීම, නැසීම බලනවා කියන්නේ. එතකොට ආශ්වාදයයි, ආදීනවයයි නුවණින් විමසනවා.

දුක පවතින්නේ ඇල්ම නිසයි...

එහෙම නුවණින් විමසලා ඊට පස්සේ එයා කල්පනා කරනවා, 'මේ ආශ්වාදය ලබන දේ ආදීනවය බවට පත්වෙනවා. අනිත්‍ය බවට පත්වෙනවා. වෙනස් වෙනවා. දුක බවට පත්වෙනවා. විපරිණාමයට පත්වෙනවා. එහෙම නම්, මේ ආශ්වාදය ලැබුණ දේ මෙහෙම පත්වෙනවා නම්, ඒක මට නවත්වන්න බැරි නම්, ඒ කෙරේ ඇල්ම තියාගැනීම නිසයි මේ කෙරෙහි දුක පවතින්නේ' කියලා. එතකොට එයා අනිත්‍ය වෙන දේ කෙරෙහි යම් ඇල්මක් ඇද්ද, ඒ ඇල්ම අත්හරිනවා. යම් ඇලීමක් ඇද්ද, යම් බැඳීමක් ඇද්ද, ඒක අත්හැරිය ගමන් එයා ඒකෙන් නිදහස් වෙනවා.

ඒක හරි පුදුමයි. බුදුරජාණන් වහන්සේගේ මේ විස්තරය තුළින් අදටත් ඒවා ඒ ආකාරයෙන්ම අපට අත්දකින්න පුළුවන්. 'අනිත්‍ය දේවල් අනිත්‍යයි' කියලා තේරුම් අරගෙන අත්හැරීම තරම් ජීවිත අවබෝධයට හේතුවෙන වෙන දෙයක් නම් නෑ. මොකද යම්කිසි අනිත්‍ය දෙයක් 'තමාගේ ය. තමන්ට ලැබෙන්න ඕනේ' කිය කියා අල්ලගන්න හදන කොට නූපන් අකුසල් උපදිනවා. උපන් අකුසල් වැඩෙනවා. සම්පූර්ණයෙන්ම එයාගේ ජීවිතය තුළ අයහපතක් සිද්ධ වෙනවා.

පංච කාමයෙන් සතුටු වෙන්නේ ඇයි...?

සාමාන්‍යයෙන් මේ මනුස්ස ලෝකයේ මිනිස්සු

සම්පූර්ණයෙන් සතුටුවෙවී ඉන්නේ පංච කාමයෙන්. පංච කාමයෙන් සතුටු වෙන්න හේතුවක් තියෙනවා. බුදුරජාණන් වහන්සේ මාගන්දියට ඉස්සරවෙලාම දේශනා කළේ "**(චක්ඛුං ඛෝ මාගන්දිය රූපාරාමං රූපරතං රූපසම්මුදිතං)**" කියලයි. ආරාමය කියන්නේ යම්කිසි කෙනෙක් නැවතිලා ඉන්න තැනකට. ඇස නැවතිලා ඉන්නේ, පදිංචි වෙලා ඉන්නේ රූපයේයි. ඔන්න හේතුව. **(රූපරතං)** රත කියන්නේ ඇලෙනවා. ඇස රූපයට ඇලිලා ඉන්නවා. සම්මුදිත කියන්නේ සතුටු වෙනවා. එතකොට එයා රූපෙන් සතුටු වෙනවා. ඇස සතුටු වෙන්නේ රූපෙන්. ඇසෙන් සතුටක් ලබන්න ඕනෑ නම් රූපයක් දකින්න ඕන. එතකොට ඇහෙන් සතුටක් ලැබෙනවා. කණින් සතුටක් ලබන්න නම්, ශබ්දය අහන්න ඕන. එතකොට තමයි සතුට ලැබෙන්නේ. **(ශබ්ද සම්මුදිතං)** නාසයෙන් සතුට විඳින්න නම්, සුවඳ ලැබෙන්න ඕන. දිවෙන් සතුටක් ලබන්න නම්, රසය විඳින්න ඕන. කයෙන් සතුටක් ලබන්න නම්, පහස ලබන්න ඕන. මනසින් සතුටක් ලබන්න නම් අරමුණු සිතන්න ඕන. ඒ වගේ ස්වභාවයකින් තමයි මේ ඇස, කණ, නාසය, දිව, කය, මනස හැදිලා තියෙන්නේ.

අකුසලයට නොවැටී ඉන්ද්‍රියන් රැකගන්න...

තථාගතයන් වහන්සේ ඒ ඇස දමනය කළා. එහෙම නම් අපි මේ ධර්ම මාර්ගයේ යනවා නම් රූපයෙන් සතුටු වෙවී, රූපය කරාම යන මේ ඇස දමනය කරන්න ඕන. ශබ්දය කරා යන කණ දමනය කරන්න ඕනේ. ගඳ සුවඳ කරා යන නාසය දමනය කරන්න ඕනේ. රසය කරා යන දිව දමනය කරන්න ඕනේ. පහස කරා යන කය දමනය කරන්න ඕනේ. අරමුණු කරා යන මනස දමනය කරන්න ඕනේ. පාලනය කරන්න ඕනේ. අකුසලයේ වැටෙන්න

නොදී රැකගන්න ඕනේ. අන්න එතකොට තමයි එයා ධර්ම මාර්ගයට පැමිණෙන්නේ.

ඒක ඉබේ වෙන්නේ නෑ. ඒකට තමයි පස් ආකාරයට නුවණින් විමසන්න කියලා තියෙන්නේ. හටගැනීම, නැතිවීම, ආශ්වාදය, ආදීනවය, නිස්සරණය කියන පහ විමසන්න කියලා කියන්නේ ඒ නිසයි. මෙහෙම නුවණින් විමසනකොට විමසනකොට තමයි මේක අවබෝධ කරන්නේ.

කාමයෙන් සතුට සොයන වත්මන් ලෝකය...

සාමාන්‍යයෙන් ලෝකේ මිනිස්සු සතුටක් විඳින්න, සතුටක් ලබන්න කියලා කට්ටිය එකතු වෙලා කනවා, බොනවා, සතුටු වෙනවා. එහෙමනේ සන්තෝෂය භුක්ති විඳින්නේ. එතකොට අපිට පේනවා මේ ලෝකයේ තියෙන්නේ පංච කාමයන්ගේ විඳ විඳ යෑමක් තමයි.

නමුත් ධර්මය අවබෝධ කරපු, කාමයන්ගේ යථාර්ථය දැක්ක බුදුරජාණන් වහන්සේ ඒ පංචකාමය දැක්කේ පණු කැවිල්ලක් හැදුණු කුෂ්ට රෝගියෙක්, ඒ පණු කැවිල්ල කහ කහා, ගිනි අඟුරු කබලකින් තවනවා වගෙයි. ගිනි අඟුරු කබලකින් ඒ පණු කැවිල්ල තවන්න තවන්න තවදුරටත් එයාට ඒ පණු කැවිල්ල කහන්න පුළුවන්. කහන්න කහන්න තවදුරටත් ඒක කුණු වෙනවා. තවදුරටත් දුගඳ හමනවා. තවදුරටත් සැරව හැදෙනවා. නමුත් පණු කැවිල්ල කැසීමෙන් එයාට යම්කිසි සන්තෝෂයක් ලැබෙනවා. තැවිල්ලෙන් සන්තෝෂයක් ලැබෙනවා. මොකද සඤ්ඤාව විපරීත වෙලා. ඒ කියන්නේ එයා එතැන ඉන්නේ ඇත්ත ස්වභාවයකින් නෙවෙයි. එයාගේ සඤ්ඤාව විපරීත වෙලා.

විපර්යාසයට පත්වෙලා. ඇත්ත ස්වභාවයකින් නෙවෙයි ඉන්නේ.

තවදුරටත් කාමයේ වහලෙක් වෙමුද...?

මෙයාගේ මනස කාමය නිසා සම්පූර්ණයෙන්ම විකෘතියට පත්වෙලා තියෙනවා. බුදුරජාණන් වහන්සේ වදාළා "තමන් වහන්සේ විසින් කාම තණ්හාව විසින් (**ඛජ්ජමානෝ**) මිනිස්සුන්ව කා දමන ආකාරය දකිනවා" කියලා. මිනිස්සුන්ව කාම තණ්හාව විසින් විනාශ කරනවා. කාම තණ්හාව නිසා කාමය පස්සේ ගිහිල්ලා අන්තිමට එයා රෝගියෙක් බවට පත්වෙලා, අන්ත අසරණ වෙලා, අන්ත දුගී බවට පත්වෙනවා. ඒ කාම දැවිල්ලෙන් දැවි දැවී ඉන්නවා. කාම පරිදාහයෙන් තැවි තැවී ඉන්නවා. එහෙම තමයි එයා කාමය සේවනය කරන්නේ. මොකද, මේ කාමයේ ස්වභාවය පණු කැවිල්ල හැදුණු කෙනෙකුගේ තුවාලයක් වගේ.

කිසි දවසක කාමය තුළින් සැනසිල්ලක් ලබන්න බෑ...

ඉතින් බුදුරජාණන් වහන්සේ දේශනා කරනවා, "මේ කාම තණ්හාව දුරුකළොත්, කාම තණ්හාව ප්‍රහාණය වුණොත් එයා ලබන සැනසිල්ල මේ කාම තණ්හාව තුළින් කිසි දවසක කෙනෙකුට ලබන්න බෑ" කියලා. හැබැයි ඒ කාම තණ්හාව දුරුකරන්න නම්, ඒ කාම තණ්හාව බැහැර වෙන්න නම්, එයා ඒ කාමය අවබෝධ කරන්න ඕන. අවබෝධ කරන්න පස් ආකාරයක් තියෙනවා. ඒ තමයි, කාමයන්ගේ හටගැනීම, කාමයන්ගේ වැනසීයාම, කාමයන්ගේ ආශ්වාදය, කාමයන්ගේ ආදීනවය, කාමයන්ගේ නිස්සරණය.

අපට හොඳට පේනවා බුදුරජාණන් වහන්සේගේ ධර්මය විතරමයි මේ කාමයන්ගෙන් අවබෝධයකින් වෙන්වීම ගැන විස්තර වෙන්නේ. අපට හම්බවෙලා තියෙන සමහර හින්දු සාධුවරු කාම ලෝකේ අත්හැරලා හුදෙකලාව ඉන්නවා. නමුත් කාමයන් ගැන අවබෝධයක් නෑ. අපිට පේනවා අන්‍යාගමික පූජකවරුන් පැත්තකට වෙලා ඉන්නවා. නමුත් කාමයන් ගැන අවබෝධයක් නෑ.

කාමය පිළිබඳ රුවන් උපමා...

කාමයන් ගැන අවබෝධය ඇති කරගන්නේ බුදුරජාණන් වහන්සේගේ ධර්මය තුළින් මේ කාමයන්ගේ ආදීනව ගැන නුවණින් කල්පනා කරන කෙනා විතරමයි. උන්වහන්සේ කාමයන්ගේ ආදීනව විවිධ උපමා වලින් පෙන්වා දීලා තියෙනවා. පෝතලිය කියන සූත්‍රයේදී උන්වහන්සේ '**කාමය කියලා කියන්නේ ගිජුලිහිණියෙක් අරගෙන එන මස් කුට්ටියක් වගේ**' කියලා පෙන්නලා දීලා තියෙනවා. එතැන කාමය කියන එක පෙන්වා දුන්නේ, මස් කුට්ටියක් ගෙනියන ගිජුලිහිණියෙක් වගේ කියලයි. ඒ මස් කුට්ටිය ගෙනියන කොට අනිත් ගිජුලිහිණියෝ ටික ඒකට පොරකකා අර මස් කුට්ටිය අල්ලන් ඉන්න ගිජුලිහිණියාට කොටනවා. මේ ගිජුලිහිණියා මස් කුට්ටිය අත්හැරපු ගමන් ඒ ගිජුලිහිණියා පස්සේ එන එක නවත්තලා අර මස් කුට්ටිය පස්සේ අර කට්ටිය යනවා. කාමයත් මස් කුට්ටියක් ගත්තු ගිජුලිහිණියෙක් වගේ දකින්න කියලා බුදුරජාණන් වහන්සේ දේශනා කළා.

මේ විදිහට කාමය දකින්න...

ඊළඟට '**කාමය ගිනි හුලක් වගේ**' දකින්න කියනවා.

ඒ කියන්නේ හුළු අත්තක් වගේ. කෙනෙක් හුළු අත්තක් අරගෙන හුළඟ එන දිශාවට යනවා. මේ හුළු අත්ත අරගෙන යනකොට හුළු අත්තෙන් හමන ගිනි රස්නෙට තමාවමයි දැවෙන්නේ. මෙයා බේරෙන්න නම් හුළු අත්ත අත්හරින්න ඕනේ. එතකොට තමයි දැවිල්ල නැතිවෙන්නේ. කාමය ගැන ඒ වගේ දකින්න කියනවා.

ඊළඟට **'කාමය රුක් ඵලයක් වගේ'** දකින්න කියනවා. රුක් ඵලයක් වගේ කියලා කියන්නේ මේකයි. ඔන්න බඩගින්නේ ඉන්න මනුස්සයෙක් ගහකට නගිනවා. ගහකට නැගලා ඒ ගහේ තියෙන ගෙඩි කකා ඉන්නවා. මේ ගෙඩිවල අවශ්‍යතාවයට තව මිනිහෙක් පොරවකුත් අරගෙන එතැනට එනවා. ඇවිල්ලා ගහ කපනවා. ගහ කපනකොට ගහ උඩ ඉන්න කෙනා ජීවිතයට කැමති නම් ගෙඩි කකා ඉන්න නවත්තලා වහාම ගහෙන් බහින්න ඕන. ඒ නිසා කාමය රුක් ඵලයක් වගේ කියනවා.

අපි රැවටුණේ සුළුපටු රැවටිල්ලක් නෙවෙයි...

ඊළඟට බුදුරජාණන් වහන්සේ පෙන්නනවා **'කාමය ගිනි අඟුරු ගොඩක් වගේ'** කියලා. සැප කැමති මනුස්සයෙක්ව තව මිනිස්සු හතර දෙනෙක් අල්ලගෙන ගිහිල්ලා ගිනි අඟුරු ගොඩක දාන්න හදනවා. එතකොට එයා ඒකෙන් ගැලවිලා දුවන්න පුළුවන් තරම් මහන්සි ගන්න ඕන. අන්න ඒ වගේ කාමය දකින්න ඕනේ කියනවා.

ඊළඟට කාමය ගැන කියනවා **'මස් කපන කොටෙයි පිහියයි වගේ'** කියලා. ඇයි, කොච්චර මස් කැපුවත් අන්තිමට බලන කොට කපපු මසක් නෑ. කොටෙයි, පිහියයි විතරයි තියෙන්නේ. කාමයත් ඒ වගේ කියනවා.

'කාමය කියන්නේ ණයට ගත්තු දෙයක් වගේ' කියනවා. ණයට ගත්තු ඇඳුමක් ඇඳගෙන මනුස්සයෙක් පාරේ යනවා. ණයකාරයෝ ඇවිල්ලා ඇඳුම ඉල්ලනවා. එතකොට එයා අකමැත්තෙන් හරි ඒක දෙන්න ඕන. ඒ වගේ කියනවා මේ කාමයත්.

ඒ වගේම 'කාමය කියන්නේ සිහිනයක් වගේ' කියනවා. සිහිනෙන් මල් වතු, උද්‍යාන, කෑම් බීම්... ආදිය පේනවා. නමුත් ඇහැරුනාම ඒ කිසිවක් නෑ. අන්න ඒ විදිහට මේ කාමය සිහිනෙන් දැකපු එකක් වගේ කියලා පෙන්නලා තියෙනවා.

කාමය මාර තොණ්ඩුවක්...

මේ කාමය නිසාමයි මේ ලෝක සත්වයා සම්පූර්ණයෙන් නොමග යන්නේ. ඒ කාමය මාර තොණ්ඩුවක්. සම්පූර්ණයෙන් මනුස්සයාව නොමග යවනවා. ගිහියන්වත් නොමග යවනවා. පැවිද්දාවත් නොමග යවනවා. අන්තිමට තමන්ට මතක නෑ යන්නේ කොහේද, මොකද්ද කරන්නේ, ධර්මය ලබාගන්නේ මොකටද කියලා? මේ මුකුත් මතක නැතුව යනවා. ඒ නිසා කාමය අවබෝධ කරන්න නම්, කාමයේ ආදීනව සිහි කරන්නම ඕන.

ලාභ සත්කාර අයිති කාමයට...

බුදුරජාණන් වහන්සේ සම්බුද්ධත්වයට පත්වුණාට පස්සේ උන්වහන්සේට ලාභ සත්කාර කීර්ති ප්‍රශංසා ලැබුණා. උන්වහන්සේ සම්මා සම්බුදු කෙනෙක්. ඒක උන්වහන්සේගේ දහම් සේවාවත් එක්ක උරුමවුණු දෙයක්. ඒත් දේවදත්ත ඒක දැක්කේ නෑ. දේවදත්තට හිතුණා

'උන්වහන්සේව මරා ගත්තොත් ඊළඟට උන්වහන්සේගේ තැන ඒගොල්ලන්ට ගන්න පුළුවන්' කියලා. හේතුව කාමයයි. ලාභ සත්කාර, කීර්ති ප්‍රශංසා අයිති කාමයට. ඒ නිසා තමයි බුදුරජාණන් වහන්සේ මේ කාමයන් ගැන බොහෝ විස්තර දේශනා කරලා තියෙන්නේ.

'මාර තජ්ජනීය' කියන සූත්‍රයේ හරි ලස්සනට මාරාවේශයක් ගැන සඳහන් වෙනවා. කාශ්‍යප බුදුරජාණන් වහන්සේගේ කාලේ දවසක් මාරයා භික්ෂූන්ට ලාභ සත්කාර, කීර්ති ප්‍රශංසා දෙන්න පටන් ගත්තා. එතකොට කාශ්‍යප බුදුරජාණන් වහන්සේ භික්ෂූන්ට දේශනා කරනවා, "මහණෙනි, මේ සෑම ලාභ සත්කාරයක්ම අනිත්‍ය වශයෙන් බලන්න. මේවා අනිත්‍යයි කියලා බලන්න. මේකේ හිත පිහිටුවන්න එපා" කියලා. මාරයා බැලුවේ මේකෙන් හිර කරන්නයි. ඒගොල්ලන්ගේ ගමන් මාර්ගය විනාශ කරන්නයි. නමුත් දැන් මේගොල්ලෝ ලාභ සත්කාර අනිත්‍ය වශයෙන් බලනවනේ. බලන නිසා අහුවෙන්නේ නෑ.

විසඳුම මෙත් සිතයි...

ඊට පස්සේ මාරයා කුමන්ත්‍රණ කළා. නින්දා කළා. එතකොට භික්ෂූන් වහන්සේලා කැඳවලා කාශ්‍යප බුදුරජාණන් වහන්සේ වදාළා, "මහණෙනි, ඔන්න දැන් නින්දා කරන්න පටන් ගත්තා. අභූත චෝදනා කරන්න පටන් ගන්නවා. නොකරපු දේවල් කළා කිය කියා යනවා. එහෙම කියන්නේ මිනිස්සුන්ට මාරාවේශ වෙලා. දැන් ඉතින් කරන්න තියෙන්නේ එක දෙයයි, පුළුවන් තරම් මෙත් සිත වඩන්න. පුළුවන් තරම් මෙත් සිත වඩන්න ඕන මේකෙන් ගැලවෙන්න නම්."

ඊට පස්සේ ඔන්න ඒකෙනුත් බේරුණා. බේරුණේ මෙත් සිතෙන්. මොකක් හරි දේකින් මේ මාර්ගය කඩා කප්පල් කරන්නයි බලන්නේ. මේ අතරින් මාරයාට කොටසක් අහුවෙනවා. අහුවෙලා පව් රැස්කරගෙන අපායෙන් තමයි නවතින්නේ. කොටසක් ධර්ම මාර්ගයේ ගමන් කරනවා.

නිදහස් වෙන්නේ යථාර්ථය දැකපු කෙනයි...

කාමයෙන් නිදහස් වෙන්නේ කාමයන්ගේ ආදීනව දකින කෙනායි. ඕනෑම දේකින් නිදහස් වෙන්න නම්, අපට එහි යථාර්ථය අවබෝධ වෙන්න ඕන. අවබෝධ වෙන්න නම් හටගැනීම, වැනසීයාම, ආශ්වාදය, ආදීනවය, නිස්සරණය දකින්න ඕන. මෙන්න මේ කරුණු පහ යථාර්ථයක් හැටියට අවබෝධ කරන කෙනා, යථාභූත ඤාණය හැටියට ඒක තමයි ලබාගන්නේ.

අපි යථාභූත ඤාණය කියන එක තිරවුල් කරගන්න ඕන. යථාභූත ඤාණය කිව්වේ යමක ඇති ඔය කරුණු පහම දැකීම. අපි පංච උපාදානස්කන්ධයේ ඔය පහම දකිනවා නම්, අපි පංච උපාදානස්කන්ධයේ යථාර්ථය දකිනවා. අපි ඇසේ ඔය පහම දකිනවා නම්, ඇසේ යථාර්ථය දකිනවා. කාමයේ ඔය පහ දකිනවා නම්, කාමයේ යථාර්ථය දකිනවා. යථාර්ථය දකිනවා කියලා කියන්නේ ඔය පස් ආකාරයෙන් අවබෝධ කිරීමයි. ඒ පස් ආකාරයෙන් අවබෝධ කරන කෙනා අවබෝධය කරා යනවා.

කරන්න තියෙන්නේ මෙච්චරයි...

බුදුරජාණන් වහන්සේ පැවිදි වෙන්න ඉස්සෙල්ලම මාගන්දියට දේශනා කරනවා, "මාගන්දිය, ඔබට කරන්න

තියෙන්නේ මෙච්චරයි. සත්පුරුෂයන්ව ආශ්‍රය කරන්න. සත්පුරුෂයන්ගෙන් ඔබට ධර්මය ශ්‍රවණය කරන්න ලැබෙනවා. ධර්මය ශ්‍රවණය කරන්න ලැබුණාම ඔබට පුළුවන් ඒ ධර්මයට අනුව තමන්ගේ ජීවිතය හසුරුවා ගන්න. ධර්මයට අනුව ජීවිතය හසුරුවන කොට ඔබට තමන්ගේම අවබෝධයක් හැටියට මේ පංච උපාදානස්කන්ධය හටගැනීම, නැතිවීම, ආශ්වාදය, ආදීනව, නිස්සරණය කියන පස් ආකාරයෙන් අවබෝධ වේවි.

එතකොට ඔබට පංච උපාදානස්කන්ධය කෙරෙහි යම් ඡන්දරාගයක් තිබුණා නම්, ඇල්මක් තිබුණා නම්, ඒ ඇල්ම දුරුවෙලා යනවා. දුරුවෙලා ගියපු ගමන් හිතට ග්‍රහණය වෙන්නේ නෑ. බැඳෙන්නේ නෑ. උපාදානය නැතිවෙලා යනවා. උපාදානය නැතිවුණා නම්, විපාක පිණිස කර්ම හැදෙන්නේ නෑ. භවය නැතිවෙලා යනවා. භවය නැතිවුණා නම්, ඉපදීම නැතිවෙලා යනවා. දුකෙන් සම්පූර්ණයෙන් නිදහස් වෙනවා."

හේතුඵල දහමක අඛණ්ඩ පැවැත්මක්...

එහෙනම් අපිට පේනවා මේ ඔක්කෝම යන්නේ හේතුඵල ක්‍රියාකාරීත්වයක් අඛණ්ඩව පැවතීමක් නිසා. මේක නැතිකරන්න තියෙන්නේ මේ ධර්ම මාර්ගය තුළින් ඇතිකර ගන්න අවබෝධයෙන්මයි. ඒ පස් ආකාරයට අවබෝධ කරන තුරු තණ්හාව ප්‍රහාණය වීමක්, ජීවිතය අවබෝධවීමක් වෙන්නේ නෑ.

කෙනෙකුට සෝතාපන්න වීමට වුණත් පංච උපාදානස්කන්ධයේ හටගැනීම, නැතිවීම, ආශ්වාදය, ආදීනවය, නිස්සරණය කියන පහ අවබෝධ වෙන්නම

ඕනේ. නැත්නම් සක්කාය දිට්ඨිය දුරුවෙන්නේ නෑ. සක්කාය දිට්ඨිය දුරුවුණාට පස්සේ ඒ අවබෝධයේ පිහිටලාමයි එයා ඒක නැවත නැවත නුවණින් විමසන්න ඕන. එතකොටයි උපාදාන රහිත වෙන්න හිත පුරුදු වෙන්නේ. හරි පැහැදිලිව බුදුරජාණන් වහන්සේ මේ කාරණා පැහැදිලි කරලා දීලා තියෙනවා.

අන්ධ අය කොටස් දෙකක්...

මේ බුද්ධ දේශනාව කියවද්දී අපට හොඳින් පේනවා, 'අපිත් මේ ජීවිතයේදී යම්කිසි ප්‍රමාණයකට උත්සාහ ගන්න ඕනේ' කියලා. බුදුරජාණන් වහන්සේ මේ සූත්‍රයේ අන්ධ පුද්ගලයන් දෙදෙනෙකු ගැන දේශනා කරලා තියෙනවා. එක අන්ධ පුද්ගලයෙක් ඉන්නවා, කොච්චර බෙහෙත් කළත් සනීප වෙන්නේ නැති. වෙද මහත්තයා ළඟම ඉන්නේ. වෙද මහත්තයා නිතර බෙහෙත් දදා ඉන්නේ. නමුත් සනීප වෙන්නේ නැති අය ඉන්නවා.

තව කෙනෙක් ඉන්නවා, වෙද මහත්තයා බෙහෙත් කරද්දී සනීප වෙනවා. මේ නිසා තමන් දැනගන්න ඕනේ චතුරාර්ය සත්‍යය අවබෝධ නොවී මේ යන ගමන අන්ධ කෙනෙක් වගේ තමයි කියලා. බැරිවෙලාවත් අපට අකුසල කර්ම රැස්කර ගන්න වුණොත් එහෙම, පව් රැස්කර ගත්තොත්, කර්ම රැස්කර ගත්තොත් එතකොට ධර්ම මාර්ගය ඒ කර්ම විපාකයෙන් වැහෙනවා.

ධර්ම මාර්ගයට අනතුරු කරගන්න එපා...

තමන්ට අකුසල් රැස්වුණොත් කොච්චර කට පාඩමින් ධර්මය දරාගෙන හිටියත් අවබෝධ වෙන්නේ නෑ. වැහෙනවාමයි. වැහුණාට පස්සේ වෙන පාඩුව තමයි

අන්තිම කාලේ සිහිවිකල් වෙනවා. සිහි විකල් වුණාට පස්සේ අර කර්මයේ විපාකය තමයි ඉස්සරහට එන්නේ. ඊට පස්සේ ඒ කර්ම විපාකෙන් එක්කෝ එයා නිරයට අරගෙන යනවා. එක්කෝ තිරිසන් යෝනියට අරගෙන යනවා. එක්කෝ ප්‍රේත ලෝකයට අරගෙන යනවා. එක්කෝ අපායට අරගෙන යනවා.

ඒක වෙනස් වෙන්න නම් යෝනිසෝ මනසිකාරයේ පිහිටලා ධර්මයේ පිහිටන්න ඕන. ඒ නිසා අවබෝධය නැතිකම නිසාම, චතුරාර්ය සත්‍ය ධර්මය නොදැනීම නිසාම, අනවබෝධය නිසාම, අනවබෝධයේ පිහිටලා සිත, කය, වචනය කියන තුන්දොරින් අකුසල් රැස්කිරීම නිසා ලෝකයේ වැඩි කොටසකට ධර්ම මාර්ගය සම්පූර්ණයෙන්ම අහිමි වෙනවා. ඒ වැඩි කොටස මහ පොළොව වගේ. මේ අකුසල්වලින් පරෙස්සම් වෙලා, අකුසලයට වැටෙන්නේ නැතුව, කුසලයේ සිත රඳවාගෙන, සිත රැකගෙන, මේ ධර්ම මාර්ගයේ ගිහින් අවබෝධ කරන පිරිස නියසිල මතට නඟාලූ පස් ස්වල්පය වගේ.

තමාගේ රැකවරණය තමන්ම සදාගන්න...

ඉතින් ඒ නිසා ඒක සම්පූර්ණයෙන්ම තීරණය වෙන්නේ තමන්ගේ ධර්මානුධර්ම ප්‍රතිපත්තිය මතයි. තමන් ධර්මයේ හැසිරීම මතමයි ඒක තීරණය වන්නේ. වෙන කිසිම ක්‍රමයකින් ඒක තීරණය වෙන්නේ නෑ. මේ නිසා තමාගේ යහපත, තමාගේ සැපත, තමාගේ රැකවරණය තමා විසින්ම සලසා ගන්න ඕනි. ඒ සඳහා බුදුරජාණන් වහන්සේලාගෙන් ධර්ම අවවාද ලැබෙනවා. මේ අවස්ථාව අපිට කලාතුරකින් ලැබුණ එකක්.

ඉතින් ඒ නිසා කලාතුරකින් ලැබුණු මේ අවස්ථාවේදී ඔබත් අදිටනක් ඇතිකර ගන්න, 'මේ ගෞතම බුද්ධ ශාසනයේ චතුරාර්ය සත්‍යය ධර්මය අවබෝධ කරගැනීමේ වාසනාවන්ත පුද්ගලයෙක් බවට පත්වෙනවා' කියලා.

සාදු! සාදු!! සාදු!!!

නමෝ තස්ස භගවතෝ අරහතෝ සම්මාසම්බුද්ධස්ස
ඒ භාග්‍යවත් අරහත් සම්මා සම්බුදුරජාණන් වහන්සේට නමස්කාර වේවා!

03. මහා දුක්ඛක්ඛන්ධ සූත්‍රය

(මජ්ඣිම නිකාය 1 - සීහනාද වර්ගය)

ශ්‍රද්ධාවන්ත පින්වතුනි,

භාග්‍යවත් බුදුරජාණන් වහන්සේ මේ දේශනය සිදුකළේ සැවැත් නුවර ජේතවනාරාමයේ වැඩවසන කාලයේ. එදා භික්ෂූන් වහන්සේලා බොහෝ දෙනෙක් සිවුරු පොරවාගෙන සැවැත් නුවරට පිණ්ඩපාතේ වැඩියා. පිණ්ඩපාතේ වැඩියේ ටිකක් වේලාසනින්. ඉතින් ඒ නිසා ඒ ස්වාමීන් වහන්සේලා කල්පනා කළා 'වෙලාව තියෙන නිසා අපි අන්‍යාගමික ආරාමයකට යමු' කියලා. ඒ විදිහට කතා කරගෙන මේ ස්වාමීන් වහන්සේලා පිරිස අන්‍යාග මික ආරාමයකට වැඩම කරලා ඒ අන්‍යාගමික පිරිසත් එක්ක කතාබස් කළා.

කතාබස් කරලා අවසන් වුණාට පස්සේ, ඒ අන්‍යාගමික පිරිස මෙන්න මෙහෙම කිව්වා, "ආයුෂ්මතුනි, ශ්‍රමණ ගෞතමයන් වහන්සේ කාමයන් පිරිසිඳ දකින්න

කියලා කියනවා. කාමයන් ගැන අවබෝධ කරන ආකාරයට දකින්න කියලා කියනවා. ඒ කාරණය අපිත් කියනවා. අපිත් කියනවා කාමයන් අවබෝධ කරන ආකාරයට දැක්ක යුතුයි කියලා. ඒ වගේම ආයුෂ්මතුනි, ශ්‍රමණ ගෞතමයන් වහන්සේ කියනවා, රූප අවබෝධ කරන ආකාරයට දැක්ක යුතුයි කියලා. අපිත් කියනවා රූප අවබෝධ කර ගත හැකි ආකාරයෙන් දැක්ක යුතුයි කියලා. ඒ වගේම ශ්‍රමණ ගෞතමයන් වහන්සේ කියනවා, වේදනා අවබෝධ කර ගත හැකි ආකාරයට දැක්ක යුතුයි කියලා. අපිත් කියනවා වේදනාවල් අවබෝධ කරගන්න ආකාරයට දැක්ක යුතුයි කියලා.

කවුරුත් කියන්නේ එකම දේ ලු...

ඉතින් ශ්‍රමණ ගෞතමයන් වහන්සේ විස්තර කරන 'කාම, රූප, වේදනා අවබෝධ කරන ආකාරයට දැක්ක යුතුයි' කියන මේ කතාවමනේ අපිත් කියන්නේ. ඒ නිසා අපෙයි, ශ්‍රමණ ගෞතමයන් වහන්සේගේ දේශනාවෙයි තියෙන වෙනස මොකක්ද?" දැන් මේ විදිහට කියන්නේ අන්‍යාගමික පිරිසක්. "සියලු ආගම් එකයි. අපිත් කියන්නේ එකම දේ. ඕගොල්ලන්ගේ ශාස්තෘන් වහන්සේ කියන්නෙත් එකම දේ. ඒ නිසා මේකේ වෙනස මොකක්ද? දේශනයට දේශනය සමානයි. අනුශාසනාවට අනුශාසනාව සමානයි. අපි කවුරුත් එකම දේ කතා කරන්නේ" කියලයි මේ කියන්නේ.

අදත් එහෙම කියනවා නේද? අදත් මේ රටේ අන්‍ය තීර්ථක අය ඒ විදිහට කියනවා. ඒ අන්‍ය තීර්ථකයන්ගේ බස් ඉගෙනගෙන බෞද්ධ වේශයෙන් ඉන්න අයත් ඒකම කියනවා.

කතා බහක්..

මේ පිරිස මේ විදිහට කිව්වට භික්ෂූන් වහන්සේලා ඒ කතාව පිළිගත්තේ නෑ. කෝලහාල ඇතිකර ගත්තෙත් නෑ. අන්‍ය තීර්ථක පිරිසක් එක්කනේ කතා කරන්න තියෙන්නේ. සද්ද නැතුව අහගෙන ඉඳලා මේ ස්වාමීන් වහන්සේලා පිණ්ඩපාතේ අවසන් කරලා භාග්‍යවත් බුදුරජාණන් වහන්සේ ළඟට ගියා. ගිහිල්ලා බුදුරජාණන් වහන්සේට මෙන්න මෙහෙම කියා හිටියා.

"භාග්‍යවත් බුදුරජාණන් වහන්ස, අපිට අද හරි වැඩක් වුණා. අද අපි සැවැත් නුවර නගරයට පිඬු පිණිස ගිය වෙලාව කල් වැඩියි. වේලාසනින් ගියේ. ඒ නිසා අපි කල්පනා කළා 'කල් වැඩි නිසා අන්‍යාගමික ආරාමයකට ගියොත් කමක් නැතෙයි' කියලා. එහෙම හිතලා අපි අන්‍යාගමික අන්‍ය තීර්ථක ආරාමයකට ගියා. ගියාම ඒගොල්ලෝ මෙන්න මෙහෙම කිව්වා.

හිරුට සමවෙන්න හදන කණාමැදිරි එළි...

'ශ්‍රමණ භවත් ගෞතමයන් වහන්සේ ප්‍රකාශ කරනවා, දුකෙන් නිදහස් වන ආකාරයට කාමයන් අවබෝධ කළ යුතුයි කියලා. අපිත් ඒක කියනවා. ශ්‍රමණ ගෞතමයන් වහන්සේ අනුශාසනා කරනවා, දුකෙන් නිදහස් වන ආකාරයට රූපයන් අවබෝධ කරන්න ඕන කියලා. අපිත් ඒකම කියනවා. ශ්‍රමණ ගෞතමයන් වහන්සේ ප්‍රකාශ කරන්නේ, දුකෙන් නිදහස් වන ආකාරයට වේදනා අවබෝධ කරන්න කියලයි. අපි කියන්නේත් ඒකමයි' කියලා." (මම එතැන දුකෙන් නිදහස් වන ආකාරය කියන වචනය පාවිච්චි කළේ පිරිසිඳ දකිනවා කියන වචනයට. **'පරිඤ්ඤං'** කියන පාළි වචනයට)

ඉතින් ඒ භික්ෂූන් වහන්සේලා කියනවා "භාග්‍යවත් බුදුරජාණන් වහන්ස, අපි ඒ කතාව පිළිගත්තේ නෑ. ප්‍රතික්ෂේප කරන්න ගිහිල්ලා ප්‍රශ්න හැදෙන නිසා අපි එහෙම මොකුත් කළෙත් නෑ. අපි භාග්‍යවත් බුදුරජාණන් වහන්සේ ගාවට ඇවිදින් මේ කාරණය දැනගන්න ඕනේ කියලා පැමිණුනා."

ඒ වෙලාවට මෙන්න මෙහෙම අහන්න...

බුදුරජාණන් වහන්සේ වදාළා "මහණෙනි, ඒ අන්‍යාගමික අයගෙන් ඒ වෙලාවේ ඇසිය යුත්තේ මෙන්න මෙහෙමයි. 'එහෙනම් කියන්න බලන්න, ඔබලා ඔය කියන කාමයන්ගේ ආශ්වාදය මොකක්ද? ඔය කියන කාමයන්ගේ ආදීනවය මොකක්ද? ඔය කියන කාමයන්ගේ නිස්සරණය මොකක්ද?' කියලා. ඊළඟට අහන්න තිබුණේ 'ඔය කියන රූපයන්ගේ ආශ්වාදය කියන්නේ මොකක්ද? ඔය කියන රූපයන්ගේ ආදීනවය කියන්නේ මොකක්ද? ඔය කියන රූපයන්ගෙන් නිදහස් වෙනවා (නිස්සරණය) කියන්නේ මොකක්ද?' කියලා."

මෙතැන කරුණු තුනක් ගැන සඳහන් වුණා. ඒ තමයි ආශ්වාදය, ආදීනවය, නිස්සරණය. ඊට පස්සේ බුදුරජාණන් වහන්සේ දේශනා කරනවා "ඒගොල්ලන් ගෙන් ඊළඟට අහන්න, 'ඔය කියන වේදනාවේ ආශ්වාදය කියන්නේ මොකක්ද? ඔය කියන වේදනාවේ ආදීනවය කියන්නේ මොකක්ද? ඔය කියන වේදනාවේ නිස්සරණය කියන්නේ මොකක්ද?' කියලා."

අන්‍යාගමිකයන් ගොළුවෙන තැන...

බුදුරජාණන් වහන්සේ වදාළා "මහණෙනි, ඒ විදිහට

ඇහුවා නම් ඔය අන්‍යාගම්කාරයින්ට කට උත්තරත් නැතුව යනවා. ඔය අන්‍යාගම්කාරයින්ට කට උත්තරත් නැතුව යනවා විතරක් නෙමෙයි, මොකුත් කියාගන්න බැරුව ගොළු වෙනවා. මොකද, ඒ මිනිස්සුන්ට මේ කාරණය විෂය වෙන්නේ නෑ. ඒ කියන්නේ මේක ඒ පිරිසට අවබෝධ කරන්න පුළුවන් එකක් නෙමෙයි."

ඒ වෙලාවේ බුදුරජාණන් වහන්සේ මෙන්න මේ විදිහට වදාළා "මහණෙනි, තථාගත බුදුරජාණන් වහන්සේ හෝ තථාගත ශ්‍රාවකයෙකු හැර දෙවියන් සහිත, මරුන් සහිත, බඹුන් සහිත, ශ්‍රමණ බමුණන් සහිත මේ දෙව් මිනිසුන්ගේ ලෝකයේ මේ ප්‍රශ්න වලට හරි ආකාර පිළිතුරු දෙන්න පුළුවන් කෙනෙක් මම දකින්නේ නෑ."

එහෙනම් අදටත් බෑ. අදටත් මෙවැනි ප්‍රශ්න වලට බුදුරජාණන් වහන්සේට පිළිතුරු දෙන්න පුළුවන්. එහෙම නැත්නම් බුදුරජාණන් වහන්සේගේ ශ්‍රාවකයෙකුට උත්තර දෙන්න පුළුවන්. එහෙම නැතුව මේ ලෝකේ වෙන කාටවත්ම මෙවැනි ප්‍රශ්න වලට උත්තර දෙන්න බෑ.

මේ සූත්‍රයේ නම **'මහා දුක්ඛක්ඛන්ධ සූත්‍රය.'** මහා දුක්ඛක්ඛන්ධ කියන්නේ 'මහා දුක් රාශිය, දුක් ගොඩ, පවතින දුක' කියන අර්ථයෙන්. අපි ආශ්වාදය, ආදීනවය, නිස්සරණය කියලා කරුණු තුනක් ගැන කතා කළානේ. දැන් ඔන්න බුදුරජාණන් වහන්සේ ආශ්වාදය කියන වචනේ ලස්සනට විස්තර කරනවා.

කාමයේ ආශ්වාදය...

"(කෝ ච භික්ඛවේ කාමානං අස්සාදෝ) මහණෙනි, කාමයන්ගේ ආශ්වාදය යනු කුමක්ද? මහණෙනි, ඇසින්

දැක්ක යුතු ඉතා සුන්දර, ලස්සන, ප්‍රිය මනාප, කැමැත්ත ඇතිවෙන, කෙලෙස් හටගන්නා රූප තියෙනවා. කණින් ඇසෙන ප්‍රිය මනාප, මනස්කාන්ත, කැමැත්ත ඇතිවෙන, කෙලෙස් හටගන්නා ශබ්ද තිබේ. නාසයෙන් දැන ගන්න ප්‍රිය මනාප, මනස්කාන්ත සුවඳ තිබේ. දිවෙන් දැනගන්න ප්‍රිය මනාප, ඉෂ්ට වූ, කැමැත්ත ඇතිවෙන, කෙලෙස් හටගන්න රස තිබේ. කයින් දැනගන්න ප්‍රිය මනාප, මනස්කාන්ත වූ, කැමැත්ත ඇතිවෙන, කෙලෙස් හටගන්න ස්පර්ශ තිබේ. (**යං ඛෝ භික්ඛවේ ඉමේ පඤ්ච කාමගුණේ පටිච්ච උප්පජ්ජති සුඛං සෝමනස්සං, අයං කාමානං අස්සාදෝ**) මහණෙනි, මේ පංච කාමගුණ නිසා යම් සැපයක් සතුටක් සොම්නසක් හටගන්නවාද, මෙන්න මේක තමයි කාමයන්ගේ තියෙන ආශ්වාදය."

කොච්චර ඇත්තක්ද...?

එතකොට කාමයන්ගේ තියෙන ලක්ෂණ තමයි සුන්දර බව, ලස්සන බව, හිත ඇදිලා යන බව, කෙලෙස් හටගන්නා බව. ඒ නිසා ඇතිවෙන සතුට සොම්නස කාමයේ ආශ්වාදයයි. බලන්න මේ කියන කතාව කොච්චර සත්‍යයක්ද? බුදුරජාණන් වහන්සේ කාමයේ ආශ්වාදය හැටියට පෙන්නපු දේ සම්පූර්ණ ඇත්තක්. "ආ ඕක නෙවෙයි ආශ්වාදය වෙන එකක්" කියලා කාටවත් කියන්න බෑ. මේ කියන්නේ පරම සත්‍යයක්.

ආශ්වාදය ටිකයි. ආදීනව බහුලයි...

බුදුරජාණන් වහන්සේ පෙන්වා දෙනවා "ලෝක සත්වයා මේකට ඇලෙනවා. මේක ලබන්න ආශා කරනවා" කියලා. ඊළඟට බුදුරජාණන් වහන්සේ දේශනා කළා

"**(කෝ ච භික්ඛවේ කාමානං ආදීනවෝ)** මහණෙනි, මේ කාමයන්ගේ තියෙන ආදීනවය මොකක්ද? (ආදීනවය කියන්නේ පීඩාකාරී පැත්ත) පීඩාව මොකක්ද? කරදරය මොකක්ද? මහණෙනි, මේ කුලපුත්‍රයෝ **(සිප්පට්ඨානේන ජීවිකං කප්පේති)** පොඩි කාලේ ඉඳලා මේ වෙනුවෙන් ඉගෙන ගන්නවා. පාසැල් යනවා. (පාසැල් යන්නේ ලොකු වුණාම කම්සැප ලබන්නනේ. හරි නේද?) ඉතින් මේ අය ඒ සඳහා ගණන් හදන්න ඉගෙන ගන්නවා. සී සාන්න ඉගෙන ගන්නවා. වෙළඳාම් කරන්න ඉගෙන ගන්නවා. ගවයන් රකින්න ඉගෙන ගන්නවා. රාජ්‍ය සේවයේ වැඩ කරන්න ඉගෙන ගන්නවා. දේශපාලනය කරන්න ඉගෙන ගන්නවා."

මේ ඔක්කෝගේම ඉලක්කය කම්සැප විඳින්න. වෙන ඉලක්කයක් නෑ. ඒක කොච්චර ඇත්තක්ද කියලා පහුගිය දවස්වල වුණ දේවල් වලින් තේරෙනවනේ නේද? මේ ඔක්කොම කරන්නේ කම්සැප විඳින්න. නමුත් එහි ආදීනව තමයි, ඒ කම්සැප විඳින්න ගිහිල්ලා සීතලෙන් පීඩා විඳ විඳ, උෂ්ණෙන් පීඩා විඳ විඳ, බඩගින්නේ පීඩා විඳ විඳ, මැසි මදුරුවන්ගෙන් වන කරදරවලින් පීඩා විඳ විඳ, අනන්ත දුක් විඳ විඳ තමයි මේ ඔක්කෝම කරන්නේ. හැබැයි ඉලක්කය කම්සැප විඳීම.

අපි හැමෝගේම ජීවිත කතාව...

"මහණෙනි, මේ ආදීනවය **(සන්දිට්ඨිකෝ)** මේ ජීවිතයේදීම අත්දකින එකක්. ඒක **(දුක්ඛක්ඛන්ධෝ)** මහා දුකක්. **(කාමහේතු)** කාමයමයි මේකේ හේතුව. **(කාමනිදානං)** කාමයමයි මේකේ මුල. **(කාමාධිකරණං)** කාමයම නිසා, කාමයම හේතුකරගෙන, කාමය මුල් කොට ගෙනමයි මේ

ඔක්කෝම කරලා තියෙන්නේ." අපි කාගේ ජීවිත ගත්තත් මීට වඩා වෙනස් දෙයක් නෑ.

කම්සැප විඳින්න නම් සල්ලි ඕනේ. ආදායම් ඕනේ. ඉතින් මේ විදිහට මනුෂ්‍යයා (**උට්ඨහතෝ ඝටතෝ වායමතෝ**) උත්සාහ කරද්දී, හම්බ කරද්දී ඔන්න අස්වැන්න නෑ. මේක අදටත් වෙන්නේ නැද්ද? පහුගිය දවස්වල පොළොන්නරුව පැත්තේ හරියට මිනිස්සු මැරුණා. දිවි නසාගත්තා. මොකද, තමන්ට වුවමනා කාරණය ඉෂ්ට කරගන්න බෑ. සමහර විට භෝග ටික හැදෙනවා. ඊට පස්සේ ඔන්න ගංවතුරක් එනවා. එහෙම නැත්නම් නියඟෙට අහුවෙනවා. නැත්නම් කරන්න හදපු ව්‍යාපාරය බංකොලොත් වෙනවා. නමුත් සැළැස්ම තිබුණේ මේක දියුණු කරලා කම්සැප විඳින්න. වෙන එකක් නෑ. ඒ නිසා එයා දුක් වෙනවා, මුළා වෙනවා, වැළපෙනවා.

මෙන්න කාමය තිළිණ කළ දේ...

ඊළඟට වැළපි වැළපී කියනවා '(**මෝඝං වත මේ උට්ඨානං**) අනේ මගේ උත්සාහය ඔක්කොම හිස්. (**අඵලෝ වත මේ වායාමෝති**) අනේ මම කරපු දේවල් වලින් ඵලක් වුණේ නෑ' කියලා. එහෙම කියන අය ඕනතරම් ඉන්නවා. මේ තමයි දුක්ඛස්ඛන්ධය. "(**අයම්පි බෝ භික්ඛවේ කාමානං ආදීනවෝ**) මහණෙනි, මේක තමයි කාමයන්ගේ ආදීනවය. (**සන්දිට්ඨිකෝ**) මේක මේ ජීවිතයේදීම අත්දකින දෙයක්. කාමයන්ගේ ආදීනවය (**දුක්ඛක්ඛන්ධෝ**) මහා දුක්ඛස්කන්ධයක්. (**කාමහේතු**) මේ සියල්ල කාමය නිසාමයි. (**කාමනිදානං**) කාමය මුල් කරගෙනමයි. (**කාමාධිකරණං**) කාමය සකස් කරගන්නමයි. (**කාමානමේව හේතු**) කාමයන් හේතු කරගෙනමයි මේ දුක ලැබෙන්නේ."

මිල මුදල් නැතත් දුක - ඇතත් දුක...

ඊළඟට බුදුරජාණන් වහන්සේ පෙන්වනවා, "තව කෙනෙක් ඉන්නවා. එයා මේ විදිහට උත්සාහ කරද්දී, වැයම් කරද්දී හොඳට හරි යනවා. බිස්නස් හරි යනවා. වෙළහෙළඳාම් හරි යනවා. ගොවිතැන් හරි යනවා. දැන් එයා කල්පනා කරනවා 'දැන් මම මේ සල්ලි වලට මොකද කරන්න ඕන' කියලා. **(ආරක්ඛාධිකරණං දුක්ඛං දෝමනස්සං පටිසංවේදේති)** දැන් මේවා රැකගන්න දුක් විඳිනවා. '**(කින්ති මේ භෝගේ නේව රාජානෝ හරෙය්‍යුං)** අනේ මේවා ඔක්කොම ආණ්ඩුව ගනීද? **(න චෝරා හරෙය්‍යුං)** හොරු ගනීද? **(න අග්ගි ඩහෙය්‍ය)** ගින්නට අහුවෙයිද? **(න උදකං වහෙය්‍ය)** ගඟේ ගහගෙන යයිද? **(න අප්පියා දායාදං හරෙය්‍යුං)** මම අකමැති අයට දෙන්න වෙයිද?' කියලා දුක් විඳිනවා."

මම දැකලා තියෙන සමහර දෙමව්පියන්ට මේ කාරණය සිද්ධ වෙලා තියෙනවා. සමහරු තමන්ගේ ඉඩ කඩම් පවුලට සම්බන්ධ වෙන කෙනාට දෙන්න කැමති නෑ. හම්බ කරපුවා දෙන්න ඉතාම අකමැතියි. ඊට පස්සේ භයෙන් ඉන්නවා. සාමාන්‍යයෙන් වර්තමානයේ කවුරුත් ඉඩ කඩම් එහෙම ලියනකොට ප්‍රාණ භුක්තිය තියාගෙන ලියන්න කියලනේ කියන්නේ. මොකක්ද මේ? කාමයේ ආදීනවය.

කාමයට පිස්සු වැටුණු පිස්සු ලෝකය...

කාමය පිණිස තමයි ඒ ඔක්කොම තියෙන්නේ. ඉතින් 'අනේ මේවා අරගනීද, පැහැර ගනීද, කරදරයක් කරයිද, මම නැති වෙලාවට මොනව කරයිද?' කියලා

ඔප්පු හංගනවා. පරිස්සම් කරනවා. ධනය රැකගන්නවා. කාටවත් දකින්න ලැබෙන්න එපා කියලා හංග ගන්නවා. මේ ඔක්කොම කාමයේ ආදීනවය.

සමහර තැන්වල සමහර අය කණකර ආභරණ පවා දාන්නේ නෑ. ඒ මොකද, හොරු ගනී කියලා. ඊරිසියා කරයි කියලා ඥාතීන්ට පෙන්නන්නේ නෑ. එහෙම කරන අය ඕනෑතරම් ඉන්නවා. සමහර අය කියනවා "අනේ ස්වාමීන් වහන්ස, අපි යමක් කමක් තියෙන බවක් පෙන්නන්නේ නෑ" කියලා. ඒකේ තේරුම තමයි, මේ ලෝකේ ඔක්කොම කාමයට පිස්සු වැටිලා ඉන්නේ. ඒ නිසාම දුක් විඳිනවා.

සාමයේ ලේබලය ගැසූ කාමය...

දැන් අපි දන්නවනේ යුද්දෙ ගැන. මේ හොයන්නේ කාමය. වෙන කිසිම දෙයක් නෑ. නමුත් යන්නේ කාමයේ නමද සාමයේ නමද? සාමය හොයනවා කියලා කියන්නේ. නමුත් හොයන්නේ කාමය. බුදුරජාණන් වහන්සේ ඒ නිසයි වදාළේ "කාමයමයි මේකේ හේතුව" කියලා. මේ කාමය නිසා ජීවිතවල මෙලොවදීම අත්විඳින මහා දුකක් තියෙනවා.

තුන් කල් පවත්නා එකම ප්‍රශ්නයක්...

දැන් බලන්න මේ කාරණය අදත් මේ විදිහමයි. බුදුරජාණන් වහන්සේ මේක දේශනා කළේ අවුරුදු දෙදහස් පන්සීයකට කලින්. එදත් මේ විදිහමයි, අදත් මේ විදිහමයි. ඒකේ වෙනසක් නෑ. එදත් ඒ මිනිස්සුන්ගේ ජීවිතවල යම් ප්‍රශ්නයක්, ගැටලුවක්, වේදනාවක් තිබුණාද අදත් ඒක ඒ විදිහමයි.

"මහණෙනි, මේ කාමය නිසා, කාමයම මුල් කරගෙන, කාම කාරණා නිසාම රජවරු රජවරුත් එක්ක කෝළහල කරගන්නවා. යුද්ධ කරගන්නවා. සිටුවරු සිටුවරුත් එක්ක යුද්ධ කරගන්නවා. බමුණෝ බමුණොත් එක්ක ගහගන්නවා. ගෙවල්වල මිනිස්සු ගහගන්නවා. අම්මලා පුතාලා කෝළහල කරගන්නවා. තාත්තලා පුතාලා කල කෝළහල කරගන්නවා. පුතාලා අම්මලත් එක්ක කෝළහල කරගන්නවා. අම්මලා පුතාලත් එක්ක කෝළහල කරගන්නවා. තාත්තලා දරුවොත් එක්ක කෝළහල කරගන්නවා. දරුවෝ තාත්තලත් එක්ක කෝළහල කරනවා. සහෝදරයෝ සහෝදරියොත් එක්ක කෝළහල කරනවා. සහෝදරියෝ සහෝදරයොත් එක්ක කෝළහල කරනවා. සහෝදරකම් අත්හැර ගන්නවා. යාළුවෝ යාළුවෝ කෝළහල කරනවා.

කලහ කරගෙන, විවාද කරගෙන, අවි අයුධ අරගෙන, ගහ බැණගෙන, දඬු මුගුරු අරගෙන ඔක්කෝම මරා ගන්නවා. මාරාන්තික දුක්වලට පැමිණෙනවා. මේ ඔක්කොම කාමය නිසයි." මේ දේවල් අදටත් අපට ඒ විදිහටම දකින්න ලැබෙනවා.

හොඳින් විමසා බැලුවොත් තේරේවි...

හොඳට අපි විමසලා බැලුවොත් අපි ජීවත්වෙන ලෝකේ මේවා ඔක්කෝම සිද්ධ වෙන්නේ කාමය නිසයි. හේතුව කාමයමයි. මේ සිදුවෙන ඔක්කොම කාමය නිසා ඇතිවුණ ඵලයන්. නමුත් සාමාන්‍ය ලෝකේ අය මේක කාමය නිසා කියලා දකින්නේ නෑ. ඒ නිසා කවදාවත් මෙවැනි දේවල් විසඳන්න බෑ. විසඳලා අවසන් කරන්න බෑ. විසඳන්න පුළුවන් එකම විදිහකින් පමණයි. යම්කිසි

කෙනෙකුට විසඳගන්න පුළුවන් මෙන්න මෙහෙම. කොහොමද? කාමයේ ආදීනව හඳුනාගෙන කාමය අත්හැරපු කෙනා මේක විසඳනවා. වෙන කාටවත් විසඳන්න බෑ. බුදුරජාණන් වහන්සේ වදාළා "මහණෙනි, මේක තමයි කාමයේ ආදීනවය. මෙලොවදීම විඳින මහා දුක්ඛස්ඛන්ධය."

මේ කෝළහල කාමයට මිස අන් කුමකටද...?

ඊළඟට බුදුරජාණන් වහන්සේ, කම්සැප භොයන්න ගිහිල්ලා දුක් විඳින හැටි තවත් පෙන්නනවා. ඒක ලස්සනට තියෙනවා. සමහරු කාමයන්ගේම හේතුවෙන් ඊතල විඳගන්න, අඩිඅටි හෙලන, කඩු ගෙන ඔබ මොබ හැසිරෙන, වෙඩි හඬ පැතිරෙන, ගහ බැණ ගන්න, යුද්ධ කෝළහල තියෙන යුද්ධ භූමියටත් යනවා. එහෙනම් යුද්ධ භූමියට යන්නේ කාමය නිසා. වෙන දෙයක් නිසා නෙවෙයි. ගිහිල්ලා දුනු ඊතලවලින් විඳිනවා. වෙඩි තියාගන්නවා. පෙනි පෙනී ගිහිල්ලා එකට මරා ගන්නවා. එක්කෝ අතපය කපා ගන්නවා. එක්කෝ අත පය නැතිකර ගන්නවා. එක්කෝ මරණයට පත්වෙනවා. එක්කෝ මාරාන්තික දුකට පත්වෙනවා. මේ ඔක්කොම සිද්ධ වෙන්නේ කාමය නිසා.

යුද්දෙට ගියාට කමක් නෑ. පැවිද්ද තහනම්...

සමහර දෙමව්පියෝ දරුවෝ මහණ වෙනවට කැමති නෑ. නමුත් යුද්දෙට යනවාට කැමතියි. බලන්න කාමයේ ස්වභාවය. ඉහළ පවුල්වලත් එහෙම එකක් තියෙනවා. යුද්දෙට ගිහිල්ලා ලොකු නිලධාරි තනතුරක් ලැබෙනවා නම් ඒකට කැමතියි. නමුත් මහණ වෙන්න කිව්වොත් කැමති නෑ. හේතුව කාමයයි. ඉතින් බුදුරජාණන්

වහන්සේ පෙන්වනවා "මේ ඔක්කොම කරන්නේ කාමය නිසයි, ඒ ඔක්කෝම කරන්නේ කාමය මුල්කරගෙනයි" කියලා.

අපි දන්නවනේ යුද්දේ තියෙන කාලේ ගෙවල්වල දෙමව්පියෝ අඬ අඬයි යුද්ධ භූමියට ලියුම් එවන්නේ. දරුවොත් අඬ අඬාමයි පිළිතුරු යවන්නේ. මේ දෙගොල්ලම දුක් විඳින්නේ කාමය නිසා. නමුත් දෙගොල්ලම ඒක දන්නේ නෑ. කාමය නිසාම සමහර දෙමව්පියෝ දරුවෝ අත්හැරලා දාලා විදේශ රටවල්වලට යනවා. දරුවෝ සී සී කඩ. සමහර විට ඒගොල්ලෝ ගිහින් කීයක් හරි හොයාගෙන එනවා. ඒ එනකොට ළමයින්ට වෙන්න තියෙන දේවල් වෙලා ඉවරයි. පවුල් සී සී කඩ. ඊට පස්සේ අඬ අඬා ඉන්නවා. මොකක්ද මේ? කාමයේ ආදීනව.

මිහිර සොයා ගොස් විඳි අමිහිරි දුක්...

බුදුරජාණන් වහන්සේ කාමයේ ආදීනවය තව දුරටත් පෙන්වා දෙනවා. "මේ කාමය නිසාම යුද්ධ භූමි වලට ගිහිල්ලා කෝළහල කරගෙන අනන්ත වධ වේදනාවල් වලට පත්වෙනවා." මේකේ එවැනි වධ තිස්දෙකක් ගැන සඳහන් වෙනවා. සමහරු කාමය නිසා, කාමයන් මුල් කරගෙන හොරකම් කරනවා. ගම් පහරනවා. මිනිස්සු මරනවා. ආණ්ඩුවෙන් ඒ හොරුන්ව අල්ලාගෙන ඒ හොරුන්ට වධ දෙනවා.

ඒ ඉස්සර දීපු වධ ටික මේකේ තියෙනවා. "ඒගොල්ලෝ මං පහරනකොට රජවරු ඒ හොරුන් අල්ලාගෙන නොයෙක් ආකාරයේ වධ වේදනා පමුණුවති. කස වලින් තලති. වේවැල් වලින් තලති. දඬු මුගුරු වලින් තලති. අත්ද සිඳිති. පාද සිඳිති. අත් පාද සිඳිති.

කණ්ද සිඳිති. නාසයද සිඳිති. කණ් නාසා කපා දමති. හිස්කබල සූරන වධ දෙති. හිස්කබලට බොරළු උලා හක්ගෙඩියක් මෙන් අතුල්ලති. අඬුවෙන් කට විවෘත කොට ගෙන කට ඇතුළේ පහන් දල්වති. සිරුරේ රෙදි ඔතා තෙල් වත්කොට ගිනි දල්වති. ගෙලෙහි පටන් සම ගලවා ගොප්පැටය හෙලා යොතින් බැඳ වධ දෙති." ඉතින් මේ වගේ නොයෙක් ආකාරේ වධ ගැන මේකේ තියෙනවා.

ආත්මභාව කීයක් මේ දුක විඳින්නද...?

අපි පහුගිය කාලේ පාරවල් අයිනේ මිනිස්සු මැරි මැරී හිටපු තාලේ දැක්කනේ නේද? අතපය කපලා වැටවල් වල දාලා. මට මතකයි පත්තරේක තිබුණා, එක ගෙදරකින් රාත්‍රියේ නන්නාඳුනන පිරිසක් එකම පුතාව අරන් ගියා. අම්මා පිස්සියක් වගේ හැම තැනම මේ දරුවාව හොයනවා. අම්මට ආරංචි වුණා 'අන්න පුතාගේ මළමිනිය පොළ ලඟ තියෙනවා' කියලා. ඉතින් අම්මා සිහි විකල් වෙලා දිව්වා. යනකොට පුතාගේ ඔළුව කණුවක් උඩ තියෙනවා. ඒක දැකලා අම්මා ඇඳන් හිටිය චීත්ත දෙකෙන් එක චීත්තයක් ගලවලා ඒ ඔළුව ඔතාගෙන පිස්සියක් වගේ දිව්වා.

හැබැයි ඉතින් මේක ආත්ම භාව කීයක් කරන්නද? එක දවසක්ද? නෑ. මේ ඔක්කොම කාමයේ ආදීනවය. "(අයම්පි භික්ඛවේ කාමානං ආදීනවෝ) මේක තමයි කාමයන්ගේ ආදීනවය." මේ ජීවිතයේදීම විඳින මහා දුක.

මොලොවත් දුක. පරලොවත් දුක...

ඊළඟට තියෙනවා "මහණෙනි කාමය නිසා, කාමයන් සොයන්න, කාමයන් රැස්කරන්න, කාමයන් විඳින්න ගිහින් කයෙන් දුසිරිත් කරනවා. කයෙන් වැරදි

කරනවා. වචනයෙන් වැරදි කරනවා. සිතින් වැරදි කරනවා. ඒ විදිහට කයින් වැරදි කරලා, වචනයෙන් වැරදි කරලා, සිතින් වැරදි කරලා කය බිඳිලා මරණයට පත් වූ විට අපායට යනවා. නිරයට යනවා. මේකත් කාමයේ ආදීනවය." ඒක 'සන්දිට්ඨික' නෙවෙයි '**සම්පරායික**'. මෙලොව නෙවෙයි, පරලොව. පරලොව ලැබෙන මහා දුක. ඒක ලැබෙන්නෙත් කාමය නිසාමයි.

දුක ඉවරවෙන වාසනාවන්ත දිනය...

"මහණෙනි, කාමයෙන් නිදහස් වෙනවා කියන්නේ මොකක්ද? (**යෝ බෝ භික්ඛවේ කාමේසු ඡන්දරාග විනයෝ**) මහණෙනි, මේ කාමයන් කෙරෙහි ආශ්වාදෙන් ඇලෙන ගතිය දුරු කරනවාද, (**ඡන්දරාග පහානං**) ඡන්දරාගය නැතිකරනවාද අන්න ඒක තමයි කාමයන් ගෙන් නිදහස්වීම."

එහෙනම් මේ දුක් විඳින ගැටලුවෙන් නිදහස් වෙන්න ඕනෙ නම් අකමැත්තෙන් හරි අපට කාමයන් කෙරෙහි ඇති ආශාව හිතින් අත්හරින්න සිද්ධ වෙනවා. එදාට අපේ දුක් විඳීම ඉවරයි. කාමයේ සැප සොම්නස ටිකක් තියෙනවා. ඒ නිසා තමයි කාමය පස්සේ යන්නේ.

ආදරෙන් වැළඳගත් කාමය මේ වගේ එකක්ද...?

බුදුරජාණන් වහන්සේ මේ කාමය ගැන උපමා රාශියක් පෙන්නලා තියෙනවා. උන්වහන්සේ පෙන්නනවා '**මේ කාමය හරියට බඩගින්න හැදුණු බලු කුක්කෙක් මස් කට්ටක් ලෙව කනවා වගේ**' කියලා. කවදාවත් බඩ පිරෙන එකක් නෙවෙයි. කාමය අවසන් වෙන්නේ නෑ කියන එකයි ඒකේ තේරුම.

ඊළඟට උන්වහන්සේ පෙන්වා දෙනවා '**මේක හරියට උකුස්සෙක් මස් වැදැල්ලක් කටින් අරගෙන පියාසලනවා වගේ**' කියලා. උකුස්සෙක් මස් වැදැල්ලක් කටින් අරගෙන වේගෙන් පියාසලනවා. අනිත් උකුස්සෝ ඔක්කෝම මෙයාට කොටන්න පන්නගෙන එනවා. මේ උකුස්සා බේරෙන්න නම් මස් වැදැල්ල අත්හරින්න ඕනේ. අන්න ඒ වගේ එකක් කියනවා මේ කාමය.

කාමය දුරු කළ සිත කාමය දැකපු ආකාරය...

ඊළඟට මේ කාමයට තව උපමාවක් පෙන්නනවා. '**මනුස්සයෙක් ගහකට නැගලා ගහේ ඉදගෙන ගෙඩි කනවා වගේ එකක්**' කියලා. එතකොට තව කෙනෙක් පොරවක් අරන් ඇවිල්ලා ගහ කපනවා. ඒ වෙලාවට ගහේ නැගපු කෙනා තමන්ට ආදරෙයි නම් ගහෙන් බහින්න ඕනේ. කාමය ගහක තියෙන ගෙඩි වගේ කියලා කිව්වේ ඒ නිසයි.

ඊළඟට උන්වහන්සේ තවත් උපමාවක් පෙන්නලා තියෙනවා. '**මේ කාමය ඇවිලෙන හුළුඅත්තක් වගේ**' කියලා. ඇවිලෙන හුළුඅත්තක් තමන් ඉස්සරහින් අල්ලගෙන යනවා. හුළඟ එන්නේ ඒ පැත්තෙන්. එතකොට දැවෙන්නේ තමාවමයි. මේ දැවිල්ල නවත්වන්න නම් හුළුඅත්ත නිවලා දාන්න ඕනේ. අත්හරින්න ඕනේ.

ඊළඟට උන්වහන්සේ පෙන්වනවා '**මේ කාමය සිහිනයක් වගේ**' කියලා. අපි කලින් කාපු බීපු, නටපු, සින්දු කියපු දේවල් ඔක්කොම සිහිනයක් වගේනේ. ඒ ඔක්කෝම ඉවරයි. අපි අතරේ සිංදු නොකියපු කෙනෙක්, නටපු නැති කෙනෙක් ඉන්නවාද? ඒ ඔක්කෝම ඉවරයි. සිහිනයක් වගේ.

ඒ වගේම 'කාමය ණයට ගත්තු දෙයක් වගේ' කියලා තියෙනවා. ණයකාරයෝ ඇවිල්ලා අපි අකමැත්තෙන් නමුත් ඒ ණය ආපහු අරන් යනවා වගේ තමයි කියලා කියනවා. අපි කැමැත්තෙන් නෙවෙයි ලෝකේ අත්හරින්නේ. ණය කාරයෝ ඇවිල්ලා අපිව අරන් යනවා වගේ කියනවා අපි ලෝකේ අත්හරින්නේ. ඒක වෙන්නේ කාමය නිසා.

ඇල්ම අත්හළ දවසට ප්‍රශ්නෙ ඉවරයි...

බුදුරජාණන් වහන්සේ පෙන්නනවා "මේක කෙරෙහි ඇල්ම අත්හැරපු දවසට මේ ප්‍රශ්නේ ඉවරයි" කියලා. නමුත් අපිට ජීවිතේ දුක් විඳින එකට තියෙන පිළිතුර හඳුනාගන්න බෑ. මේ ලෝකෙට ප්‍රශ්නේ හඳුනාගන්නත් බෑ. පිළිතුර හඳුනාගන්නත් බෑ. නමුත් බැලූ බැල්මට සාමාන්‍ය ලෝකේ කෙනෙකුට මේක තේරෙන්නේ නෑ. සාමාන්‍ය ලෝකේ කෙනෙක් හිතයි 'ආ එහෙම කොහොමද? එතකොට ලෝකෙට මොකද වෙන්නේ' කියලා. මොකද, එච්චරටම මේක තේරෙන්නේ නෑ. ඕනතරම් දුක් විඳින්න ලෑස්තියි. ඒක තමයි අවිද්‍යාවේ හැටි. මේක බලන්න තියෙන්නේ ඇතුළාන්තයෙන්.

බුදුරජාණන් වහන්සේගේ ධර්මය තියෙන්නේ ප්‍රඥාවන්තයින් සඳහා. ප්‍රඥාව කියන්නේ ජීවිතයේ ඇතුළ බලන එක. මතුපිටින් නැතුව ගැඹුරින් බලන එක. ගැඹුරින් බලන කෙනාට තමයි මේක අත්හරින්න පුළුවන්. එහෙම නැති කෙනාට බෑ. මතුපිටින් අල්ල අල්ලා යන කෙනාට මේක කරන්න බෑ. ගැඹුරින් බලන්නම ඕනේ. ඉතින් කාමයන් කෙරෙහි ඇති ඡන්දරාගය නැති කරපු දවසට ඒ ප්‍රශ්නෙන් සදහටම නිදහස් වෙනවා.

කාමය සොයා ගිය විශාල පිරිසක් විනාශ වුණා...

දැන් අපි ගනිමු අජාසත්ත රජ්ජුරුවෝ ගැන. එයා පියාව මැරුවේ කාමය නිසානේ. කයින් දුෂ්චරිතය කළා. දැන් අපායේ. අන්න කාමයේ ආදීනව. දේවදත්ත ගැන ගනිමු. සංඝභේද කරලා බුදුරජාණන් වහන්සේව ඝාතනය කරන්න හැදුවා. ඒත් කාමය නිසාමනේ. දැන් එයත් අපායේ. කාමයේ ආදීනව. ඒ විදිහට කාමය හොයාගෙන ගිහිල්ලා මේ ලෝකේ විශාල පිරිසක් විනාශ වුණා.

ඊළඟට බුදුරජාණන් වහන්සේ කාමය ගැන විස්තරයක් පෙන්නනවා. "මහණෙනි, මේ ලෝකයේ ශ්‍රමණයෙක් හෝ බ්‍රාහ්මණයෙක් හෝ මේ ආකාරයට කාමයන්ගේ ආශ්වාදය ආශ්වාදය හැටියටත්, කාමයන්ගේ ආදීනවය ආදීනවය හැටියටත්, කාමයන්ගෙන් නිදහස්වීම නිදහස්වීම හැටියටත් ඒ ආකාරයෙන් දන්නේ නැත්නම් (ඒ කියන්නේ දැන් මේ කියා දීපු ආකාරයෙන් දන්නේ නැත්නම්) ඒගොල්ලෝ කවදාවත් කාමය අවබෝධ කරනවා, අවබෝධ කරන ආකාරයට පිරිසිඳ දකිනවා, එබඳු වැඩපිළිවෙලකට පත්වෙනවා කියන එක සිදුවෙන්නේ නෑ. යම්කිසි කෙනෙක් කාමයන්ගේ ආශ්වාදයත්, ආදීනවයත්, නිස්සරණයත් දන්නවාද අන්න ඒ පිරිස විතරක් මේවා ගෙන් නිදහස් වෙන, මේක අවබෝධ කරන වැඩපිළිවෙලට පත්වෙනවා. වෙන පිරිසකට මේක කරන්න බෑ."

කාමයට යට නොවූ අභිමානවත් චරිත...

ථේරී ගාථාවල කාමයේ ආදීනව දැකලා කාමයන් ගෙන් නිදහස් වුණ වීර කාන්තාවක් ගැන විස්තරයක් තියෙනවා. 'සුමේධා' තෙරණියගේ කතාව. ඒක කියවන්න.

එයා බොහොම ලස්සන කෙනෙක්. එයා බුදුරජාණන් වහන්සේව ඇසුරු කරලා ලාබාල කාලේම අසුභ භාවනාවෙන් ධ්‍යාන වඩපු කෙනෙක්. එයාව විවාහ කරලා දෙන්න ලෑස්ති වුණ වෙලාවේ ඒකට කොච්චර විරුද්ධකම් කළාද කියනවා නම්, කඩුව අරගෙන කොණ්ඩේ කපලා එළියට වීසිකරලා මහා යුද්ධයක් කරලා මහණ වුණා. ඒකේ කාමයේ ආදීනව ගැන බොහෝම හොඳට කියවෙනවා. ඒවා කියවද්දී තේරෙනවා, ඒ අය ජීවිතය අවබෝධ කරලා තියෙන හැටි.

ඊළඟට බුදුරජාණන් වහන්සේ විස්තර කරනවා "ඔය ආකාරයට කාමය ගැන දන්නේ නැත්නම්, එයාට කාටවත් කියාදෙන්න, එහෙම නැත්නම් කාටවත් මග පෙන්වන්න පුළුවන්ය කියන කාරණය, සිද්ධ වෙන්නේ නෑ" කියලා. එහෙනම් බුදුරජාණන් වහන්සේ තමයි කාමයේ ආශ්වාදය හරියටම දැක්කේ. කාමයේ ආදීනවය දැක්කෙත් බුදුරජාණන් වහන්සේ. ඒ වගේම කාමයෙන් නිදහස් වුණෙත් බුදුරජාණන් වහන්සේමයි.

රූපයත් තුන් ආකාරයකින් අවබෝධ කළ යුතුයි...

ඊළඟට රූපය ගැන දේශනා කරනවා. "මහණෙනි, මොකක්ද මේ රූපයේ තියෙන ආශ්වාදය?" මෙතැන රූපය කිව්වේ මේ අපි කතා කරන රූපයටමයි. බුදුරජාණන් වහන්සේ ඒක හරි ලස්සනට විස්තර කරනවා. "මහණෙනි, සිටු දියණියක් හෝ බ්‍රාහ්මණ ගෘහපති දියණියක් හෝ ඉන්නවා. අවුරුදු පහළොවේ, දහසයේ වයසේ ඉතා කෙට්ටුත් නැති, ඉතා මහතත් නැති, කලුත් නැති, සුදුත් නැති, උසත් නැති, මිටිත් නැති ලස්සන රූපයක් තියෙන කාන්තාවක් ඉන්නවා."

ඒ යුගය අපි ඔක්කෝගේම පහුවුණේ නැද්ද? අවුරුදු පහළොවේ, දහසයේ යුගයක් අපි හැමෝටම තිබුණා. ඒ කාලේ අපි රූපේ බැලුවේ ආදීනවයද, හැඩද? හැඩ බැලුවේ. මේකේ කියනවා "**(යං බෝ භික්ඛවේ සුභං වණ්ණනිභං පටිච්ච උප්පජ්ජති සුඛං සෝමනස්සං අයං රූපානං අස්සාදෝ)** ඒ කාලෙට රූපේ දිහාමයි බලන්නේ. හෑන්ඩ් බෑග් එකේ චූටි කණ්ණාඩියක් දාගන්නවා. ගන්නවා, බලනවා, මූණ හදනවා. ඊට පස්සේ වයසට යනකොට ඒ කණ්ණාඩිය හිමීට අයින් කරනවා. ඊට පස්සේ බැරිවෙලා හරි කණ්ණාඩිය දැක්කොත් පොළොවෙත් ගහයි.

ලෝකයට පේන්නේ ආශ්වාදය විතරයි...

එතකොට ඒකෙන් පේන්නේ මේ රූපයේ සුන්දරත්වයක් තියෙන එක්තරා කාල පරිච්ඡේදයක් තියෙනවා. ඒක තමයි රූපයේ තියෙන ලස්සන. මේ ලෝකේ අය ඒකට වසඟ වෙනවා. නමුත් ඒක ආදීනවයක් බවට පත්වෙනවා කියලා දන්නේ නෑ. නමුත් බුදුරජාණන් වහන්සේ ඒ රූපයේ ආදීනවයක් තියෙනවා කියලා පෙන්වා දෙනවා. සාමාන්‍ය ලෝකයා බලන්නේ ආශ්වාදය විතරයි. ආදීනව බලන්නේ නෑ.

රූපවාහිනියක ගත්තත්, වැඩසටහනක් ගත්තත්, පත්තරේක දැන්වීමක් ගත්තත් ඔක්කෝගේම පෙන්නන්නේ ආශ්වාදයමයි. කාමයමයි ඉලක්ක කරගන්නේ. කවදාවත් ඔය ආභරණ වෙළඳසැලක ආච්චි කෙනෙක් ආභරණ පැළඳගෙන ඉන්නවා පෙන්නලා තියෙනවද? එතකොට මිනිස්සු බලන්නේ නෑ. ඒ නිසා ආශ්වාදයමයි පෙන්නන්නේ. ආදීනවය පෙන්නන්නේ නෑ. ආදීනවය හංගනවා.

හැංගිලා වෙස් බැන්දට එළිපිට නටන්න එපැයි...

ආදීනවය කොච්චර හංගනවාද කියනවා නම් සාමාන්‍ය ගෙවල්වල පොඩි ළමයි කිව්වොත් එහෙම "අම්මේ අපි ජීවත් වෙනවා. මැරෙයිද දන්නේ නෑ" කියලා "හා.. හා.. මූසල කතා කියන්න එපා" කියනවා. අන්න ආදීනවය හංගනවා. ආශ්වාදය මතුකරනවා. ඒක තමයි සාමාන්‍ය ලෝකේ තියෙන්නේ.

නමුත් බුදුරජාණන් වහන්සේ මේකෙ තියෙන ලොකු ආදීනවයක් පෙන්නනවා. ආදීනවය තමයි මෙයා (ඒ අවුරුදු දහසයේ පහළොවේ දැරිවි) කාලයක් ගියාට පස්සේ අවුරුදු අසූවක් අනූවක් අවුරුදු සීයක් ගියාට පස්සේ වක ගැහුණු, ජරා ජීරණ වුණු, හැරමිටි ගහන, දත් කැඩුණු, කෙස් වැටුණු, කෙස් පැසුණු හම රැළිගැසුණු, ඇඟ පුරාම ලප කැළැල් හටගත්තු කෙනෙක් බවට පත්වෙනවා. ඒක තමයි රූපයේ තියෙන ආදීනවය.

ඒක තමයි මේ ලෝකේ කාටත් පොදු ධර්මතාවය. ඒක පුදුමාකාර දෙයක්. ඒ තරුණ කාලේ තිබුණු සුන්දරත්වය ඔක්කොම වයසට යනකොට ඉවරයි. ඒක අපි කාටත් පොදු ධර්මයක්. රූපයේ කලින් යම් සුන්දරත්වයක් තිබුණද, යම් හැඩරුවක් තිබුණද, යම්කිසි ආකර්ශනයක් තිබුණද, ඒක අතුරුදහන් වෙලා යනවා. ඒක නැතිවෙලා යනවා. පහළ වෙන්නේම සුන්දරත්වය නෙවෙයි. පහළ වෙන්නේම ආදීනවය. මේක තමයි රූපයේ තියෙන ආදීනවය.

ඒ වගේ විරූපී වුණ කෙනෙක් දිහා ලෝකයා බලන්නේ නෑ. නමුත් අර තරුණ වයසේ පෙන්නන රූපෙත් ඒ විදිහටම පත්වෙනවා. ඒ වගේම අර සුන්දරව

හිටපු අවුරුදු දහසයේ දාහතේ ළමයා ඔය වගේ වයසට ගියාට පස්සේ ඔක්කොම ඉවරයි.

අපි හැමෝටම උරුම දේ...

ඊට පස්සේ බුදුරජාණන් වහන්සේ වදාළා "ඔන්න එයාව දකින්න හම්බ වෙනවා හොඳටම වයසට ගිහිල්ලා. අවුරුදු අසූවක්, අනූවක්, සීයක් ගිහිල්ලා. බොහෝ සේ ගිලන් වෙලා තමන්ගේ ඇඟේ මළ මූත්‍ර වගුරුවාගෙන ඔහේ ඇඳේ වැතිරිලා ඉන්නවා. අර ලස්සනට හිටපු කෙනා. එතකොට අර කලින් තිබුණ ලස්සන කිසිම ආකාරයකින් දකින්න නෑ. මළ මූත්‍ර ගොඩේ වැටිලා, අශූචි ගොඩේ වැටිලා අතිශයින්ම රෝගාතුර වෙලා, ඇඳක වැටිලා ඉන්න කාලයක් එනවා. එතකොට ඔක්කොම ඉවරයි. ඒක රූපයේ තියෙන ආදීනවය" කියනවා.

ඊට පස්සේ අර අවුරුදු දහසයේ දාහතේ ලස්සන ළමයා දැන් ඔන්න අවුරුදු අසූවක් සීයක් ගිහිල්ලා මරණයට පත්වෙනවා. මරණයට පත්වුණාට පස්සේ මිනිස්සු ඒ රූපේ අරන් ගිහිල්ලා සොහොනට දානවා.

මළකුණ යම් සේ ද මේ කයත් එසේමයි...

අමු සොහොනට දැම්මහම අමු සොහොනේ දවසක් හෝ දෙකක් හෝ තුනක් තිබ්බට පස්සේ මේ මළකුණ ඉදිමෙනවා. ඉදිමිලා නිල් වෙනවා. ඊට පස්සේ අවුරුදු දහසයේ දාහතේ තිබුණු සුන්දරත්වය මොකුත් නෑ. ඔන්න රූපයේ තියෙන ආදීනවය. ඊට පස්සේ ඒ ඉදිමුණු නිල්වුණු මළකුණ කාක්කෝ කනවා. බල්ලෝ කනවා. හිවල්ලු කනවා. ගිජුලිහිණියෝ කනවා. තවත් නොයෙක් ප්‍රාණීන් විසින් මේ මළකුණ කන්න පටන් ගන්නවා. එතකොට අර

කලින් අවුරුදු පහළොවේ දහසයේදී යම් සුන්දරත්වයක් තිබුණද ඒ සුන්දරත්වය සම්පූර්ණයෙන්ම අතුරුදහන් වෙලා යනවා.

මේ, ඒ සුන්දර රූපයමද...?

ඊළඟට මේ මළකුණ ටිකෙන් ටික දියවෙන්න පටන් ගන්නවා. ලේ, මස් දිය වෙවී ඇට සැකිල්ල මතුවෙන්න පටන් ගන්නවා. එතකොට අර අවුරුදු පහළොවේ දහසයේ තිබුණු සුන්දර රූපේ ඉවරයි. ඊට පස්සේ ඒකෙත් සම්පූර්ණ ලේ මස් නැතිවෙලා ඇට සැකිල්ල පෑදිලා පේන්න පටන් ගන්නවා. එතකොට අර අවුරුදු පහළොවේ දහසයේ සුන්දර රූපය ඉවරයි. ඊළඟට මේ ඇට සැකිල්ල එහාට මෙහාට වීසිවෙලා යනවා. හිස්කබල එක පැත්තක. අත් ඇට එක පැත්තක. පපු ඇට එක පැත්තක. පා ඇට එක පැත්තක. ඇඟිලි ඇට එක පැත්තක. අර අවුරුදු පහළොවේ දාසයේ ලස්සන රූපය සම්පූර්ණයෙන්ම ඉවරයි.

ඊළඟට මේ ඇටත් ඔක්කොම දිරලා කුණුවෙලා හුණු බවට පත්වෙලා පොළොවේ පස් එක්ක එකතු වෙනවා. එතකොට අර රූපය තියෙනවාද? මෙන්න මේක තමයි තියෙන ආදීනවය. එබඳු ආදීනවයකින් යුතු රූපයක් තමයි මේ අපිට තියෙන්නේ. යම්කිසි කෙනෙක් මේ රූපය කෙරෙහි ඇති කැමැත්ත දුරුකර ගන්නවාද, යම්කිසි කෙනෙක් මේ රූපය කෙරෙහි ඇති ඡන්දරාගය ප්‍රහාණය කරනවාද අන්න එයා විතරක් මේ රූපයෙන් නිදහස් වෙලා යනවා. එයාට විතරක් මේ රූපෙන් නිදහස් වෙලා යන්න පුළුවන්.

දැන් කරුණු දෙකක් ගැන කතාකළා. කාමයේ

ආශ්වාදය ආදීනවය, නිස්සරණය. රූපයේ ආශ්වාදය, ආදීනවය, නිස්සරණය.

විඳීමේ ඉහළම ආශ්වාදය...

ඊළඟට බුදුරජාණන් වහන්සේ වේදනාවේ ආශ්වාදය පෙන්නනවා. වේදනාවේ ආශ්වාදය හැටියට පෙන්වන්නේ ඉහළම එකක්. ඒ තමයි ප්‍රථම ධ්‍යානයේ තිබෙන ආශ්වාදය. දෙවෙනි ධ්‍යානයේ තිබෙන ආශ්වාදය. තුන්වෙනි ධ්‍යානයේ තිබෙන ආශ්වාදය. හතරවෙනි ධ්‍යානයේ තිබෙන ආශ්වාදය. ඒකට සිත සමාහිත කරන්න එපැයැ. සිත එකඟ කරන්න එපැයැ. තමන්ට හිංසාවක් පමුණුවාගෙන සිත එකඟ කරන්න බෑ. ඒ වගේම අනුන්ට හිංසාවක් හිතමින් සිත එකඟ කරන්නත් බෑ. තමන්ටත් හිංසාවක් නොකරන, අනුන්ටත් හිංසාවක් නොකරන, සම්පූර්ණ සාමකාමී මනසකින් තමයි සමාධියක් අත් විඳින්න තියෙන්නේ. "අන්න ඒ වෙලාවට තමයි වේදනාවේ ආශ්වාදය තියෙන්නේ" කියලා බුදුරජාණන් වහන්සේ පෙන්නුවා.

සැබෑම ආශ්වාදජනක වින්දනයක්...

එහෙනම් ආශ්වාදජනක වින්දනයක් පිණිස නම් කෙනෙක් සමාධියක් ඇති කරගන්න ඕන. ඊළඟට උන්වහන්සේ පෙන්වනවා "නමුත් ඒකෙත් ආදීනවයක් තියෙනවා. ඒ තමයි, ඒකත් අනිත්‍යයි. දුකයි. වෙනස් වෙන ධර්මතාවයෙන් යුක්තයි. ඒ වේදනාවත් ඇතිවී නැතිවී යන එකක්. ඒ නිසා ඒ සමාධියෙන් හටගන්න වේදනාව කෙරෙහිද ඇති ඡන්දරාගය දුරුකරලා දාන්න. නැති කරලා දාන්න. ප්‍රහාණය කරලා දාන්න" කියලා.

එයා අනිත්‍ය වූ ඒ වේදනාවෙන් නිදහස් වෙනවා. එතකොට කාමයේ ආශ්වාද, ආදීනව, නිස්සරණ කියලා තුනක් කියවුණා. රූපයේ ආශ්වාද, ආදීනව, නිස්සරණ කියලා තුනක් කියවුණා. වේදනාවේ ආශ්වාද, ආදීනව, නිස්සරණ කියලා තුනක් කියවුණා. යම්කිසි කෙනෙකුට මේ විදිහට කාමය ගැන, රූපය ගැන, වේදනා ගැන අවබෝධ කරගන්න පුළුවන් වුණොත් අන්න එයා දුකෙන් නිදහස් වෙනවා. යම්කිසි කෙනෙකුට ඒක බැරි වුණොත් එයාට ඒ අවස්ථාව අහිමි වෙනවා.

නොදන්නා දෙයක් අවබෝධ වේවිද...?

බුදුරජාණන් වහන්සේ පෙන්වනවා "මේ ලෝකේ යමෙක් මේ ආශ්වාද, ආදීනව, නිස්සරණ කියන තුන දන්නේ නැත්නම්, කිසිම දවසක එයාට මේවායෙන් නිදහස් වෙන්නත් බෑ. අනුන්ව නිදහස් කරවන්නත් බෑ" කියලා. නමුත් යම්කිසි කෙනෙක් මේ කාමයේ, රූපයේ, වේදනාවේ ආශ්වාදයත්, ආදීනවයත්, නිස්සරණයත් දැනගන්නවද, අන්න එයාට මේකෙන් නිදහස් වෙන්නත්, අනුන්ව නිදහස් කරවන්නත් පුළුවන්. බුදුරජාණන් වහන්සේට පුළුවන් වුණා කාමයන්ගේ ආශ්වාදය, රූපයේ ආශ්වාදය, වේදනාවේ ආශ්වාදය දකින්නට. කාමයේ ආදීනව, රූපයේ ආදීනව, වේදනාවේ ආදීනව දකින්නට. ඒ වගේම කාමයෙන් නිදහස් වෙන්න, රූපයෙන්, වේදනාවෙන් නිදහස් වෙන්න උන්වහන්සේට පුළුවන් වුණා. ඒ නිසා උන්වහන්සේට පුළුවන් වුණා ඒ මාර්ගයත් කියලා දෙන්න.

බුදු සසුන මේ ලෝකේ අසාමාන්‍ය දෙයක්...

බුදුරජාණන් වහන්සේ මේ කාරණය ප්‍රකාශ කරලා, භික්ෂූන් වහන්සේලාට තවදුරටත් දේශනා කළා

"මහණෙනි, මෙන්න මේ ආකාරයට යම්කිසි කෙනෙක් අවබෝධ කරගත්තේ නැත්නම්, එයා යම්කිසි විදිහකින් කියනවා නම් 'මේ ධර්මය කීම එකයි. සියලු දේ සමානයි' කියලා ඒක කිසිසේත් වෙන්න පුළුවන් එකක් නෙවෙයි" කියලා.

මේ දේශනා දිහා බලනකොට අපිට තේරෙනවා මේ ලෝකේ කිසිම ආගමක් බුදුරජාණන් වහන්සේගේ ධර්මයට සමාන නෑ. මේ ලෝකේ කිසිම ධර්මයක් මේ ධර්මයට සමාන නෑ. මේ ලෝකේ කිසිම සමාධියක් බුදුරජාණන් වහන්සේ විස්තර කරන මාර්ගඵල සමාධියට සමාන නෑ. ඒ කියන්නේ කිට්ටුවටවත් එන්න බෑ. මේ ලෝකේ වෙන කිසිම ශ්‍රාවක පිරිසක් බුදුරජාණන් වහන්සේගේ ශ්‍රාවක පිරිස හා සමාන නෑ. සමාන කරන්නත් බෑ. ඒක මේ ලෝකේ අසමාන්‍ය දෙයක්.

හැමෝම යන්නේ එකම අරමුණකට නොවෙයි...

මේ ලෝකේ කිසිම ශාස්තෘවරයෙක් උන්වහන්සේ හා සමාන නෑ. නමුත් මේ ලෝකේ අය කියනවා 'අපි ඔක්කොම එකයි' කියලා. නමුත් බුදුරජාණන් වහන්සේ කියා දෙනවා "ඒ එකයි කියන අයට මේ විදිහට උත්තර දෙන්න" කියලා. "මේ විදිහට පෙන්නා දෙන්න" කියනවා. හැම තැනම දැල් වෙන්නේ එකම පහන කියනවා. නමුත් මේ දේශනා වලින් බුදුරජාණන් වහන්සේ ඒක එහෙම නෙවෙයි කියලා පෙන්වා දීලා තිබෙනවා. හැම කෙනාම එකම අරමුණක් කරා යන්නේ කියලා කියනවා. නමුත් ඒක අසත්‍යයක්. එහෙම දෙයක් නෑ. කවුරුත් එකම අරමුණක් කරා යන්නේ නෑ. විවිධ අය විවිධ අරමුණු කරායි යන්නේ. සමාන අදහස් තියෙන සුළු බුද්ධිමත් පිරිසක් විතරක් නිවන

කරා යනවා.

බුදුරජාණන් වහන්සේ මේ මහා දුක්ඛස්ඛන්ධ සූත්‍රයෙන් පෙන්නුවේ මහා දුකක් හා මහා දුක හැදෙන ආකාරයයි. ඉතින් මේ ආකාරයේ පවතින දුක අපි යලි යලි ඇති කර ගත යුතුද?

බුද්ධිමත් ලෝකයා සම්මත කළ දෙයක්...

අපට වෙලා තියෙන්නේ ක්ෂණයෙන් දුක මතක නැතිවෙනවා. ඒක හරියට මේ වගේ. අපි අව් කාෂ්ටකේ පිපාසෙන් දුක විඳ විඳ එනවා කියමු. ඇවිදින් හෙවණක් ළඟට ගිහින් වතුර උගුරක් බීපු ගමන් අරක ඉවරයි. මතක නෑ. ඒ වගේ අපිට පුංචි සැපයක් ලැබුණු ගමන් අපි සියලුම දුක් ටික අමතක කරලා දානවා. බුද්ධිමත් කෙනා ඒ දෙකම සළකලා ඔක්කෝම අත්හැරලා දානවා. අන්න එයාට විතරයි නිදහස් වෙන්න පුළුවන්. මේ අත්හැරීම කියන එක ලේසි එකක් නෙවෙයි. මේක බුද්ධිමත් ලෝකයා මිසක් අඥාන ලෝකයා සම්මත කරන එකකුත් නෙවෙයි.

අරුම පුදුම ශාස්තෘත්වය...

බුදුරජාණන් වහන්සේ හැම තිස්සේම අත්හැර අත්හැර ගිය කෙනෙක්. කිසිම දේකට ග්‍රහණය වෙලා හිටියේ නෑ. අවසාන කාලේ දවසක් ආනන්ද ස්වාමීන් වහන්සේ බුදුරජාණන් වහන්සේට ප්‍රකාශයක් කළා "භාග්‍යවත් බුදුරජාණන් වහන්ස, හිතේ පුංචි සැනසිල්ලක් තියෙනවා භාග්‍යවත් බුදුරජාණන් වහන්සේ ශ්‍රාවකයින්ට අවසාන වශයෙන් මොනවා හරි ප්‍රකාශ කරයි කියලා."

ඒ වෙලාවේ බුදුරජාණන් වහන්සේ දේශනා කළා

"ශ්‍රාවකයින්ට අවසාන වශයෙන් මොනව කියන්නද? කියන්න තියෙන දේවල් ඔක්කොම කියලා තියෙන්නේ" කියලා. "භික්ෂූන් වහන්සේලා මා වෙනුවෙන් සිටිය යුතුයි කියලා මට එහෙම කිසිම හැඟීමක් නෑ. මා භික්ෂූන් වහන්සේලාට බැඳිලා නෑ. ශ්‍රාවකයන්ට බැඳිලා නෑ" කිව්වා.

ධර්මයේ බැඳීම මිස වෙන බැඳීමක් නෑ...

බුදුරජාණන් වහන්සේ ගාව හිටිය සමහර ශ්‍රාවක පිරිස් වෙන ආගම් වලට ගියා. සමහරු දේවදත්ත පාක්ෂික වෙලා හිටියා. නොයෙක් ආකාරයට ගියා. බුදුරජාණන් වහන්සේ ඒ ශ්‍රාවකයෝ වෙනුවෙන් බැඳිලා නෑ. හැම තිස්සේම නිදහස් වෙලයි හිටියේ. ධර්මයෙන් විතරයි බැඳුණේ. ආමිසයෙන් බැඳුණේ නෑ. ධර්මයෙන් බැඳිලා හිටියේ. වෙන දේකින් බැඳිලා හිටියේ නෑ. ඒ කාරණය බුදුරජාණන් වහන්සේගේ ජීවිතය පුරාම තියෙනවා. කිසිම වෙලාවක මේ භික්ෂූන් වහන්සේලා තමන්ගේ ශ්‍රාවකයෝ නේද? කියලා ඒකටවත් බැඳිලා හිටියේ නෑ. බලන්න බුදුරජාණන් වහන්සේගේ අත්හැරීම. උන්වහන්සේගේ ජීවිතය පුරාම තිබුණේ කොපමණ ශ්‍රේෂ්ඨ අත්හැරීමක්ද?

බැඳීමකට කිසිම ඉඩක් නෑ...

සාරිපුත්ත මහරහතන් වහන්සේ පිරිනිවන් පෑවා. පිරිනිවන් පාපු වෙලාවේ එක ස්වාමීන් වහන්සේ නමක් සැරියුත් මහරහතන් වහන්සේගේ සිවුරයි පාත්තරයයි අරගෙන ආවා. ඇවිල්ලා බුදුරජාණන් වහන්සේට ප්‍රකාශ කර සිටියා "භාග්‍යවත් බුදුරජාණන් වහන්ස, මේ තියෙන්නේ සැරියුත් මහරහතන් වහන්සේගේ පාත්තරය. මේ තියෙන්නේ සාරිපුත්ත මහරහතන් වහන්සේගේ සිවුරු.

උන්වහන්සේ පිරිනිවන් පෑවා. අපි ආදාහන කටයුතු කළා" කියලා.

ඒ වෙලාවේ ආනන්ද ස්වාමීන් වහන්සේ කිව්වා "අනේ භාග්‍යවත් බුදුරජාණන් වහන්ස, මගේ පපුව හිර වෙලා ගියා" කියලා. "ඒ මොකද, ඔබේ සීල, සමාධි, ප්‍රඥාත් අරගෙනද සාරිපුත්ත පිරිනිවන් පෑවේ? පිරිනිවන්පාන වෙලාවේ ඔබේ මොකුත් අරගෙන ගියාද?" කියලා ඇහුවා.

තේරුම් ගන්න, මේ වෙනස් වෙන ලෝකයක්...

අන්න බලන්න ඒකෙන් බුදුරජාණන් වහන්සේ දෙන්න හදන පණිවිඩේ මොකක්ද? ඒ නිසා තේරුම් ගන්න මේක වෙනස් වන ලෝකයක්. මේ වෙනස් වෙන ලෝකයක් කියලා තේරුම් ගන්න. ඒකයි ඒකෙන් කියන්නේ. වෙනස් වෙන ලෝකයක් කියලා තේරුම් ගත්තේ නැත්නම් හැම තිස්සේම සට්ටන. හැම තිස්සේම ප්‍රශ්න. වෙනස් වෙන ලෝකේ හඳුන ගත්තහම ඕන දේකට මුහුණදෙන්න පුළුවන්.

ආනන්ද ස්වාමීන් වහන්සේ ඒ වෙනකොට සෝතාපන්න වෙලා හිටපු කෙනෙක්. ආනන්ද ස්වාමීන් වහන්සේ ඒ වෙලාවේ බැලුවේ ධර්මය පැත්ත. ආනන්ද ස්වාමීන් වහන්සේ කිව්වා "භාග්‍යවත් බුදුරජාණන් වහන්ස, මම එහෙම නෙවෙයි කල්පනා කළේ. මේ සාරිපුත්ත මහරහතන් වහන්සේ වැඩසිටියා නම් බොහෝ කාලයක් මේ ලෝකෙට හිතසුව පිණිස පවතිනවා නේද කියලා හිතලයි මම එහෙම කිව්වේ."

නමුත් බුදුරජාණන් වහන්සේ එබඳු කාරණයකටවත් බුරුලක් නොදැක්කුවේ මනුස්සයන්ට මේ අත්හැරීම ගැන

පෙන්නන්නයි. මොකද මනුස්සයෝ ලෑස්ති අත්හරින්න නෙවෙයි. අල්ලාගන්නයි. අත්හැරීමක් පෙන්නන්නයි බුදුරජාණන් වහන්සේ ඒක ප්‍රකාශ කරලා තියෙන්නේ.

ධර්මය පරිපූර්ණයෙන්ම තියෙන්නේ අත්හැරීම මත...

මේ ධර්මය පුරාම උගන්නන්නේ අත්හරින්න. අපිටත් කවදාහරි මේ ජීවිතය අත්හරින්න වෙනවනේ. ඒ නිසා මේ ජීවිතය වගේම අනිත් සියලු දේවලුත් අත්හැරලා දාන්න අපි දක්ෂ වෙන්න ඕන. එදාට අපි නිදහස් වෙනවා. ඉතින් ඒ කාරණය අවබෝධ කිරීම සඳහා තමයි අපි මේ සමථය කරන්නෙත්, විදර්ශනා කරන්නෙත්. ඒකට හිත හදාගන්නයි මේ සියලු දේ කරන්නේ.

දැන් අපි 'මේ ඇස අනිත්‍යයි. කණ අනිත්‍යයි. මම නෙවෙයි. මගේ නෙවෙයි' කිය කියා මේ වචන වලින් පුරුදු කරනවානේ. මේ සියල්ල කරන්නේ අත්හැරීම පුරුදු කරගන්න. ඒකයි අපි එහෙම කියන්නේ. එහෙම කිය කියා අත්හරින්න වුවමනා කරන විදිහට සකස් කරගන්නයි මේ හදන්නේ. ඇයි අල්ලගෙනනේ දුක විඳින්නේ. ඡන්දරාගය නිසයි දුක විඳින්නේ. ඡන්දරාගය දුරු කරන්න වුවමනා කරන දැනුම ලබාගන්න තමයි අපි මේ ඔක්කොම කරන්නේ.

ධර්මය දුර්ලභ වීමේ හේතුව...

දැන් අපි 'ඇස අනිත්‍යයි' කියනවා. 'කණ අනිත්‍යයි. ශබ්දය අනිත්‍යයි' කියනවා. 'හිත අනිත්‍යයි. ස්පර්ශ අනිත්‍යයි. විඳීම අනිත්‍යයි' කිය කියා මේ කියන්නේ අත්හැරීම ගැනනේ. එහෙම 'අනිත්‍යයි අනිත්‍යයි' කිය කිය අපි අල්ලා ගත්තොත් වැඩක් වෙන්නේ නෑ. තනිකරම අපි

මේ කතා කරන්නේ අත්හැරීමක්. ඒ නිසයි මේ ලෝකේ මේ ධර්මය දුර්ලභ වෙන්නේ. මේ ලෝකේ වෙන කිසිම තැනක මේක මේ විදිහට උගන්වන්නේ නෑ. බුදුරජාණන් වහන්සේගේ ධර්මයේ පමණයි අත්හැරීම ගැන මේ විදිහට කතා කරන්නේ.

ඒ නිසා මේ දුර්ලභ වූ ධර්මය අවබෝධ කරගෙන, මේ සියලුම දුක අත්හැරීම පිණිස, ඡන්දරාගය දුරු කරගන්න අපි සියලු දෙනාටම වාසනාව ලැබේවා!

සාදු! සාදු!! සාදු!!!

❀ ❀ ❀

නමෝ තස්ස භගවතෝ අරහතෝ සම්මාසම්බුද්ධස්ස
ඒ භාග්‍යවත් අරහත් සම්මා සම්බුදුරජාණන් වහන්සේට නමස්කාර වේවා!

04. පෝතලිය සූත්‍රය

(මජ්ඣිම නිකාය 2 - ගහපති වර්ගය)

ශ්‍රද්ධාවන්ත පින්වතුනි,

අද අපි ඉගෙන ගන්නේ මජ්ඣිම නිකායට අයත් දේශනයක්. මේ දේශනාවේ නම පෝතලිය සූත්‍රය. (පෝතලිය කියන්නේ මනුස්සයෙකුගේ නමක්) ඒ දවස්වල බුදුරජාණන් වහන්සේ වැඩසිටියේ අංගුත්තරාප කියන ජනපදයේ ආපණ කියන නියම් ගමේ.

එදා බුදුරජාණන් වහන්සේ ආපණ කියන ගමේ පිඩුසිඟා වැඩම කරලා දිවා කාලයේ වනාන්තරය ඇතුළේ රුක් සෙවණක විවේකයෙන් වාඩිවෙලා හිටියා. ඒ කාලේ වනාන්තර ඇතුළේ මිනිස්සු ඇවිදගෙන යන සාමාන්‍ය මං මාවත් තිබුණා. එදා මේ පෝතලිය කියන මනුස්සයා හොඳ ලස්සනට ඇඳලා, කුඩයක් ඉහලගෙන, හොඳ සෙරෙප්පු දෙකකුත් දාගෙන, මේ වනාන්තරය ඇතුළේ ඇවිදගෙන ගියා. එහෙම යනකොට මෙයා දැක්කා බුදුරජාණන්

වහන්සේ ඒ වනාන්තරයේ රුක් සෙවණක වැඩඉන්නවා. ඉතින් මෙයා එතැනට ගිහිල්ලා බුදුරජාණන් වහන්සේ සමඟ කතාබස් කළා.

ගිහිගෙය අත්හළ ගිහියෙක්...

ඒ වෙලාවේ බුදුරජාණන් වහන්සේ ඔහුට කියා සිටියා "පින්වත් ගෘහපතිය, මේ ආසන තියෙන්නේ වාඩිවෙන්න" කියලා. එතකොටම මෙයාගේ හිත නරක් වුණා. මෙයා හිතාගෙන හිටියේ මෙයා ගෘහපතියෙක් නොවේ කියලයි. ගෘහපතියා කියලා කියන්නේ ගිහි ගෙදර වාසය කරන සාමාන්‍ය කෙනෙකුටනේ. මෙයා තමන් ගැන හිතාගෙන ඉන්නේ ගිහි ජීවිතේ අත්හැරපු කෙනෙක් කියලයි. ඉතින් මෙයාගේ හිතේ අමනාපයක් හටගත්තා. ඒ නිසා බුදුරජාණන් වහන්සේ වදාළ කරුණ ගණන් ගත්තේ නෑ.

දෙවෙනි වතාවටත් බුදුරජාණන් වහන්සේ පෝතලියට කියනවා "ගෘහපතිය, මේ ආසන තියෙන්නේ වාඩිවෙන්න." දෙවෙනි වතාවෙත් ගෘහපතිය කියලා කියපු නිසා මෙයාගේ හිත නරක් වුණා. ඒ නිසා වාඩිවුණේ නෑ. ඊට පස්සේ බුදුරජාණන් වහන්සේ තුන්වන වතාවෙත් ඔහුට ප්‍රකාශ කළා. "ගෘහපතිය, මේ ආසන තියෙන්නේ වාඩිවෙන්න" කියලා. (බුදුරජාණන් වහන්සේ මොහු කිපුන බව දැක්කා. නමුත් ඒ බුදුරජාණන් වහන්සේලා මේ ලෝක සත්වයන්ව දමනය කරන පිළිවෙලක්) තුන්වන වතාවෙත් ඒ විදිහට කිව්වහම පෝතලිය ගෘහපතියා පිළිතුරු දෙනවා.

"ශ්‍රමණ ගෞතමයන් වහන්සේ මා අමතන්නේ ගෘහපති වාදයෙන්. මේක ගැලපෙන්නේ නෑ. මට ගෘහපතියෙක් කියලා ආමන්ත්‍රණය කිරීම සුදුසු නෑ."

එතකොට බුදුරජාණන් වහන්සේ දේශනා කරනවා "ගෘහපතිය, ඔබේ ඇඳුම් පැළඳුම්, ඔබේ හැසිරීම්, ඔබ මේ ඉන්න විදිහ මේ ඔක්කෝම තුළ තියෙන්නේ ගෘහ ජීවිතය ගතකරන කෙනෙකුගේ ලක්ෂණනේ." එතකොට මෙයා කියනවා. "ඒ වුණාට භවත් ගෞතමයන් වහන්ස, මම සියලුම ගිහිවැඩ කටයුතු අත්හැරපු කෙනෙක්. සියලු ව්‍යවහාර (සියලු ව්‍යවහාර කියන්නේ ගෙදර දොරේ පාවිච්චි කරන සියලු දේවල්) (සමුච්ඡේදනය) මුළුමනින්ම නැති කරපු කෙනෙක්."

ආර්ය විනයේ සමුච්ඡේදනය වෙනත් එකක්...

එතකොට බුදුරජාණන් වහන්සේ අහනවා "ගෘහපතිය, ඔබ කොහොමද මේ සියලු කර්මාන්ත අත්හැරියේ? ඔබ කොහොමද සියලුම ව්‍යවහාර සමුච්ඡේදනය කළේ?" එතකොට මෙයා කියනවා "භවත් ගෞතමයන් වහන්ස, මට සල්ලි, ධාන්‍ය, රන් රිදී, මුතු මැණික් බොහෝ තිබුණා. මම ඒ ඔක්කොම දරුවන්ට දුන්නා. මේ සියලු දේවල් දරුවන්ට දීලා මම කාගේවත් ඇදක් කුදක් හොයන්න යන්නේ නෑ. ළමයි දුන්නු දෙයක් කාලා ඉන්නවා. මං මේ විදිහටයි සියලුම වැඩකටයුතු අත්හැරියේ." එතකොට බුදුරජාණන් වහන්සේ පිළිතුරු දෙනවා "ගෘහපතිය, ඔබේ මේ ව්‍යවහාර සමුච්ඡේදය (ගෙවල් දොරවල්වල කටයුතු වලින් වෙන්වීයාම) වෙන විදිහක්. ආර්ය විනයෙහි කියන ගෘහ ජීවිතයෙන් වෙන්වීයාම තවත් විදිහක්." එතකොට මේ පෝතලිය අහනවා "ස්වාමීනි, ආර්ය විනයෙහි කොයි විදිහටද මේ වෙන්වී යාම ගැන කියන්නේ? භාග්‍යවතුන් වහන්ස, මට ඒ ගැන ධර්මය දේශනා කරන සේක්වා. මං ඒ ධර්මය අසා දරාගන්නම්."

එතකොට බුදුරජාණන් වහන්සේ දේශනා කරනවා "ගෘහපතිය, ආර්ය විනයෙහි (ආර්ය විනයෙහි කියන්නේ බුද්ධ ශාසනයෙහි) ව්‍යවහාර සමුච්ඡේදය, ඒ කියන්නේ සාමාන්‍ය එදිනෙදා ජීවිතේ තියෙන කටයුතු සම්පූර්ණයෙන්ම අත්හැරීම කරුණු අටකින් සිද්ධ වෙනවා." ඒ තමයි,

01. අපාණාතිපාතං නිස්සාය පාණාතිපාතෝ පහාතබ්බෝ

ප්‍රාණඝාතයෙන් වැළකීම නිශ්‍රය කරගෙන ප්‍රාණඝාතය ප්‍රහාණය කළ යුතුයි. එතකොට ප්‍රාණඝාතය ප්‍රහාණය කළ යුත්තේ ප්‍රාණඝාතය නොකිරීම නම් වූ කුසලය ඇසුරු කරගෙනයි. ප්‍රාණඝාතය ප්‍රහාණය කළ යුත්තේ ප්‍රාණඝාතයෙන් වෙන්වීම නම් වූ කුසලයේ පිහිටලයි.

02. දින්නාදානං නිස්සාය අදින්නාදානං පහාතබ්බං

දුන්නු දෙය පමණක් පිළිගැනීම නිශ්‍රය කරගෙන නොදුන් දේ ගැනීම ප්‍රහාණය කළ යුතුයි. ඒ කියන්නේ දුන්නු දෙය පමණක් ගැනීමේ පිහිටලා සොරකම ප්‍රහාණය කළ යුතුයි. ඒ විදිහට දුන්නු දෙය පමණක් ගන්නවා නම් එයාගේ අතින් සොරකමක් වෙන්නේ නෑ. එහෙනම් දුන්නු දෙය පමණක් පිළිගැනීම ඇසුරු කරගෙන සොරකම ප්‍රහාණය කළ යුතුයි.

03. සච්චං වාචං නිස්සාය මුසාවාදෝ පහාතබ්බෝ

සත්‍ය වචනය නිශ්‍රය කරගෙන බොරු වචනය ප්‍රහාණය කළ යුතුයි. මුසාව ප්‍රහාණය කළ යුතුයි. එතකොට මුසාව ප්‍රහාණය කළ යුත්තේ සත්‍ය වචනය නිශ්‍රය කර ගෙනයි.

04. අපිසුනං වාචං නිස්සාය පිසුනා වාචා පහාතබ්බා

කේලමක් නොවන වචන ආශ්‍රය කරගෙනයි කේලාම් කීම ප්‍රහාණය කළ යුත්තේ. බලන්න කොච්චර බුද්ධිමත්ව මේක හිතන්න ඕනෙද? සත්‍ය වචනය ඇසුරු කරන කෙනා බොරු වචන ප්‍රහාණය කරනවා. කේලමක් නොවන වචන නිශ්‍රය කරගෙන කේලාම් වචන ප්‍රහාණය කළ යුතුයි.

05. අගිද්ධි ලෝභං නිස්සාය ගිද්ධිලෝභෝ පහාතබ්බෝ

අගිද්ධිලෝභං කිව්වේ ලෝභ නැතිකම. ලෝභ නැතිකම ආශ්‍රය කරගෙන ලෝභකම ප්‍රහාණය කළ යුතුයි.

06. අනින්දා රෝසං නිස්සාය නින්දාරෝසෝ පහාතබ්බෝ

ඊළඟට නින්දා අපහාස නොවෙන වචන පාවිච්චි කිරීමෙන් නින්දා අපහාස කිරීම ප්‍රහාණය කළ යුතුයි.

07. අකෝධූපායාසං නිස්සාය කෝධූපායාසෝ පහාතබ්බෝ

ක්‍රෝධ උපායාස නොකිරීම ඇසුරු කරගෙන (ඒ කියන්නේ ක්‍රෝධ කිරීම, වෛර කිරීම, තරහින් සිටීම මේවා නැතුව ඉඳලා) ක්‍රෝධ නොකිරීමේ පිහිටලා ක්‍රෝධ කිරීම ප්‍රහාණය කරන්න ඕනේ.

08. අනතිමානං නිස්සාය අතිමානෝ පහාතබ්බෝ

නිහතමානීබව තුළ පිහිටලා මාන්නය ප්‍රහාණය කළ යුතුයි. එතකොට බලන්න,

1 ප්‍රාණඝාතය නොකිරීම.
2 දුන් දෙය පමණක් ගැනීම.
3 සත්‍යය වචනය.

4 කේලමක් නොවන වචනය.
5 ලෝභ නැතිකම.
6 නින්දා අපහාස නොකිරීම.
7 ක්‍රෝධ වෛර නොකිරීම.
8 නිහතමානීකම.

ව්‍යවහාර සමුච්ඡේදනයට උපකාරක ධර්ම

මේවා තමයි ආර්ය විනයෙහි ව්‍යවහාර සමුච්ඡේදනයට තියෙන උපකාරක ධර්ම. මේ විදිහට කිව්වාට පෝතලියට මේ කාරණා තේරුණේ නෑ. පෝතලිය කියනවා "ස්වාමිනී භාග්‍යවතුන් වහන්ස, ඔබවහන්සේ සංක්ෂේපයෙන් විස්තර කරපු මේ කාරණා මා කෙරෙහි අනුකම්පාව උපදවා විස්තර වශයෙන් කියාදෙන සේක්වා!" බුදුරජාණන් වහන්සේ "හොඳයි ගෘහපතිය, එහෙනම් හොඳට අහගන්න. මං මේක විස්තර වශයෙන් කියා දෙන්නම්" කියලා ධර්මය දේශනා කළා. උන්වහන්සේ පෙන්වා දුන්නා "ප්‍රාණඝාතය නොකිරීම ඇසුරු කරගෙන ප්‍රාණඝාතය ප්‍රහාණය කළ යුතුයි කියලා කියන්නේ කුමක්ද" කියලා.

"**(ඉධ ගහපති අරියසාවකෝ ඉති පටිසඤ්චික්ඛති)** ගෘහපතිය, මෙහිලා ආර්ය ශ්‍රාවකයා මේ විදිහට නුවණින් කල්පනා කරනවා. (ආර්ය ශ්‍රාවකයා කිව්වේ, ගෞතම බුදුරජාණන් වහන්සේව සරණ ගියපු කෙනා) යම්කිසි ක්ලේශයක්, සංයෝජනයක් හේතු කරගෙන තමයි ප්‍රාණඝාතය කළොත් කරන්න වෙන්නේ. මං ඒ කෙලෙස් ප්‍රහාණය පිණිස පිළිපන් කෙනෙක්. ප්‍රාණඝාතය කරන්න යම්කිසි ක්ලේශයක් හේතුවෙනවා නම් ඒ කෙලෙස් දුරු කරන්න පිළිපන් කෙනෙක්. ප්‍රාණඝාතය කරන්න උපකාරී වන ක්ලේශය තමයි ලෝභය. එහෙම නැත්නම් ද්වේෂය.

එහෙම නැත්නම් මෝහය. මම මේවා ප්‍රහාණය කරන්න පිළිපන් කෙනෙක්. මම ප්‍රාණඝාත කරන කෙනෙක් වුණොත් (අත්තාපි මං උපවදෙය්‍ය) මාගේ හදවත මට චෝදනා කරනවා. ඒ වගේම ප්‍රාණඝාතය හේතුවෙන් නුවණැති සත්පුරුෂයන්ගේ ගැරහුමටත් මා ලක්වෙනවා. මේ ප්‍රාණඝාතය කය බිඳී මරණින් මතු දුගතියේ උපදින්නත් හේතු වෙනවා." මේ විදිහට කල්පනා කරන්නේ ආර්ය ශ්‍රාවකයා විතරයි. අනිත් අය මෙහෙම හිතන්නේ නෑ. අනිත් අයට මෙහෙම හිතන්න හැකියාවකුත් නෑ.

දුස්සීල වුණොත් විපාක තුනක්...

එතකොට ආර්ය ශ්‍රාවකයා කරුණු තුනක් පිළිබඳව නුවණින් කල්පනා කරනවා. ඒ තමයි,

- ★ තමන්ගේ හෘද සාක්ෂිය තමන්ට චෝදනා කරනවා.
- ★ නුවණැති සත්පුරුෂයින්ගෙන් ගැරහුමට ලක්වෙනවා.
- ★ මරණින් මත්තේ දුගතියේ උපදින්න හේතු වෙනවා.

එයා තවදුරටත් නුවණින් විමසනවා. "මේ නිසා ප්‍රාණඝාතයට උදව් දෙන යම් ක්ලේශයක් ඇද්ද, මේ ක්ලේශය තමයි නීවරණය. මේ නිසා තමයි මගේ ජීවිතේ ආධ්‍යාත්ම දියුණුව වළක්වලා තියෙන්නේ. මේ ප්‍රාණඝාතය හේතු කරගෙන තමයි ඒ නීවරණ බලවත් වෙන්නේ. ඒ නිසා ප්‍රාණඝාතයෙන් වෙන්වී වාසය කරන විට ප්‍රාණඝාතයට උපකාරී වන කෙලෙස් ඇවිස්සිලා ඇතිවෙන පීඩාව නැතිවෙලා යනවා." මෙන්න මේ කාරණය දැනගෙන තමයි ඒ කෙනා සතුන් මැරීමෙන් වැළකී සිටීම නම් ගුණය මත පිහිටා සතුන් මැරීමෙන් වළකින්නේ. සතුන් මැරීම ප්‍රහාණය කරන්නේ.

ධර්ම මාර්ගයට ප්‍රධානතම බාධාවක්....

ඊළඟට බුදුරජාණන් වහන්සේ පෝතලියට දේශනා කරනවා "දුන් දේ පමණක් පිළිගැනීම නිශ්‍රය කරගෙන සොරකම ප්‍රහාණය කළ යුතුයි" කියලා. ආර්ය ශ්‍රාවකයා ඒ ගැන නුවණින් කල්පනා කරන්නේ මෙහෙමයි. "නොදුන්නු දේවල් ගන්නේ සිතේ බලපවත්වන කෙලෙස් ස්වභාවයක් නිසයි. ඒකට හේතු වෙන්නේ එක්කෝ ලෝභය. එහෙම නැත්නම් ද්වේෂය. එහෙම නැත්නම් මෝහය.

ආර්ය ශ්‍රාවකයා ඒ ගැන මේ විදිහට කල්පනා කරනවා. "යම් ක්ලේශයක් නිසා සොරකම සිදුවේද, ඒ කෙලෙසුන් ප්‍රහාණය කිරීමටයි මං මේ පිළිවෙතෙහි යෙදෙන්නේ. එයා කල්පනා කරනවා, 'මම සොරකම් කළොත්, මම නොදුන්නා වූ දෙයක් ගත්තොත් පළමුව මට චෝදනා කරන්නේ මගේම හෘද සාක්ෂියයි. ඊළඟට චෝදනා ලැබෙන්නේ නුවණැති සත්පුරුෂයින්ගෙන්. ඊළඟට ඒ හේතුවෙන් මට කය බිඳී මරණින් මතු දුගතියේ උපදින්න සිද්ධ වෙනවා. ඒ නිසා මේ සොරකම කියලා කියන්නේ ක්ලේශයක්." දැන් බලන්න තෙරුවන් සරණ ගිය ශ්‍රාවකයෙක් කල්පනා කළ යුතු පිළිවෙල. එතකොට මේ කෙනා සොරකම දැක්කේ ක්ලේශයක් විදිහටයි. "මේ ක්ලේශය තමයි ධර්ම මාර්ගයට ඇති ප්‍රධාන බාධාව. ඒ නිසා මේ සොරකම හේතු කරගෙන කෙලෙස් හටගන්න පටන් ගත්තොත් මාව විශාල කරදරයකට භාජනය වෙනවා. ඒ නිසා මං මේකෙන් වැළකුණොත් ඒ කරදර කිසිවක් නෑ." මෙන්න මෙහෙම හිතලා තමයි ආර්ය ශ්‍රාවකයා දුන්න දේ විතරක් ගන්නේ.

දැන් බලන්න, අද අපේ රටේ මොනතරම් උදේ

හවස පන්සිල් ගන්නවාද? නමුත් අර්බුද වලින්, ප්‍රශ්න වලින් කිසි අඩුවක් නෑ. ඒකට හේතුව තමයි අපට බුදුරජාණන් වහන්සේගේ ධර්මය මේ විදිහට සවිස්තරව අහන්න නොලැබීම.

සත්‍ය වචනයේ පිහිටා බොරුව අත්හරින්න...

ඊළඟට බුදුරජාණන් වහන්සේ පෝතලියට දේශනා කරනවා (සච්චං වාචං නිස්සාය මුසාවාදෝ පහාතබ්බෝ) "සත්‍යය වචනය ඇසුරු කරගෙනයි බොරුකීම ප්‍රහාණය කළ යුත්තේ." ආර්ය ශ්‍රාවකයා සත්‍ය වචනය ඇසුරු කරගෙන බොරුව ප්‍රහාණය කරන්නේ මෙහෙමයි. එයා නුවණින් කල්පනා කරනවා "බොරු කියන්න හේතු වෙන්නේ ක්ලේශයක්. බොරු කියන්න හේතු වෙන්නේ එක්කෝ ලෝභයක්. එහෙම නැත්නම් ද්වේෂයක්. එහෙම නැත්නම් මෝහයක්."

ලෝභ, ද්වේෂ, මෝහ බලපවත්වන කෙනා ධර්මය අහලා තෙරුවන් සරණ ගියේ නැත්නම් එයා ඉක්මනට අගතියට වැටෙනවා. එක්කෝ ඡන්දයෙන් අගතියට යනවා. එහෙම නැත්නම් ද්වේෂයෙන් අගතියට යනවා. එහෙම නැත්නම් භයෙන් අගතියට යනවා. එහෙම නැත්නම් මෝහයෙන් අගතියට යනවා. ඡන්ද, ද්වේෂ, භය මෝහ කියන මේ සතරින් අගතියට ගිහිල්ලා තමයි කෙනෙකුට මේ දේවල් කරන්න තියෙන්නේ."

කෙලෙස් ප්‍රහාණයට පිළිපන් මට මේවා ගැලපෙන්නේ නෑ...

එතකොට මෙයා කල්පනා කරනවා "මේ කෙලෙස් වලින් බොරු කියන්න හේතුවෙන යම්කිසි ක්ලේශයක්

ඇද්ද, බොරුව උපදින යම් ක්ලේශයක් ඇද්ද, මං මේ කෙලෙස් ප්‍රහාණය කිරීම පිණිස පිළිපන්න කෙනෙක්." එහෙනම් අපට පේනවා ආර්ය ශ්‍රාවකයා නසන්නේ ඵලය නෙමෙයි, හේතුවයි. හේතුව නොනසනකම්ම ඵලය හටගන්න තියෙන අවදානම තියෙනවා. එයා හේතුව නසන්න පුරුදු වුණොත්, ඵලය නිකම්ම නැසී යනවා.

ආර්ය ශ්‍රවකයා කල්පනා කරනවා "මම බොරු කිව්වොත් පළමුවෙන්ම චෝදනා කරන්නේ මගේ හෘද සාක්ෂියයි. ඊළඟට සත්පුරුෂ නුවණැත්තන්ගේ ගැරහුමට මා ලක්වෙනවා. ඒ වගේම බොරුකීම හේතුවෙන් මට මරණින් මත්තේ දුගතියේ උපදින්න සිද්ධ වෙනවා. මේ නිසා බොරුව කියලා කියන්නේ ක්ලේශයක්මයි." බොරුව නිසා තමන්ගේ හෘද සාක්ෂිය තමන්ට චෝදනා කරනවා. ඒක තමන්ට පීඩාවක්. ඊළඟට නුවණැති සත්පුරුෂයන් තමන්ට ගරහනවා. ඒකත් තමන්ට පීඩාවක්. ඊළඟට මරණින් මත්තේ දුගතියේ යන්න හේතුවෙනවා.

බොරුවෙන් වැළකුණොත් බොහෝ ප්‍රශ්න ඉවරයි...

බුදුරජාණන් වහන්සේගේ ධර්මය පිළිගන්න කෙනා කර්ම කර්මඵල විශ්වාස කරනවා. "මේ දේවල් කළොත් මරණින් මත්තේ දුගතියේ යන්න හේතුවෙනවා" කියලා එයා පිළිගන්නවා. මේවා පිළිගන්න කොට තමන්ට ඇතිවෙන්නේ සතුටක්. එතකොට එයාට බොරු කියන්න බෑ. ඇයි, එයා මේ කරුණු තුන නිතර නිතර මෙනෙහි කරනවා. මේවා මෙනෙහි කරන නිසා එයාට බොරු කියන්න බෑ. එයා හිතනවා "බොරුකීම කියලා කියන්නේ මගේ නිවන් මඟට ඇති ප්‍රධානතම බාධාවක්. බොරුකීම කළොත් තමයි මේ අර්බුදය උපදින්නේ. බොරු කීමෙන්

වැළකුණොත් මට මේ ප්‍රශ්න නෑ."

තමාගේ හෘද සාක්ෂිය තමාට චෝදනා කිරීම තමන්ට තියෙන ප්‍රශ්නයක්. නුවණැති සත්පුරුෂයන්ගේ ගැරහීමට ලක්වීම තවත් ප්‍රශ්නයක්. ඒ වගේම මරණින් මතු දුගතියේ ඉපදීමට සිදුවීමත් ප්‍රශ්නයක්. බොරුකීමෙන් වැළකුණු ගමන් මේ ප්‍රශ්න තුනෙන්ම වළකිනවා. මෙහෙම සළකලා සත්‍යය වචනයේ පිහිටා බොරුකීම ප්‍රහාණය කළ යුතුයි. ඔන්න බලන්න ආර්ය ශ්‍රාවකයා බොරුකීම ප්‍රහාණය කරන විදිහ.

තමා වෙනුවෙන්මයි මේ හැමදෙයක්ම....

ඊළඟට බුදුරජාණන් වහන්සේ වදාළා (**අපිසුනං වාචං නිස්සාය පිසුනා වාචා පහාතබ්බා**) "කේලාම් නොවන වචන ඇසුරු කරගෙන, කේලාම් වචන ප්‍රහාණය කළ යුතුයි." මොකද සමහර වචන තියෙනවා ඒ වචන කටින් පිටකළොත් ඒක අයිති වෙන්නේ කේලමකට. සමහර වචන තියෙනවා ඒවා පිටකළොත් කේලමකට අයිති වෙන්නේ නෑ.

එතකොට ආර්ය ශ්‍රාවකයා මේ විදිහට නුවණින් කල්පනා කරනවා "මම මේ වචනය කිව්වොත් මේක කේලමක් වෙනවා." මේ දේශනාවෙන් අපට හොඳ පණිවිඩයක් ලබා දෙනවා. ඒ තමයි "යමෙක් තෙරුවන් සරණ යා යුත්තේ තමා වෙනුවෙන්ය" යන වග. තෙරුවන් සරණ යන්න ඕනෙත් තමා වෙනුවෙන්. ඒ වගේම ධර්මයේ හැසිරෙන්න ඕනෙත් තමා වෙනුවෙන්. ඒක මේ දේශනා වලින් හොඳට පේනවා. ආර්ය ශ්‍රාවකයා කියන්නේ බුදුරජාණන් වහන්සේ සරණ ගිය, ධර්මය සරණ ගිය,

ශ්‍රාවක සංඝයා සරණ ගිය කෙනානේ. එයා කල්පනා කරනවා "මම කේලාම් නොවන වචන පාවිච්චි කරමින් කේලාම් වචන ප්‍රහාණය කළ යුතුයි' කියලා.

කල්පනා කරන විදිහ හරි ලස්සනයි...

ඊළඟට මෙයා හිතනවා. "**(යේසං ඛෝ අහං සංයෝජනානං හේතු පිසුනාවාචෝ අස්සං, තේසාහං සංයෝජනානං පහානාය සමුච්ඡේදාය පටිපන්නෝ)** යම් කෙලෙසුන් හේතු කරගෙන කේලාම් කීමක් ඇතිවෙනවා නම් ඒ කෙලෙස් නැසීමටයි මං මේ පිළිවෙතෙහි බැසගත්තේ." අපි තමා පිළිබඳව ඒ වගකීම ගන්න ඕනේ. එතකොට තමයි තමාව පිළිසරණ කරගෙන වාසය කරනවා කියන්නේ. තමාව පිළිසරණ කරගෙන වාසය කරන කෙනාගේ ජීවිතය ගැන තමයි මේ කියන්නේ. මේ කෙනා මේ තමාව පිළිසරණ කරගන්න භාවිතා කරන්නේ ධර්මයයි.

ඊට පස්සේ එයා හිතනවා "මම කේලම් කියන කෙනෙක් වුණොත් පළමුවෙන්ම මාගේ හෘද සාක්ෂියයි මට චෝදනා කරන්නේ. 'උඹ මේ කියපු දේ නිසා තමයි මේ පවුල කඩාකප්පල් වුණේ. මේ අවුල් හටගත්තේ" කියලා. ඔය විදිහට තමන්ගේ හිත තමන්ට චෝදනා කරනවා. සාමාන්‍ය සිහියක් නුවණක් තියෙන කෙනෙකුට ඒක වළක්වන්න බෑ. එතකොට ආර්ය ශ්‍රාවකයාට නුවණැති සත්පුරුෂයන් කෙරෙහි ගෞරවයක් තියෙනවා. අසත්පුරුෂයාට තමයි නුවණැති සත්පුරුෂයින් කෙරෙහි ගෞරවයක් නැත්තේ. එතකොට සත්පුරුෂයාට නුවණැති සත්පුරුෂයෙක් චෝදනා කළොත්, ගැරහුවොත් ලොකු වේදනාවක් එනවා. "කේලාම් කියන්න ගිහිල්ලනේ මං

මේ නුවණැති සත්පුරුෂයන්ගෙන් චෝදනා ගැරහුම් ලබන්නේ." ඔන්න එයා ඒකේ හේතුව දකිනවා.

සත්පුරුෂ අසත්පුරුෂ ආකල්ප..

අසත්පුරුෂයා හේතුව දකින්නේ නෑ. අසත්පුරුෂයා "මට බැන්නා" කියාගෙන යනවා. "අහවලා මට බැන්නා. අහවලා මට ගැහුවා" කියාගෙන යනවා මිසක් ඒකේ හේතුව හොයන්න දන්නේ නෑ. හේතුව හොයන්නේ සත්පුරුෂයා, ආර්ය ශ්‍රාවකයා. ආර්ය ශ්‍රාවකයා හිතනවා "නුවණැති සත්පුරුෂයින් දැන් මට චෝදනා කරනවා. මට ගරහනවා. මේක මා ලැබුවේ මගේ කටින් පිටවෙච්ච කේලමක් නිසයි" එතකොට එයාට ඒ කියපු වචනය පිළිබඳව සතුටක් ඇතිවෙන්නේ නෑ. ඒක එයාට කණගාටුවට කාරණයක්. ඊට පස්සේ එයාට මතක් වෙනවා "කේලාම් කීම හේතුවෙන් මරණින් මත්තේ මට උරුම වන්නේ දුගතියයි" කියලා. මේ සියල්ලම ඇතිවන්නේ කේලාම් කීම නැමති ක්ලේශය නිසා. මේ කේලාම් කීම නැමැති ක්ලේශය අපේ නිවන් මඟට ඇති ප්‍රධාන බාධාවක්.

එතකොට එයා තමන් තුළ කේලාම් කීම නමැති ක්ලේශයක් තියෙන බව දකිනවා. ඒ විදිහට කේලාම් කීම නමැති ක්ලේශය දැකලා කල්පනා කරනවා "මම මේ කේලාම් කීම නමැති ක්ලේශය පැවැත්තුවොත් කේලම නිසා හටගන්නා සියලුම දුක් කරදර වලට භාජනය වෙනවා. හැබැයි මං මේ කේලාම් කීම නමැති ක්ලේශය පවත්වන්නේ නැත්නම් මේ දුක් කරදර ඇතිවෙන්නේ නෑ." මෙන්න මෙහෙම කල්පනා කරලා, කේලාම් නොවන වචන ඇසුරු කරගෙන කේලාම් වචන ප්‍රහාණය කළ යුතුයි.

ආර්ය ශ්‍රාවකත්වයට නොපැමිණීමේ අනතුර...

මේ දේශනා බලද්දී අපට තේරෙනවා බුදුරජාණන් වහන්සේගේ ශ්‍රාවකයන් ඉබේ සංවර වෙලා නෑ. ඉබේ සංවර වීමක් නෙමෙයි මෙතැන තියෙන්නේ. ඔවුන් සංවර වෙලා තියෙන්නේ නුවණින් විමස විමසා බැලීම තුළින්මයි. කේලාම් කීමෙන් වැළකීමේ සිල්පදය සමාදන් වූ පමණින් අපි හිතනවා 'හා දැන් හරි.. දැන් අපි සිල්වත්' කියලා. ඒකනේ උදේ හවස සිල් ගන්නවා. ඒ සිල්ගත්තට ඵලක් වෙලා නැත්තේ මේ සීලය කුමක් පිණිසද කියන කාරණය දන්නේ නැතිවීම නිසයි. ඒ වගේම ඒ සීලය තුළින් උපදවාදෙන යහපත මොන විදිහේ එකක්ද කියලා දන්නේ නැති නිසයි. ඒ තුළින් ආර්ය මාර්ගයකට බැසගන්නවා කියන එක දන්නේ නැති නිසයි. කොටින්ම කිව්වොත් ආර්ය ශ්‍රාවකයෙක් බවට පත්වෙන්න බැරිවීම නිසයි. බුදුරජාණන් වහන්සේ වදාළා "ප්‍රාණඝාතය, සොරකම, බොරුකීම, කේලාම් කීම ආදියෙන් වැළකීම පොදුවේ ගත්තොත් සීලයට අයිති දේවල්" කියලා.

ලෝභය නිසා පුද්ගලයා අවුල් වෙනවා..

ඊළඟට බුදුරජාණන් වහන්සේ දේශනා කරනවා "ආර්ය ශ්‍රාවකයා (**අගිද්ධිලෝභං නිස්සාය ගිද්ධිලෝභෝ පහාතබ්බෝ**) ලෝභ නැතිකමෙහි පිහිටලා තමයි අධික ලෝභය ප්‍රහාණය කළ යුත්තේ." මොකද සමහර අය ඉන්නවා හරි ලෝභයි. පුංචි දේටත් ලෝභ කරනවා. ඒකට තමයි 'ගිද්ධිලෝභය' කියන්නේ.

කරණීය මෙත්ත සූත්‍රයේ තියෙන්නේ (**කාමේසු විනෙය්‍ය ගේධං**) 'කාමයන් කෙරෙහි ගිජුබව දුරුකොට...'

ඒ වගේ මෙතැන ගිද්ධිලෝභය කියන්නේ ගිජුකමින් යුක්ත ලෝභය. මේ ගිජුකමින් යුක්ත ලෝභය තුළ තමයි පුද්ගලයා අවුල් වෙන්නේ. අධික ගිජුකමක් තිබුණොත් මහා ඕඝයකට අහුවුණා වගේ, නැත්නම් මහා සැඩ පහරකට අහුවුණා වගේ එයා ඒකෙම ඇදිලා යනවා.

එතකොට මේකෙන් වළකින්න නම් **(අගිද්ධිලෝභං නිස්සාය)** ගිජුකමින් යුතු ලෝභකම නැතිබව ආශ්‍රය කරගෙන අධික ගිජුබවින් යුක්ත ලෝභකම ප්‍රහාණය කරන්න ඕනේ. දැන් අපි ගත්තොත් සමහරු කෑමට ආසයි. ඔන්න කෑම හම්බ වෙනවා. එතකොට හංගා ගන්නවා. එහෙම අය ඕනෑතරම් ඉන්නවා. හංගාගෙන කාටවත් දෙන්නෙත් නෑ. ඊටපස්සේ හංගගෙන තියාගෙන නරක්වෙවී, ඒ නරක් වෙච්චත් හෝද හෝද කනවා. එහෙම අය ඕනෑතරම් ඉන්නවා. ඒ තමයි අධික ලෝභකම. එතකොට අධික ලෝභකම නැති බවෙහි පිහිටා තමයි අධික ලෝභකම නැතිකර ගන්නේ.

අධික ලෝභකමින් වාසය කළොත්...

බුදුරජාණන් වහන්සේගේ ශ්‍රාවකයා කල්පනා කරනවා "යම් ක්ලේශයකින් අධික ලෝභකම හටගන්නවා නම් අන්න ඒ කෙලෙස් නසන්නයි මං මේ ප්‍රතිපදාවට බැසගත්තේ." එතකොට බලන්න ඒ ආර්ය ශ්‍රාවකයා කල්පනා කරන විදිහ. ඊට පස්සේ හිතනවා "මම අධික ලෝභකමින් වාසය කළොත් මගේ හෘද සාක්ෂිය මට චෝදනා කරනවා." 'අසවලා ලෝභයා, කුණා' කියලා ලෝභ මිනිසුන් ගැන මිනිස්සු කතා වෙනවනේ. එතකොට තමන්ට හිතෙනවා "ආ.. මා තුළත් මෙවැනි ලෝභකමක් තියෙනවානේ" කියලා. ඒ විදිහට තමන්ගේ හෘද සාක්ෂිය

තමන්ට චෝදනා කරනවා. ඊළඟට නුවණැති සත්පුරුෂයා කෙළින්ම කියනවා, "ඔයා බොහොම ලෝභයිනේ" කියලා. කිච්චහම එයාට ලැජ්ජාවක් හටගන්නවා.

ඊළඟට **(කායස්සභේදා පරම්මරණා දුග්ගති පාටිකංඛා ගිද්ධිලෝභ පච්චයා)** ගිජුකමින් ලොල්ව වාසය කිරීම හේතුවෙන් මරණින් මත්තේ එයා දුගතියේ යනවා. අපට හිත සුව පිණිස පවතින්නේ නැති, මරණින් මත්තේ දුගතිය කරා ගෙනයන, කොයිතරම් දේවල් අප තුළ තියෙනවාද? එයා නුවණින් කල්පනා කරනවා "මේ අධික ලෝභය ක්ලේශයක්. මේ ක්ලේශයෙන් මගේ ධර්ම මාර්ගය අහුරනවා. මට දියුණු වෙන්න තියෙන අවස්ථාව නැතිවෙනවා" කියලා.

මෙහෙමත් ලෝභකමක්...

ඔබට මතක ඇති මච්ඡරිය කෝසිය සිටාණන් අධික ලෝභකමින් වාසය කළා. ඒ අධික ලෝභකම තියෙනකම්ම ඔහුට ධර්මය අවබෝධ කිරීමේ වාසනාව වැහිලයි තිබ්බේ. අන්තිමට මුගලන් මහරහතන් වහන්සේට ඉර්ධි ප්‍රාතිහාර්ය පෙන්නලා දමනය කරන්න සිදුවුණා. ඔහු කොච්චර ලෝභද කියනවා නම් දවසක් පාරේ යනකොට මනුස්සයෙක් කැවුමක් කකා ඉන්නවා දැක්කා. මෙයා ගෙදර ගියා. ගිහිල්ලා ඇඳේ හාන්සි වුණා. හාන්සිවෙලා කල්පනා කරනවා "හප්පේ කැවුම් හදන්න ගියොත්.. පිටි යනවා. තෙල් යනවා. පැණි යනවා. විශාල වියදමක්." දැන් මෙයා මේ ගැන හිත හිත හූල්ල හූල්ලා ඉන්නවා.

කැවුමක් කන්න ආසයි...

ටික ටික මෙයාගේ ශරීරය කෘෂ වුණා. ඇඳට වැටුණා. බිරිඳ ඇවිල්ලා ඇහුවා "අනේ හිමියනි, ඔබට

මක්වුණාද?" කියන්නේ නෑ. "ඔබට මගෙන් වරදක් වුණාද?" ඇහුවා. "නැත" කිව්වා. "දරුවන්ගෙන් වරදක් වුණාද?" "නැත" කිව්වා. "අසල්වාසීන්ගෙන්..." "ඒත් නැත." "රජතුමා කිපුනාවත්ද?" "නෑ" කිව්වා "එහෙනම් ඔබට කුමක් හෝ ආශාවක් ඇද්ද?" කියලා ඇහුවා. නිශ්ශබ්දව හිටියා. බලන්න එතකොට බිරිඳ කියනවා. "මම ඔබේ බිරිඳ. ඒ නිසා මට ඔබ ආශාකරන දේවල් කියන්න. මම ඉන්නේ ඒ වෙනුවෙන්." එතකොට කෙඳිරි ගගා "මට කැවුමක් කන්න ආසයි" කිව්වා. අන්න අධික ලෝභය.

මේ වගේ සමහර අය ඉන්නවා. ගස් යට පළතුරු වැටෙනවා. දෙන්නේ නෑ. ඒ නොදෙන්න මොනවහරි කාරණාවක් එයා කියාගන්නවා. "බෑ. හරි කරදරයි. ඊට පස්සේ එන්න පටන්ගන්නවා. අපට නිදහසේ ඉන්න නෑ." ඔය විදිහට මොනව හරි කියාගන්නවා. බලන්න බුදුරජාණන් වහන්සේගේ කාරුණාව. උන්වහන්සේ දැක්කා මේ මසුරු කෝසිය ගැන. උන්වහන්සේ දැක්කා "මේ කෙනාට ධර්මය අවබෝධ කරගන්න වාසනාව තියෙනවා" කියලා. නමුත් ක්ලේශයකින් හිත වැහිලා තියෙනවා.

සාර්ථක විවාහ ජීවිතයකට මංපෙත්...

ඊට පස්සේ බිරිඳ ඇහුවා. "අනේ ඕක මොකක්ද? අපිට ඕනෑතරම් ධනය තියෙනවානේ. අපි මේ ගමටම කැවුම් හදමු." එතකොට අපට පේනවා බිරිඳට අධික ලෝභකම නෑ. බුදුරජාණන් වහන්සේ සාර්ථක විවාහ ජීවිතයකට උපකාරීවන අංග හතරක් පෙන්වා දීලා තියෙනවා. සම ශ්‍රද්ධා, සම සීල, සම ත්‍යාග, සම ප්‍රඥා. ශ්‍රද්ධාවෙන්, සීලයෙන්, ත්‍යාගයෙන්, ප්‍රඥාවෙන් සමානවීම කොච්චර උපකාරී වෙනවද බලන්න.

සම වාග නැතිවුණාම වෙන දේ...

සමහර අවස්ථා වලදී ස්වාමියා බිරිඳගේ දෙමව්පියන්ට උදව් කරන්න සලකන්න එපා කියලා නීති දානවා. එතකොට බිරිඳ අඬාගෙන ඇවිල්ලා කියනවා "අනේ මට අම්මට තාත්තට කෑම ටිකක් හදලා දෙන්න විදිහක් නෑ. මහත්තයා විරුද්ධයි." ඊළඟට ස්වාමියාගේ දෙමව්පියන්ට සලකන්න විදිහක් නෑ, බිරිඳ විරුද්ධයි. ස්වාමියා අඬාගෙන ඇවිල්ලා කියනවා "අම්මට තාත්තට සලකන්න විදිහක් නෑ. බිරිඳ තහනම් කරලා තියෙන්නේ" කියලා. එතකොට බලන්න 'සම වාග' නැතිකම. 'සම වාග' නැතිවුණාට පස්සේ සියුම් ද්වේෂයක් හටගන්නවා. "මගේ දෙමව්පියන්ට සළකන්න බෑ. නුඹේ දෙමව්පියන්ට සලකන්න පුළුවන්" කියලා. ඒකත් එක්කම ඔවුන්ගේ ස්නේහය දෙදරා යන්න පටන් ගන්නවා. එහෙම වෙන්නේ සම වාග නැති වීමෙන්. එතකොට එකක් නැතිවෙන කොට මේ කෙලෙස් නිසා තව කොච්චර දේවල් තමන්ට අහිමි වෙනවද? බුදුරජාණන් වහන්සේ මේවා හොඳට දැනගෙන තමයි මෙහෙම දේශනා කරලා තියෙන්නේ.

බුදු නෙතට යොමු වූ නිසා බේරුණා...

ඉතින් අර කෝසිය සිටාණන් කියනවා. "උඹ මොකද මේ ගමේ මිනිස්සුන්ට කැවුම් හදන්න යන්නේ?" ඊට පස්සේ බිරිඳ කිව්වා "හා! හොඳයි එහෙනම් මේ අපේ වීදියේ අයට විතරක් හදමුද කියලා." "මේ වීදියේ උන් මොකටද?" කියල ඇහුවා. "එහෙනම් මාළිගාවේ පිරිසට විතරක් හදමුද?" කියලා ඇහුවා. "මාළිගයේ එවුන්ට මොකටද?" "එහෙනම් හොඳයි අපේ ළමයින්ටත් එක්ක..." "ළමයින්ට මොකටද?" "එහෙනම් අපි දෙන්නට විතරක්?"

"උඹට මොකටද?" කියලා ඇහුවා. දැන් බලන්න මේ ලෝභයක ඇති බරපතලකම. "හා එහෙනම් ඔයාට විතරක් මං හදලා දෙන්නම්" කිව්වා. ඊට පස්සේ "හොදයි එහෙනම් සොඳුරිය ලෑස්ති කරන්න" කිව්වා.

ලෝභකම නැති කරන්න ඉර්ධි පාන්න වුණා...

පිටි, සීනි, තෙල්, පැණි ඔක්කොම ලෑස්ති කරගෙන වටපිට බල බලා දොරවල් වහ වහා උඩ තට්ටුවට නැග්ගා. මේ වෙලාවේ බුදුරජාණන් වහන්සේ වැඩසිටියේ සැවැත් නුවර. මේ සිද්ධිය වෙන්නේ සැවැත් නුවර නෙමෙයි. වෙන ඈත ප්‍රදේශයක. එතකොට බුදුරජාණන් වහන්සේ මුගලන් මහරහතන් වහන්සේට වදාළා "මොග්ගල්ලාන, අද මච්ඡරිය කෝසිය සිටාණන් උඩුමහල් තලයේ කැවුම් හදනවා. අද තථාගතයන් වහන්සේයි, සංඝයායි ඒ කැවුම් වලින් තමයි දවල් දානය පිරිමසා ගන්නේ." දැන් ඔන්න කැවුම් හදලා වට්ටියට දැම්මා. දාපු ගමන් උඩුමහල් ජනේලයෙන් ශ්‍රමණයන් වහන්සේ නමක් ඇවිල්ලා ඉන්නවා.

දැකලා මෙයාගේ ඇඟ සලිත වෙලා ගියා. "හනේ මං මෙබඳු අයට භීතියෙන් තමයි මේ උඩට ආවේ" කිව්වා. කොහොම හරි යවා ගන්න ඕන නිසා "ඔහොම නෙමෙයි අහසේ සක්මන් කළත් දෙන්නේ නෑ" කිව්වා. එතකොට මුගලන් මහරහතන් වහන්සේ අහසේ සක්මන් කළා. ඊට පස්සේ "පළඟක් බැදගෙන අහසේ වාඩිවෙලා හිටියත් දෙන්නේ නෑ" කිව්වා. මුගලන් මහරහතන් වහන්සේ පළඟක් බැදගෙන අහසේ වාඩිවුණා. ඊට පස්සේ කිව්වා "ඇඟෙන් දුම් පිටකළත් දෙන්නේ නෑ" කියලා. කියන කොට මුගලන් මහරහතන් වහන්සේ ඇඟෙන් දුම් පිටකළා.

ඉතින් දුම් ඇස් වලටත් වැදුණා. බේරෙන්න බෑ. ඊට පස්සේ බිරිඳට කියනවා "මේ ශ්‍රමණයන් වහන්සේ හරී ලෝභයි. චූටි කැවුමක් හදාපන්."

ලෝභකම නැතිවුණා...

පිටි පොඩ්ඩක් අරන් දුන්නා. තාච්චියට දැම්ම ගමන් ලොකු කැවුමක් හැදුණා. ඊට පස්සේ බිරිඳටත් හොඳටම බැනලා ඒ කැවුම අයින් කරලා මෙයාගේ අතින්ම පිටි චුට්ටක් දැම්මා. ඒ කැවුම ඊටත් වඩා ලොකු වුණා. ඊට පස්සේ කියනවා "එහෙනං කමක් නෑ දැන් ඉතින් බේරෙන්න බෑනේ. එකක් දීලා පිටත් කරමු" කියලා. එකක් දෙන්න හදනකොට ඔක්කොම කැවුම් ඇලිලා. ඊට පස්සේ දෙන්නා දෙපැත්තට අදිනවා අදිනවා ඒත් කැවුම වෙන් වෙන්නේ නෑ. ඔන්න කැවුමේ ආශාව සංසිඳුණා. මේ විදිහට මෙයා දමනය වුණා. දමනය වුණාට පස්සේ අර ලෝභකම නැතුව ගියා.

ඊට පස්සේ කැවුම් බෙදන්න සූදනම් වෙනකොට මුගලන් මහරහතන් වහන්සේ ඉර්ධියෙන් වැඩම කරලා කිව්වා "අද ඔබේ අතින්ම භාග්‍යවතුන් වහන්සේ ප්‍රධාන සංඝයාට කැවුම් පූජා කරන්න පුළුවන්." එතකොට මච්ඡරිය කෝසිය කියනවා "ස්වාමීනි එහෙම කරන්නේ කොහොමද? උන්වහන්සේ වැඩඉන්නේ සැවැත් නුවරනේ" කියලා. "නෑ නෑ. ප්‍රශ්නයක් නෑ. කැවුම් භාජනේ අරන් පහළට බහින්න." බලන්න ඒ මහරහතන් වහන්සේලාගේ මහානුභාවය.

ශ්‍රාවකයින් මෙසේ අසිරිමත් නම්....?

එතකොට මච්ඡරිය කෝසිය සිටාණන් බිරිඳත්

සමඟ භාජනේ අරන් පහළට බහින කොටම සැවැත් නුවර ජේතවනාරාමයේ මිදුල. හරි පුදුමයි. මේ තමයි ඉර්ධි ප්‍රාතිහාර්යය. ශ්‍රාවකයින්ගේ ප්‍රාතිහාර්යය ඔහොම නම් ශාස්තෘන් වහන්සේ ගැන හිතා ගන්නවත් බෑ. ඊට පස්සේ බුදුරජාණන් වහන්සේටයි සංඝයාටයි මේ කැවුම් පූජාකළා. ඒත් කැවුම් ඉවර වෙන්නේ නෑ. ඊට පස්සේ ඒගොල්ලොත් කැවුම් කෑවා. ඒත් ඉවර වෙන්නේ නෑ. ඊටපස්සේ කිව්වා "අනේ ස්වාමිනී, මේ කැවුම් ඉවර වෙන්නේ නෑනේ." ඊට පස්සෙ සැවැත් නුවරට මල් දාන පැත්තේ වලක ඉතිරි කැවුම් දැම්මා. ඒ නිසාම "කැවුම් දැමූ වල" කියලා ඒකට නමකුත් වැටුණා.

මේ පිරිස ධර්මය අහලා සෝතාපන්න වුණා. එහෙනම් අධික ලෝභකම කියන්නේ ධර්මාවබෝධයට ඇති විශාලම බාධාවක්. අධික ලෝභකම හේතුවෙන් තමාගේ හෘද සාක්ෂිය තමාට චෝදනා කරනවා. නැණවත් සත්පුරුෂයින්ගේ ගැරහුමට ලක්වෙනවා. මරණින් මතු දුගතියේ උපදිනවා. මේ අධික ලෝභකම හේතුවෙන් ඒවා උපදිනවා නම් අධික ලෝභකම කියන්නේ බලවත් ක්ලේශයක්. තමන්ගේ ධර්ම මාර්ගයට ඇති බලවත් බාධාවක්. නුවණැති ආර්ය ශ්‍රවකයා මේ බාධාව වර්ධනය කරගන්නේ නෑ. ලෝභ නැතිකම මත පිහිටලා නුවණින් මෙනෙහි කරමින් ඒක ප්‍රහාණය කරනවා.

නින්දා අපහාස අත්හරින හැටි...

(අනින්දාරෝසං නිස්සාය නින්දාරෝසෝ පහාතබ්බෝ) කෙනෙක් නින්දා අපහාස කරමින් ගැටුම් වලට භාජනය වෙනවා නම් ඒකෙන් වැළකෙන්නේ නින්දා අපහාස නොකර සිටීමෙන්. නින්දා අපහාස නොකිරීම මත

පිහිටා නින්දා අපහාස ගැටුම් ප්‍රහාණය කළ යුතුයි. ආර්‍ය ශ්‍රාවකයා නුවණින් කල්පනා කරනවා. "යම් ක්ලේශයකින් නින්දා අපහාස ආදිය කරන්න පෙළඹෙනවා නම්, මා මේ ධර්ම මාර්ගයට පැමිණියේ අන්න ඒ කෙලෙස් නැතිකර ගැනීම පිණිසයි. මම අන් අයට නින්දා අපහාස කරන කෙනෙක් වුණොත්, පළමුවෙන්ම මාගේ හෘද සාක්ෂිය මට චෝදනා කරනවා. 'නුඹ මේ යහපත් අයට නින්දා අපහාස කළා නේද?' කියලා. ඊළඟට නුවණැති සත්පුරුෂයනුත් ගැරහීමට ලක්කරනවා. 'නුඹ මේ යහපත් මනුස්සයන්ට නේද නින්දා අපහාස කරන්නේ?' කියලා.

තමාව පිළිසරණ කරගන්න...

ඊළඟට (කායස්ස භේදා පරම්මරණා දුග්ගති පාටිකංඛා නින්දාරෝස පච්චයා) නින්දා අපහාස කිරීම හේතුවෙන් මරණින් මත්තේ දුගතියේ උපදින්න සිද්ධ වෙනවා. මේ කරදර කම්කටොළු සියල්ල හටගන්නේ නින්දා අපහාස කිරීම හේතුවෙන්. මේ නිසා ඒ නින්දා අපහාස ප්‍රහාණය කිරීමට නම් නින්දා අපහාස නොකිරීම මත පිහිටිය යුතුයි." අපි පළමුවෙන්ම මේක තමන්ගේ ධර්ම මාර්ගයට ඇති බාධාවක් කියලා දැනගත යුතුයි. තමාව පිළිසරණ කරගත් කෙනා තමයි ඒ විදිහට තමන්ගේ බාධා ටික දකින්නේ. තමාව පිළිසරණ කරගත්තේ නැති කෙනාට ඒක දකින්න බෑ.

හිතන්න මඩ ගොඩක් තියෙනවා කියලා. පැත්තකින් ලෑලි කෑල්ලකුත් තියෙනවා. මේ මඩ ගොඩෙන් මඩ නොගෑවී එතෙර වෙන්න නම් ඒ ලෑල්ල මඩගොඩ හරහට දාන්න ඕන. ඊට පස්සේ මඩ ගෑවෙනවට අසතුටු කෙනා ඒ ලෑල්ල උඩින් මඩ නොතැවරී යනවා. නමුත් නුවණ

නැති කෙනා මඩේ බැහැගෙන යනවා. නුවණ තියෙන කෙනා එහෙම කරන්නේ නෑ. ඒ විදිහට මේ නින්දා අපහාස කිරීම හේතුවෙන් හටගන්නා යම්තාක් කරදර පීඩා ඇද්ද ඒ සියල්ල නින්දා අපහාස නොකිරීම හේතුවෙන් ප්‍රහාණය වෙලා යනවා. මෙන්න මේ විදිහට නින්දා අපහාස නොකිරීම මත පිහිටා තමයි නින්දා අපහාස ප්‍රහාණය කළ යුත්තේ.

ක්‍රෝධය ධර්ම මාර්ගයට නීවරණයක්...

ඊළඟට දේශනා කරනවා (**අකෝධූපායාසං නිස්සාය කෝධූපායාසෝ පහාතබ්බෝ**) ක්‍රෝධ වෛර ආදිය ඇති නොකරගෙන සිටීමෙන් තමයි ක්‍රෝධ වෛර ප්‍රහාණය කළ යුත්තේ. ආර්ය ශ්‍රාවකයා කල්පනා කරනවා "යම් ක්ලේශයක් නිසා ක්‍රෝධ වෛර හටගන්නවාද, මං ඒ කෙලෙස් නසන්නයි මේ ප්‍රතිපදාවට බැස්සේ. මම බැරිවෙලාවත් ක්‍රෝධ වෛරයෙන් යුක්ත වුණොත්, ඉස්සරවෙලාම හෘද සාක්ෂිය මට චෝදනා කරනවා. ඊළඟට නුවණැති සත්පුරුෂයන් 'ඔබ මේ අනුන්ට ක්‍රෝධ කරන්නේ වෛර බැඳන් ඉන්නේ. ඔබට ලැජ්ජ නැද්ද?' කියලා ගරහනවා. එහෙම ගරහන කොට තමන්ට ලැජ්ජාවක් හටගන්නවා. ක්‍රෝධ වෛර කිරීම හේතුවෙන් මරණින් මත්තේ දුගතියේ උපදින්න සිද්ධ වෙනවා.

ක්‍රෝධ වෛර කිරීම නිසා ඇතිවන සමහර ප්‍රශ්න කල්ප ගණන් සත්වයන්ගේ ජීවිතවල යනවා. කාලි යකින්නගේ කතාවේ ඒ වෛරය ආත්ම ගණනාවක් දුර ගියානේ. ඉතින් මේ නිසා මේ ක්‍රෝධ වෛර තමන්ගේ ධර්ම මාර්ගයට ඇති විශාල බාධාවක්, නීවරණයක්, ක්ලේශයක් බවට හඳුනාගන්න ඕනේ. හඳුනාගෙන "ක්‍රෝධ

කිරීමෙන්, වෛර කිරීමෙන් මං විශාල කරදරයකට භාජනය වෙනවා. ඒ නිසා මට මේ කරදර වලින් අත්මිදෙන්න තියෙන්නේ ක්‍රෝධ වෛර නොකර සිටීමෙනුයි" කියලා ඒ කෙනා නුවණින් කල්පනා කරන්න පටන් ගන්නවා. ඒ විදිහට නුවණින් කල්පනා කරලා ක්‍රෝධ නොකිරීම උපකාර කරගෙන ක්‍රෝධ කිරීම්, වෛර කිරීම් ඔක්කොම ප්‍රහාණය කරන්න ඕනේ.

මාන්නය දුරුකළ යුතුමයි...

ඊළඟට බුදුරජාණන් වහන්සේ දේශනා කරනවා. "**(අනතිමානං නිස්සාය අතිමානෝ පහාතබ්බෝ)** නිහතමානී බව තුළ පිහිටලා තමයි මාන්නය දුරුකළ යුත්තේ." එහෙම නම් මාන්නය කියලා කියන්නේ දුරුකළ යුතු එකක්. අතිමානය කියන්නෙත් දුරුකළ යුතු එකක්.

මාන්නය ප්‍රහාණය කරන්න උදව් කරගන්නේ නිහතමානී බවයි. එතකොට ආර්ය ශ්‍රාවකයා මෙහෙම හිතනවා. "මේ මාන්නය, අතිමාන්නය කියන්නේ ක්ලේශයක්. යම් ක්ලේශයන්ගෙන් මානය අතිමානය හටගන්නවාද ඒ කෙලෙසුන් ප්‍රහාණය කිරීම පිණිසයි මා මේ ප්‍රතිපදාවට බැසගත්තේ." මේ කෙනා තවදුරටත් නුවණින් කල්පනා කරනවා. "මම අතිමානයෙන් යුක්ත වුණොත් මාගේ හෘද සාක්ෂිය මට චෝදනා කරනවා. 'බලාපන් නුඹ පුහු මාන්නෙකින් වාසය කරනවා. නුඹ මහ ලොකුවට රූප, වේදනා, සඤ්ඤා, සංඛාර, විඤ්ඤාණ අනිත්‍යයි කියලා කියනවා. අනිත්‍යයි කියලා හිත හිතා නුඹ ඒ තුළින්ම මාන්නයකට පත්වෙනවා. නුඹට ලැජ්ජා නැද්ද? කියලා තමන්ගේ හෘද සාක්ෂිය තමන්ට චෝදනා කරනවා.

නිහතමානී බවේ පිහිටා මාන්නය දුරලන්න...

ඊළඟට නුවණැති සත්පුරුෂයන් තමන්ට ගරහනවා. 'ඔයා මෙච්චර ගුණධර්ම පුරුදු කරනවා. ඒත් ඇයි ඔයාට ඔච්චර මාන්නේ?' කියලා." එතකොට තමන්ට ලැජ්ජාවක් ඇතිවෙනවා. ඊළඟට (**කායස්ස භේදා පරම්මරණා දුග්ගති පාටිකංඛා අතිමානපච්චයා**) ඒ මාන්නය හේතුවෙන් මරණින් මත්තේ ලැබෙන්නේ දුගතියයි. එයා නුවණින් කල්පනා කරනවා. "මේ මාන්නය කියන්නේ ක්ලේශයක්. මේ මාන්නය කියන්නේ තමන්ගේ ධර්ම මාර්ගයට ඇති විශාල බාධාවක්. මේ නිසා මං නිහතමානී බව තුළ පිහිටලා මාන්නය ප්‍රහාණය කරන්න ඕනේ. නැත්නම් මේ මාන්නය නිසා මට අනේක කරදර කම්කටොලු වලට භාජනය වෙන්න සිදුවෙනවා." එහෙම හිතලා එයා නිහතමානී බව තුළ පිහිටා අතිමාන්නය දුරු කරන්න ඕනේ.

මෙපමණකින් ව්‍යවහාර සමුච්ඡේදනය වෙන්නේ නෑ

බුදුරජාණන් වහන්සේ මේ විදිහට දේශනා කරලා පෝතලියට කියනවා, "පෝතලිය, ව්‍යවහාර සමුච්ඡේදනය පිණිස හේතුවන කරුණු අට තමයි දැන් මේ විස්තර කළේ. හැබැයි මේකෙන් සම්පූර්ණයෙන්ම ව්‍යවහාර සමුච්ඡේදනය වෙන්නේ නෑ." එතකොට පෝතලිය අහනවා "අනේ ස්වාමීනි භාග්‍යවතුන් වහන්ස, එහෙනම් සම්පූර්ණයෙන්ම ව්‍යවහාර සමුච්ඡේදනය වෙන්නේ කොතැනද? කොහොමද?"

"එහෙනම් අහගන්න. මං කියා දෙන්නම්" කියලා බුදුරජාණන් වහන්සේ කාමයන්හි ආදීනව ගැන හරී ලස්සනට උපමා වගයකින් පෙන්වා දෙනවා.

කාමය මස් කට්ටක් වගෙයි...

"ගෘහපතිය, ගොඩාක් බඩගින්නෙන්, පිපාසයෙන් දුර්වල වෙච්ච බල්ලෙක් ඉන්නවා. මේ බල්ලා මස් කඩයක් අයිනේ ගැවසෙනවා. ගැවසෙන කොට මස් කපන මනුස්සයෙක් මස් සූරපු යාන්තම් ලේ තැවරිච්ච, ලේ රහ විතරක් තියෙන ඇටයක් අර බල්ලා දෙසට වීසි කරනවා. එතකොට මේ බල්ලා ඒක කටින් අරගෙන ගිහිල්ලා පුළුවන් තරම් ලෙවකනවා. පුළුවන් තරම් හපනවා. නමුත් ගෘහපතිය, මේ බල්ලාගේ බඩ පිරේවිද, බල්ලාගේ කුස ගින්න නිවෙයිද?" "අනේ ස්වාමීනි, බල්ලගේ කුසගින්න නිවෙන්නේ නෑ." "ඇයි ඒ?" "අනේ ස්වාමීනි, ඒක කටුවක් මිසක් මස් නෑ."

"ගෘහපතිය, ආර්ය ශ්‍රාවකයා කාමය ගැන හිතන්නෙත් ඔය විදිහටයි." කාමය කියන්නේ ප්‍රියමනාප සිත ඇදීයන රූප, ප්‍රියමනාප ශබ්ද, ප්‍රියමනාප චිත්තාකර්ශනීය වූ සුවඳ, ප්‍රියමනාප සිත් ඇදී යන රස, ප්‍රියමනාප සිත් පැහැර ගන්නා පහස ආදියටයි. මේවා මොන වගේද?

මස් ලේ නැති ඇට බලු ලෙවකන්නේ
කුස පිරුමක් අහරක් නොලැබෙන්නේ

එතකොට කාමය මස් නැති මස් කට්ටක් වගේ කියනවා. ඒ විදිහට කල්පනා කරන්නේ ආර්ය ශ්‍රවකයායි. **(අට්ඨීකංකලූපමා කාමා වුත්තා භගවතා)** එයා හිතනවා "භාග්‍යවතුන් වහන්සේ තමයි මේ කාමයන් මස් ලේ නැති ඇට කෑල්ල වගේ කියලා දේශනා කළේ" මේ කාමයන් තුළ **(බහු දුක්ඛා බහූපායාසා)** බොහෝ දුක් තියෙනවා. බොහෝ පීඩා තියෙනවා. **(ආදීනවෝ එත්ථ භීයෝ'ති)**

මේකේ කරදර ගොඩාක් තියෙනවා. මේ විදිහට කාමය බල්ලෙක් ලෙව කකා ඉන්න මස් නැති ඇට කෑල්ලක් වගේ කියලා කල්පනා කරන කොට කාමය කෙරෙහි තියෙන ආශාව ප්‍රහාණය වෙලා, සිත ඒකාග්‍ර වෙලා උපේක්ෂාවට පත්වෙනවා. එතැන තමයි සියලුම ලෝකාමිසය ඉතිරි නැතුව නිරුද්ධ වෙනවා කියන්නේ. ඒ කියන්නේ මෙයා සම්මා සමාධියෙහි පිහිටනවා.

අත්හරිනකම්ම පන්නනවා. අත්හැරියොත් හරි..

ඊළඟට උන්වහන්සේ දේශනා කරනවා "පෝතලිය, උකුස්සෙක් ඉන්නවා. මේ උකුස්සා මස් කුට්ටියක් අරගෙන අහසේ යනවා. එතකොට අනික් උකුස්සෝ අර උකුස්සා පස්සේ පන්නනවා. අර මස් කුට්ටිය ඒ සතා ළඟ තියෙනකම්ම පන්නනවා.

ඉතින් බුදුරජාණන් වහන්සේ දේශනා කරනවා. "මෙයා තමන්ට ආදරයක් තියෙනවා නම්, කටින් ඩැහැගෙන ඉන්න ඒ මස් කුට්ටිය අත්හරින්න ඕනේ. අත්හැරිය ගමන් පැන්නිල්ල නවතිනවා." එහෙම නැතුව මේක අල්ලාගෙන හිටියොත් එක්කෝ මරණයට පත්වෙනවා. එක්කෝ මාරාන්තික දුකට පත්වෙනවා. බුදුරජාණන් වහන්සේ වදාළා කාමයත් **(මංසපේසූපමා කාමා)** "උකුස්සෙක් තුඩින් ඩැහැගත්තු මස් කුට්ටියක් වගෙයි" කියලා.

කාමයත් එක්ක තමයි මේ ඔක්කොම ප්‍රශ්න, කරදර, අර්බුද තියෙන්නේ. ඉතින් ආර්ය ශ්‍රාවකයා කල්පනා කරනවා. "භාග්‍යවතුන් වහන්සේ මේ කාමයන් මස් කුට්ටියකට උපමා කරලා තියෙන්නේ බොහෝ දුක් ආදීනව තියෙන නිසයි. මේ ඒ විදිහට නුවණින් කල්පනා

කරද්දී සිත කාමයන් කෙරෙහි නොඇලිලා උපේක්ෂාවට පත්වෙලා ඒකාග්‍ර වෙනවා. එතකොට කාමයට බැඳුණු සිත සම්පූර්ණයෙන්ම කාමයෙන් නිදහස් වෙනවා.

පිච්චෙමුද.. අත්හරිමුද..?

ඊළඟට බුදුරජාණන් වහන්සේ දේශනා කරනවා. **(ආදිත්තං තිණුක්කං ආදාය පටිවාතං ගච්ඡෙය්‍ය)** ඔන්න කෙනෙක් ගිනිගත්තු හුලුඅත්තක් අරගෙන, තමන්ගේ පැත්තට හුළං එද්දීම ඒ ගිනිගත් හුලුඅත්ත තමන් ඉස්සරහින් අල්ලාගෙන යනවා. එතකොට ඒකෙන් තමන්ගේම අත් පා ආදිය පිළිස්සෙනවා. මේකෙන් බේරෙන්න නම් එයා හුලුඅත්ත අත්හරින්න ඕනේ.

අන්න ඒ වගේ තමයි ආර්ය ශ්‍රාවකයා කාමය ගැන දකින්නේ. එයා හිතනවා **(තිණුක්කූපමා කාමා වුත්තා භගවතා)** භාග්‍යවතුන් වහන්සේ මේ කාමයන් දේශනා කළේ ගිනිගත්තු හුලු අත්තක් වගෙයි කියලයි. බොහෝ කරදර පීඩා තියෙන දෙයක් කියලයි. ඒ නිසා එයා කාමයන්හි ආදීනව මෙනෙහි කරලා සිත කාමයන්ගෙන් බැහැර කරලා ඒකාග්‍ර කරගන්නවා. එතකොට කාමයන් නිරුද්ධ වෙලා යනවා.

ගිනි අඟුරු පරීක්ෂා කරන්න යන්න එපා...

ඊළඟට බුදුරජාණන් වහන්සේ දේශනා කරනවා. "ගෘහපතිය, සැපසේ ජීවත් වෙන්න කැමති, දුකට අකමැති, මැරෙන්න අසතුටු පුද්ගලයෙක් පාරේ යනවා. එහෙම යනකොට ලොකු ගිනි අඟුරු වලක් ඈත තියෙනවා. බලවත් මිනිස්සු දෙන්නෙක් ඇවිල්ලා මේ පුද්ගලයාගේ අත් දෙකෙනුයි කකුල් දෙකෙනුයි අල්ලාගෙන අර ගිනි

අඟුරු වලට දාන්න ගෙනියනවා. තාම මෙයා ගිනි අඟුරු වලේ වැටිලා නෑ. මේ විදිහට ගිනි අඟුරු වලේ දාන්න ගෙනියන කොට මෙයා "හා. බලන්න දාපං මටත් මේක පරීක්ෂා කරලා බලන්න" කියලා කියනවද? නෑ. එයා දන්නවා 'මං මේ ගිනි අඟුරු වලට වැටුණොත් විශාල කරදරයකට පත්වෙනවා' කියලා. මේ දෙන්නා අත් දෙකයි කකුල් දෙකයි අල්ලගෙන සිටිද්දීම 'මට යන්න බෑ' කියලා මෙයා දඟලනවා. මොකද, එයා දන්නවා 'මේකේ වැටුණොත් එක්කෝ මැරෙනවා නැත්නම් මාරාන්තික දුකකට පත්වෙනවා' කියලා.

ඉතින් බුදුරජාණන් වහන්සේ වදාළා ආර්ය ශ්‍රාවකයා මෙනෙහි කරනවා. **(අංගාරකාසූපමා කාමා වුත්තා භගවතා)** 'භාග්‍යවතුන් වහන්සේ දේශනා කළේ කාමය ගිනි අඟුරු ගොඩක් වගේ කියලයි.' නුවණ තියෙන කෙනා මේ ගිනි අඟුරු ගොඩේ වැටිලා විඳවන්න කැමති නෑ. නුවණ තියෙන කෙනා කැමති ගිනි අඟුරු ගොඩෙන් බේරෙන්නයි.

එයා හිතනවා 'බුදුරජාණන් වහන්සේ කාමයන් ගැන වදාළේ බොහෝ දුක්පීඩා තියෙන, බොහෝ කරදර තියෙන, බොහෝම ආදීනව තියෙන එකක් කියලයි. නරක ප්‍රතිඵල තියෙන එකක් කියලයි. මේ විදිහට නුවණින් මෙනෙහි කරන කොට සිත කාමයන්ගෙන් බැහැර වෙලා, සිත ඒකාග්‍ර තත්වයට පත්වෙලා, උපේක්ෂාවට පත්වෙනවා. කාමයන්ට සිතේ තියෙන ඇල්ම නිරුද්ධ වෙලා යනවා.

නොසිතූ මොහොතක අහිමිව යන දෙයක්...

ඊළඟට බුදුරජාණන් වහන්සේ දේශනා කරනවා. "ගෘහපතිය, මනුස්සයෙක් අනුන්ගෙන් කරත්තයක් ඉල්ලා

ගන්නවා, ඇඳුනුත් ඉල්ලා ගන්නවා. ලස්සන මැණික් මාලෙකුත් ඉල්ලා ගන්නවා. ඉල්ලාගෙන ඒවත් ඇඳ පැළඳගෙන මාවතේ ගමන් කරනවා. යනකොට මිනිස්සු මෙයාව දැකලා කියනවා "හප්පේ... බලාපල්ලා අර පුරුෂයා මහා ධනවත් කෙනෙක්. මහා පින්වත් කෙනෙක්" කියලා. එතකොට අර දේවල්වල සැබෑ අයිතිකාර කෙනා ඉස්සරහට එනවා. ඇවිල්ලා කියනවා "කෝ දීපං... බැහැපන් කරත්තෙන්." ඉතින් බහිනවා. "දීපන් මාලේ..." ඔන්න මාලෙත් ගන්නවා. "දීපන් ඇඳුම්..." ඇඳුනුත් ගන්නවා. දැන් අර පුද්ගලයාට කිසිම දෙයක් නෑ. විශාල කරදරයක වැටෙනවා.

බුදුරජාණන් වහන්සේ වදාළා "මේ වගේම කාමයත් බලාපොරොත්තු නැති වෙලාවක අහිමි වෙලා යන දෙයක්" කියලා. තමන් සතුටු වෙවී ඉන්නේ යමකින්ද, තමන් ආඩම්බර වෙලා ලෝකෙට පෙන්න පෙන්න ඉන්නේ යමක්ද, ඒ දේවල් තමන් හිතපු නැති වෙලාවක තමන්ට අහිමි වෙනවා. මේක තමයි කාමයේ තියෙන ලක්ෂණය. එයා කල්පනා කරනවා "(යාචිතකූපමා කාමා වුත්තා භගවතා) මේ කාමයන් ගැන බුදුරජාණන් වහන්සේ පෙන්වා දුන්නේ අනුන්ගෙන් ඉල්ලාගත්තු දෙයක් වගේ කියලයි. බොහෝ දුක් ඇති, බොහෝ පීඩා ඇති, බොහෝ නරක ප්‍රතිඵල ඇති දෙයක් කියලයි" නුවණ තියෙන කෙනා මේ විදිහට කාමයන්ගේ ආදීනව දැකලා ඒ කාමයන් කෙරෙහි ආශාව බැහැර කරනවා. නොඇලෙන ස්වභාවයට පත්කර ගන්නවා. එතකොට ඒ කෙනාගේ සිත උපේක්ෂාවට පත්වෙලා, උපේක්ෂාව තුළ ඒකාග්‍ර වෙනවා. කාමයන් ගෙන් සිත නිදහස් වෙනවා.

ඉක්මනට බැහැගන්න. නැත්නම් අනතුරේ...

ඊළඟට බුදුරජාණන් වහන්සේ තවත් උපමාවක් පෙන්වා දෙනවා. "ගෘහපතිය, පුද්ගලයෙක් බඩගින්නේ යනවා. යනකොට ඔහුට පේනවා ගහක ගෙඩි තියෙනවා. මොහු මේ ගෙඩි කන්න මේ ගහට නගිනවා. නැගලා ගහේ ඉදන්ම ගෙඩි කකා ඉන්නවා. මෙහෙම ඉන්න කොට ගස් නගින්න බැරි තව මනුස්සයෙක් පොරවකුත් අරගෙන එනවා. ඇවිල්ලා අර ගහ කපන්න පටන් ගන්නවා. මේ ගහේ ගෙඩි කකා ඉන්න කෙනා කන එක නවත්වලා ඉක්මනට ගහෙන් බැහැගන්න ඕනේ. නැත්නම් විශාල අනතුරකට පත්වෙනවා.

(රුක්ඛඵලූපමා කාමා වුත්තා භගවතා) භාග්‍යවතුන් වහන්සේ වදාළේ "කාමය ගහක ගෙඩි වගේ" කියලයි. ගහේ ගෙඩි කකා ඉන්න කොට ඊළඟ කෙනා ඇවිල්ලා ගහ කපනවා වගේ දෙයකට තමයි මනුස්සයන් නිතර මුහුණ දෙන්නේ. ආර්ය ශ්‍රාවකයා මේක නුවණින් කල්පනා කරලා, නුවණින් දැකලා සිත උපේක්ෂාවේ පිහිටුවනවා.

සිහින ලොවේ මැවූ අහස් මාළිගා...

ඊළඟට බුදුරජාණන් වහන්සේ තව උපමාවක් පෙන්වලා දුන්නා. "ඔන්න කෙනෙක් සිහිනයක් දකිනවා. රමණීය ආරණ්‍ය, රමණීය වනාන්තර, රමණීය වැව්, පොකුණු සිහිනයෙන් දකිනවා. මෙයා මේ සුන්දර පරිසරයේ සුන්දර වූ ගීතයක් ගයමින් යනවා. යනකොට එකපාරටම මෙයා ඇහැරෙනවා. ඇහැරුනාම කිසිවක් නෑ. ඒ වගෙයි කියනවා මේ කාමය.

මේ නිසා එයා උපේක්ෂාවම බලවත් කරලා සම්මා සමාධිය තුළ හතරවෙනි ධ්‍යානය දක්වා පැමිණෙනවා. දැන්

අර උපේක්ෂාව පටන්ගන්නේ කාමයන්ගෙන් මිදිලා, චිත්ත සමාධියකට එන්නයි. ඊට පස්සේ ඒ කාමයන්හි ආදීනව සිහි කර කර ඒ ඇති වූ චිත්ත සමාධිය දියුණු කරනවා. දියුණු කරලා ඒක අනුත්තර උපේක්ෂාව බවට පත්කර ගන්නවා. ඊළඟට **(අනුත්තරං උපෙක්ඛා සතිපාරිසුද්ධිං ආගම්ම)** හතර වෙනි ධ්‍යානයට හිත දියුණු කරලා **(අනේකවිහිතං පුබ්බේනිවාසං අනුස්සරති)** තමන් පෙර ගත කරපු ජීවිත ගැන නුවණින් මෙනෙහි කරනවා. එතකොට එයාට ලැබෙනවා පුබ්බේ නිවාසානුස්සති ඤාණය.

ඊට පස්සේ උපෙක්ඛා සතිපාරිසුද්ධියෙන් යුක්ත කෙනා **චුතූපපාත ඤාණය** ඇතිකර ගන්නවා. සත්වයන් කර්මානුරූපව චුතවන ආකාරයත්, කර්මානුරූපව උපදින ආකාරයත්, හීන ප්‍රණීත, සුගති දුගතිවල උපදින ආකාරයත් ගැන දකිනවා. ඒ ඔහුගේ චුතූපපාත ඤාණයයි. ඊළඟට ආර්ය ශ්‍රාවකයා මේ අනුත්තර උපේක්ඛා සති පාරිසුද්ධියට පැමිණිලා කාමාශ්‍රව, භවාශ්‍රව, අවිජ්ජාශ්‍රව කියන ආශ්‍රවයන් ප්‍රහාණය කරනවා. නිකෙලෙස් බවට පත්වෙනවා.

ආර්ය විනයේ පරිපූර්ණ ව්‍යවහාර සමුච්ඡේදනය...

බුදුරජාණන් වහන්සේ වදාළා "ගෘහපතිය, මෙන්න මෙපමණකින් නම් ආර්ය විනය තුළ සියලුම කරදර කෙලෙස්, සියලු බාධා සම්පූර්ණයෙන්ම සමුච්ඡේදනය වෙනවා" කියලා. එතකොට කලින් ඔහු ගෘහ ජීවිතයේ බාධා සමුච්ඡේදනයට තමයි ව්‍යවහාර සමුච්ඡේදනය කියලා සිතාගෙන සිටියේ. ගෘහ ජීවිතයේ බාධා සමුච්ඡේදනය පිණිස ඔහු කළේ දරුවන්ට දේපල වස්තුව භාර දීලා ලැබුණ දෙයක් කාලා සිටීම. ඔහු හිතුවා ඒකෙන් "සම්පූර්ණයෙන්ම නිදහස් වුණා" කියලා. බුදුරජාණන් වහන්සේ මේ විදිහට

ආර්ය විනයෙහි (ආර්ය විනය කිව්වේ බුද්ධ ශාසනයේ) මේ සියලුම ආකාර බාධා ප්‍රහාණය වන අයුරු දේශනා කරලා කිව්වා "ඔන්න ඔය විදිහටයි සර්ව සම්පූර්ණ විදිහට ව්‍යවහාර සමුච්ඡේදනය වෙන්නේ" කියලා.

අහලකටවත් එන්න බැරිවුණා...

ඊළඟට බුදුරජාණන් වහන්සේ පෝතලියගෙන් අහනවා "ඉතින් ගෘහපතිය, ඔබට ඔය විදිහේ ව්‍යවහාර සමුච්ඡේදනයක් වුණාද?" එතකොට පෝතලිය කියනවා. "අනේ ස්වාමීනි, භාග්‍යවතුන් වහන්ස, අපට මේ තත්වයේ අහලකටවත් එන්න බැරුව ගියා. අපි කලින් විවිධ වැරදි මත දරාගෙන, දන්නවා කියලා හිතාගෙන හිටියා. අපි නොදැනම තමයි දන්න අය අනුභව කළයුතු දානමාන අනුභව කළේ." ඒ කිව්වේ මෙයා සමාජයට ප්‍රසිද්ධ කළානේ "මං මේ ව්‍යවහාර සමුච්ඡේදනය කළා. මං ගිහි ජීවිතයේ බාධා සින්දා" කියලා. එතකොට ගෙවල්වලට දානවලට ආරාධනා කරනවනේ, "ගෘහ ජීවිතයේ සියලු බාධා සිඳපු එක්කෙනෙකුට දානේ දෙන්න ඕනේ" කියලා.

නොදන්නා දේ නොදන්නා බව පිළිගන්න..

ඒ නිසා මෙයා කියනවා "අපි නොදැනමයි දැනගත්තු අය වැළඳිය යුතු දානේ වැළඳුවේ. නොදැනමයි දැනගත්තු අය සිටිය යුතු ආසනවල ඉඳගත්තේ. ඒ නිසා ස්වාමිනී, දැන් අපි නොදන්නාකම නොදන්නාකම හැටියටම දන්නවා. ස්වාමිනී, ඒ නිසා අපි නොදන්නා අය හැටියට සිටගෙනයි දන්නා අයට දානමාන ආදිය දෙන්න ඕනේ. ස්වාමිනී භාග්‍යවතුන් වහන්ස, භාග්‍යවතුන් වහන්සේ නිසා අපි දැන් නොදන්නා දේ නොදන්නා අය හැටියට තේරුම් ගත්තා."

ඊට පස්සේ කියනවා "භාග්‍යවතුන් වහන්ස, මම දැන් දූනගෙනම දැනගත්තු අයට දානය දෙන්න දන්නවා. දැනගෙනම දැනගත්තු අය වාඩිවිය යුතු ආසන පණවන්න දන්නවා. භාග්‍යවතුන් වහන්සේ ශ්‍රමණයන් වහන්සේලා කෙරෙහි මට ඒ දූනුම ලබා දුන්නා" (දැන් මේ කියා දුන්නේ ආර්ය ශ්‍රාවකයා ගැනනේ.) ඊළඟට කියනවා "ශ්‍රමණයන් වහන්සේලා කෙරෙහි මට ශ්‍රමණ ප්‍රේමය ඇතිකළා. ශ්‍රමණයන් වහන්සේලා කෙරෙහි ශ්‍රමණ ප්‍රසාදය ඇතිකළා. ශ්‍රමණයන් වහන්සේලා කෙරෙහි ශ්‍රමණ ගෞරවය ඇතිකරලා දුන්නා. මේ දේවල් ශ්‍රවණය කරද්දී එකල වැඩසිටි භාග්‍යවතුන් වහන්සේගේ ශ්‍රාවකයින් වහන්සේලා කොයිතරම් පාරිශුද්ධද කියලා පහසුවෙන්ම හිතාගන්න පුළුවන්.

සරණ ගියේ අවබෝධයෙන්මයි....

ඊට පස්සේ පෝතලිය කියනවා. "ස්වාමිනී, ඉතාමත් මනහරයි. ස්වාමිනී, ඉතාමත්ම මනහරයි. ස්වාමිනී, යටට හරවා තිබූ දෙයක් උඩ පැත්තට හරවලා පෙන්නුවා වගෙයි. වැසී තිබූ දෙයක් විවෘත කළා වගෙයි. මංමුලා වූ කෙනෙකුට යහපත් මාර්ගය පෙන්නුවා වගෙයි. අන්ධකාරේ යන අයට 'ඇස් ඇත්තෝ රූප දකිත්වායි' කියා තෙල් පහන් දල්වනවා වගෙයි. මේ වගේ බුදුරජාණන් වහන්සේ අනේක ප්‍රකාරයෙන් ධර්මය දේශනා කළා. ඉතින් ස්වාමිනී භාග්‍යවතුන් වහන්ස, මම ඔබවහන්සේ සරණ යමි. ධර්මයත් සංඝයාත් සරණ යමි. අද පටන් මා දිවිහිමියෙන් තෙරුවන් සරණ ගිය උපාසකයකු ලෙස දරාගන්නා සේක්වා!"

දැන් බලන්න පෝතලිය බුදුරජාණන් වහන්සේව

සරණ ගියා. ධර්මය සරණ ගියා. ශ්‍රාවක සංඝයා සරණ ගියා. එහෙනම් මේ සූත්‍රය තුළ තිසරණයම තියෙනවනේ. ඇයි ශාස්තෘන් වහන්සේ ඉන්නවා. ඒ ශාස්තෘන් වහන්සේ තමයි ධර්මය දේශනා කරන්නේ. ඒ ධර්මය ශ්‍රාවකයා මෙනෙහි කරන ආකාරය මේ දේශනාවේ තියෙනවා. (ඒ කියන්නේ ඒ ධර්මය පිළිසරණ කරගන්න අයුරු.) ඒ පිළිසරණ කරගැනීම තුළ ශ්‍රාවකයා ලබන දියුණුවත් මේ දේශනාවේ තියෙනවා. එතකොට මේ කාරණා දැනගෙ නම තමයි පෝතලිය ගෘහපතියා තෙරුවන් සරණ ගියේ.

අපවිත්‍ර සරණකින් පිහිටක් ලබන්න බෑ...

ඊට පස්සේ මොහු බුදුරජාණන් වහන්සේගේ ශ්‍රාවකයෙක් බවට පත්වුණා. බුදුරජාණන් වහන්සේව සරණ යාම අවබෝධයෙන් නොකළොත් පින් කරගන්න හම්බවෙන්නේ නෑ. සමහර අය දහම් වැඩසටහන් වලට යනවා. ධර්මයත් ඉගෙන ගන්නවා. නමුත් කෙනෙක් තෙරුවන් සරණ ගියාම කියනවා "මොකටද ඔච්චර ධර්මය ඉගෙන ගන්නේ? මොනවට යනවද? මොනවට ඉගෙන ගන්නවද?" කියලා. එතකොට ඔහු සරණ ගිහිල්ලා නෑ. එහෙනම් ඔවුන් කියන්නේ නිකම්ම කියන්නන් වාලේ කියන ගිරා භාෂාවක්. ඒ කියන්නේ ගිරවා අවබෝධයක් ඇතුව වචන කතා කරන්නේ නැනේ. ඇහිච්ච දේ කියනවා. ඉතින් සරණ අපවිත්‍ර වුණාමත් ඒ වගේ තමයි.

ධර්ම මාර්ගයේ මූලාරම්භයට පැමිණෙන්න...

"යේ කේචි බුද්ධං සරණං ගතාසේ
- න තේ ගමිස්සන්ති අපායං
පහාය මානුසං දේහං - දේවකායං පරිපූරෙස්සන්තී'ති"

බුදුරජාණන් වහන්සේව, ධර්මය, සංඝයා සරණ ගියාද ඔවුන් අපායට යන්නේ නෑ. මිනිස් දේහය අත්හරින විට සුගතියේ උපදිනවා. එහෙනම් ඒකට අපවිත්‍ර නොවූ සරණක් ඕනේ. අපවිත්‍ර සරණකින් කිසිවක් ලබන්න බෑ. අපවිත්‍ර සරණක් තුළ පිහිටා සිටින්න බෑ. සරණ තුළ පිහිටා සිටීම තමයි මේකේ මූලාරම්භය. මුල් කාලේ තිබුණා 'සරණාගමන උපසම්පදාව'. බුදුරජාණන් වහන්සේ රහතන් වහන්සේලා හැට නමක් ධර්ම චාරිකාවේ පිටත් කළාට පස්සේ ඒ භික්ෂූන් වහන්සේලා පැවිදි වෙන්න කැමති අය එක්කගෙන එනවා.

බුදුරජාණන් වහන්සේ වදාළා. "නෑ එක්කගෙන එන්න එපා. ඒක ඔබට කරදරයි. ඒ ඒ තැන්වලම පැවිදි කරන්න. උපසම්පදා කරන්න" "ස්වාමීනි භාග්‍යවතුන් වහන්ස, කොහොමද අපි ඒක කරන්නේ" කියලා ඇහුවා. කිව්වා "කෙස් රැවුල් බාලා උක්කුටියෙන් ඉඳගෙන වැඳගෙන තුන්වරක් තෙරුවන් සරණ ගියාම එපමණකින් ඔහු පැවිදි වූයේද වේ. උපසම්පදා වූයේද වේ." එතකොට සරණ තුළ පිහිටා තමයි එයා ධර්මයේ හැසිරුණේ.

සීලයට කලින් ශ්‍රද්ධාව පෙරට ගන්න..

අද ඒ සරණ කතාව නෑ. අද උසස් කොට සලකන්නේ සරණ නෙවෙයි සීලයයි. ඒකත් සීලය ආරක්‍ෂා කිරීමට වැඩිය සිල්පද කීම විතරයි. සිල්පද ආරක්ෂා වෙන්න නම් අඩුගානේ ඒ සීලය තියෙන්නේ කුමක් සඳහාද කියන එකවත් දැනගන්න ඕන. ඒ කාරණය මේ පෝතලිය සූත්‍රයෙන් පැහැදිලිව පෙන්නුම් කරලා දෙනවා. තමාගේ හෘද සාක්ෂයෙන් චෝදනා නොලැබීමටත්, නුවණැති සත්පුරුෂයන්ගෙන් ගර්හා නොලැබීමටත්, සුගතියේ

ඉපදීමටත් තමයි මේ මාර්ගය තියෙන්නේ. මෙහෙම නොපැමිනුණොත් තමන්ගේ හෘද සාක්ෂිය තමන්ට චෝදනා කරනවා. නුවණැති සත්පුරුෂයන්ගෙන් ගර්හා ලැබෙනවා. සුගතිය අහිමි වෙනවා.

ඉතින් මේ නිසා මේ සියලු දේ මතුකරලා දෙන්නේ සරණ විසින්. දැන් බලන්න මේ පෝතලිය "ස්වාමීනි භාග්‍යවතුන් වහන්ස, එහෙනම් මමත් දැන් ප්‍රාණඝාතයෙන් වළකිනවා. සොරකමින් වළකිනවා" කිය කියා විස්තර කරන්න ගියේ නෑ. ඔහු මොකක්ද කළේ? බුදුරජාණන් වහන්සේ සරණ ගියා, ධර්මය සරණ ගියා, ශ්‍රාවක සංඝයා සරණ ගිහින් ආර්ය ශ්‍රාවකයෙක් වුණා. ගෘහස්ථ ආර්ය ශ්‍රාවකයෙක් වුණා. උපාසකයෙක් වුණා. ඊට පස්සේ උපාසකයෙක් වුණේ යමක් සඳහාද, ඒ වගකීම ඔහු දරා ගන්නවා. ඔහු ඒ වෙනුවෙන් යම්කිසි කැපවීමක් කරනවා. එතකොට ඔහුට ඒකේ පිළිසරණක් තියෙනවා. අන්න ඒ විදිහටයි බුදුරජාණන් වහන්සෙගේ ශ්‍රාවකයෝ බොහෝ පිරිසක් දුගතියෙන් බේරිලා සුගතියේ ආරක්ෂා වෙලා නිවන් මඟ තුළට බැසගත්තේ. ඉතින් ඒ නිසා අපටත් අවබෝධයෙන්ම තෙරුවන් සරණ යන්නට මේ සියලුම පින්, ඒකාන්තයෙන්ම උපකාර වේවා!

සාදු! සාදු!! සාදු!!!

නමෝ තස්ස භගවතෝ අරහතෝ සම්මාසම්බුද්ධස්ස
ඒ භාග්‍යවත් අරහත් සම්මා සම්බුදුරජාණන් වහන්සේට නමස්කාර වේවා!

05.

වම්මික සූත්‍රය

(මජ්ඣිම නිකාය 1 - ඕපම්ම වර්ගය)

ශ්‍රද්ධාවන්ත පින්වතුනි,

අද අපි සුදානම් වෙන්නේ මජ්ඣිම නිකායට අයත් දේශනාවක් ඉගෙන ගන්නයි. බුදුරජාණන් වහන්සේ මේ දේශනාව වදාළේ, සැවැත් නුවරදී කුමාර කස්සපයන් වහන්සේ අරහයායි. ඒ දවස්වල කුමාර කස්සප ස්වාමීන් වහන්සේ වැඩවාසය කළේ අන්ධ වනයේ. අන්ධ වනය කියන්නේ සැවැත් නුවරට ආසන්න වූ විවේකී වනාන්තරයක්. දවසක් එක්තරා දෙවි කෙනෙක් අන්ධ වනයම ඒකාලෝක කරගෙන කුමාර කස්සපයන් වහන්සේ ළඟට පැමිණිලා එක්තරා ප්‍රහේලිකාවක් පැවසුවා. ඒ ගැන විස්තර තමයි මේ දේශනාවේ තියෙන්නේ.

ඔබ දන්නවා බුදුරාජාණන් වහන්සේ දෙවියන්ගේත් මිනිසුන්ගේත් ශාස්තෘන් වහන්සේ. උන්වහන්සේ ලෝකයාට දහම් මග කියද්දී, ඒ ධර්මය දෙවියොත්

අවබෝධ කරගන්නවා. මිනිස්සුත් අවබෝධ කරගන්නවා. සමහර අවස්ථාවලදී මිනිසුන්ට නොවැටහෙන, මිනිසුන් නොසිතූ සමහර දහම් කරුණු දෙවිවරු ඇවිල්ලා අහනවා.

දෙවි මිනිසුන්ගේ ශාස්තෘන් වහන්සේ...

ඔබ දන්නවා මහා මංගල සූත්‍රය දේශනා කරන්නත් හේතුවුණේ දෙවිකෙනෙකුගේ ප්‍රශ්නයක්. මිනිස්සු ඇවිදින් බුදුරජාණන් වහන්සේගෙන් මංගල කරුණු ගැන ඇහුවේ නෑ. මංගල කරුණු ගැන ඇහුවේ දෙවිවරු. ඒ වගේම පරාභව සූත්‍රයේදී පිරිහෙන කරුණු ගැන ඇහුවෙත් මිනිස්සු නෙවෙයි, දෙවිවරුයි. ඒ ඔක්කොම දෙවිවරුන්ට කළ දේශනා. හැබැයි ඒවායේ තියෙන්නේ මනුස්ස ජීවිතයට උපකාරවෙන දේවල්.

මෙතැනදීත් ඒ වගේ කුමාර කස්සපයන් වහන්සේ ළඟට දෙවි කෙනෙක් පැමිණිලා ප්‍රහේලිකා ස්වරූපයේ ප්‍රශ්නයක් ඇහුවා. සමහර අවස්ථාවලදී දෙවිවරු මේ වගේ ප්‍රශ්න උගන්නලා උත්තර හොයාගෙන එන්න කියලා මිනිසුන්ව බුදුරජාණන් වහන්සේ ළඟට පිටත් කරනවා. ඒ අය බුදුරජාණන් වහන්සේ ළඟට ගිහිල්ලා ඒ ප්‍රශ්න අසද්දී ඒ නුවණැති මිනිසුන්ට ඒක අවබෝධ වෙනවා. ඒ විදිහට මනුස්ස ලෝකයේ මින්සුන්ට විස්තර වශයෙන් බුදුරජුන්ගේ ධර්මය ලැබෙන්න දෙවිවරු සෑහෙන්න උදව්වෙලා තියෙනවා.

නොදන්නාකමට කියන කථා...

මේකෙන් අපට පේනවා, එහෙනම් දෙවිවරුන්ටත් යමක් හිතන්න පුළුවන්කම තියෙනවා. නමුත් අපට කාලයක් තිස්සේ අහන්න ලැබුණේ 'දෙවිවරුන් කියන්නේ

ධර්මය අවබෝධ කරන්න බැරි පිරිසක්ය, මන්දබුද්ධික පිරිසක්ය, ඒ ඇත්තන්ට පුළුවන්කම තියෙන්නේ අපි දෙන පින්වලින් යැපි යැපි ඉන්න විතරයි' කියලනේ. නමුත් මේ බුද්ධ දේශනා සිහි බුද්ධියෙන් කියවද්දී පේනවා, ඒ ඇසූ දේවල් බොරු බව. බොහෝ දෙනෙක් දිව්‍යලෝක ගැන සැබෑ තතු දන්නේ නෑ. නමුත් අපට පේනවා දෙවිවරුත් මිනිසුන් වගේම බුද්ධිමත්. සමහර අවස්ථාවලදී දෙවිවරු ඉතාම වේගයෙන් ධර්මය අවබෝධ කරනවා.

හොඳ උදාහරණයක්...

කපිලවස්තුවේ ගෝපිකා කියලා උපාසිකාවක් සිටියා. ඇය නිතරම භික්ෂූන් වහන්සේලාට උපස්ථාන කරනවා. දවසක් ඒ උපාසිකාව, "අනේ පින්වත් ස්වාමීන් වහන්ස, ඔබවහන්සේලා පුරුදු කරන ධර්මය මටත් පොඩ්ඩක් කියලා දෙන්න" කියලා ඉල්ලීමක් කළා.

ඒ ස්වාමීන් වහන්සේලා ඇයට ධර්මය කියලා දුන්නා. ධර්මය ශ්‍රවණය කරපු ගෝපිකා උපාසිකාව ධර්මය අල්ලාගත්තා. මොකද, මේ ගෝපිකාට හොඳට මොලේ තිබ්බා. ඇය නිතරම දාන දෙන්න ගියා. ස්වාමීන් වහන්සේලාට උපස්ථාන කරන්න ගියා. ඒත් 'අනේ මේ ස්වාමීන් වහන්සේලනේ මට ධර්මය කියලා දුන්නේ' කියලා ස්වාමීන් වහන්සේලාව අල්ලාගත්තේ නෑ. අල්ලාගත්තේ ධර්මයයි. ඒ නිසා ඇයට ධර්මය අවබෝධ වුණා. ගෝපිකා උපාසිකාව ගෙදර ඉඳලා සෝවාන් වුණා. හැබැයි, ඇයට සෝවාන් වෙන්න උපකාර වූ ධර්මය කියා දීපු ස්වාමීන් වහන්සේලාට ධර්මය අවබෝධ කරගන්න බැරුව ගියා. ඒ ස්වාමීන් වහන්සේලාට සතර අපායෙන් නිදහස් වෙන්න බැරුව ගියා.

ගෝපිකා ගෝපක වුණා...

හැබැයි අපතේ ගියේ නෑ. ගෝපිකාව මිය ගිහින් ශක්‍ර දෙවියන්ගේ පුත්‍රස්ථානයේ ගෝපක කියන නමින් දිව්‍ය කුමාරයෙක් වෙලා උපන්නා. අර භික්ෂූන් වහන්සේලාත් ඒ දිව්‍ය ලෝකයේම දෙවිවරුන්ට නෘත්‍ය, නැටුම් දක්වන ගාන්ධර්ව කණ්ඩායමක උපන්නා. බලන්න වෙන දේ.

දවසක් ගෝපක දිව්‍ය පුත්‍රයා තමන් ඉස්සරහා නැටුම් දක්වන මේ අලුත් පිරිස හඳුනා ගත්තා. 'මේ මං දන්පැන් දීලා උපස්ථාන කරපු ස්වාමීන් වහන්සේලා නේද? මුන්වහන්සේලාගෙන් ධර්මය අහලා නේද මං සෝතාපන්න වුණේ? අනේ මං මේක මතක් කරන්න ඕන' කියලා "ඔබලා කොහේ ඉඳලද ආවේ?" කියලා ඇහුවා. "අපි මනුස්ස ලෝකේ" කිව්වා. "කොහෙද හිටියේ? මොකක්ද කළේ?" කියලා ඇහුවා."අපි කපිලවස්තුවේ පැවිදිවෙලා හිටියා" කිව්වා. ඊට පස්සේ ඇහුවා "මතකද? කපිලවස්තුවේ ගෝපිකා කියලා එක්තරා උපාසිකාවක් ඔබවහන්සේලාට දන්පැන් දුන්නා?" "මතකයි" කිව්වා. "ඔබවහන්සේලා ඇයට ධර්මය කිව්වා මතකද?" "මතකයි" කිව්වා. "ඒ ගෝපිකා තමයි මම" කිව්වා.

ධර්මය ඇහුවේ මොන දිශාව බලාගෙනද...?

ඊට පස්සේ ඇහුවා "ඔබවහන්සේලා මොන දිශාව බලාගෙනද ඒ ධර්මය පුරුදු කළේ?" එතකොට ඒ දිව්‍ය කුමාරවරු කීපදෙනෙක් එකපාරට තමන්ගේ අතීතය සිහිකරන්න ගත්තා. සිහිකරද්දී 'අපි ගෞතම ශාසනේ පැවිදිවෙලා හිටියා නෙව. ධර්මයත් ප්‍රගුණ කළා. නමුත් අපට ධර්මය අවබෝධ කරගන්න බැරුව ගියා නෙව' කියලා

සංවේගයක් උපන්නා. හැබැයි ඒ සැණින්ම ඒ දෙවිවරුන්ගෙන් දෙන්නෙක් ධර්මයේ සිත පිහිටුවාගෙන සුළු වේලාවක් ඇතුළත චිත්ත ඒකාග්‍රතාවයක් ඇතිකරගෙන, විදර්ශනා වඩලා, එතැනින් චුතවෙලා බඹලොව උපන්නා. බලන්න දිව්‍ය ලෝකවල තියෙන හැකියාව. අතීතය මතක් කරගන්නත් පුළුවන් වුණා. අතීතයේ ප්‍රගුණ කරපු ධර්මය මතුකරගන්නත් පුළුවන් වුණා. හැබැයි ඒ දෙවිවරු පිරිසෙන් එක්කෙනෙකුට ඒක කරගන්න බැරිවුණා. වීර්යය මදිවුණා. එයා දිව්‍ය කාමයටම ඇලිලා හිටියා. සමහර විට පස්සේ කාලේ අප්‍රමාදී වෙන්න ඇති. ඒක දන්නේ නෑ. නමුත් ඒ වෙලාවේ ඇලිලා හිටියා.

පින්වත්නි, මේකෙන් අපට පේන්නේ, දෙවියන්ට මේ ධර්මය අවබෝධ කරගැනීමේ හැකියාව තියෙනවා. ගෝපක දිව්‍ය කුමාරයා ඉපදුණේ තව්තිසාවේ. චාතුම්මහාරාජික, තාවතිංස කියන දිව්‍ය ලෝක දෙකේම අධිපති තමයි සක් දෙවිඳු. එතකොට මේ දිව්‍ය ලෝකවල පහළ තලවල ඉපදෙන දෙවිවරුන්ට පවා ධර්මය අවබෝධ කිරීමේ අවස්ථාව තියෙනවා.

අරුම පුදුම ප්‍රහේලිකාවක්...

ඉතින් එදා රාත්‍රියේ කුමාර කස්සපයන් වහන්සේ ළඟට පැමිණි මේ දෙවියා මෙන්න මෙහෙම දෙයක් කියා සිටියා. "භික්ෂුව මේක තුඹසක්. මේ තුඹස රෑ තිස්සේ දුම් දානවා. දවල්ට ඇවිලෙනවා. එතකොට භික්ෂුව, එක බ්‍රාහ්මණයෙක් මෙහෙම කිව්වා 'නුවණැති තැනැත්ත, ආයුධයක් අරගෙන මේ තුඹස හාරන්න' කියලා. ඉතින් ප්‍රඥාවන්ත කෙනා මේ තුඹස හාරන්න පටන් ගත්තා. හාරගෙන යනකොට මේ තුඹස වසාගෙන තියෙන දොර

අගුලක් හමුවුණා. එතකොට ඒ ඤාණවන්ත කෙනා බ්‍රාහ්මණයට කියනවා "ස්වාමීනී, දොර අගුලක් අහුවුණා." එතකොට බ්‍රාහ්මණයා "ඒ දොර අගුල ගලවලා අයින් කරන්න" කිව්වා.

තුඹසේ උපමාවෙන් ජීවිතයේ යථාර්ථය...

ඊට පස්සේ කියනවා "(අභික්ඛණ සුමේධ සත්ථං ආදායාති) ආයෙත් ආයුධය අරගෙන හාරන්න." 'සුමේධ' කිව්වේ ඤාණවන්ත තැනැත්ත කියන අර්ථයෙන්. ආයේ හාරනකොට ගෙම්බෙක් හමුවුණා. "ස්වාමීනී, ගෙම්බෙක් හම්බවුණා." "ආ.. එයත් උඩට දාන්න. ඤාණවන්ත තැනැත්ත, ආයෙමත් හාරන්න." ආයෙමත් හාරනකොට ඒ ඤාණවන්ත තැනැත්තාට දෙපැත්තට තියෙන මාර්ග යක් හමුවුණා. "ඒ දෙපැත්තට තියෙන මාර්ගයත් උස්සලා පැත්තකින් තියන්න. ආයෙත් හාරන් යන්න" කිව්වා.

ආයෙත් හාරගෙන යනවා. ඒ විදිහට ආයෙත් හාරගෙන යනකොට පෙරහංකඩයක් මුණගැසුණා. "ස්වාමීනී, පෙරහංකඩයක් හමුවුණා. "ඒ පෙරහංකඩයත් අරන් පැත්තකින් තියන්න. ආයෙත් හාරන්න." තවදුරටත් හාරගෙන යනකොට ඉබ්බෙක් හම්බ වුණා. "ස්වාමිනී, ඉබ්බෙක් හම්බවුණා." (ඉබ්බෙක් කියන්නේ ඉදිබුවෙක්) එතකොට "ආ.. ඒ ඉදිබුවාවත් අරගෙන පැත්තකින් තියන්න. ආයෙත් හාරන්න" කිව්වා. ආයෙත් හාරද්දී මස් කපන කොටේකුයි, පිහියකුයි හම්බවුණා. "හරි.. ඒකත් අයින් කරන්න. අයින් කරලා ආයෙත් හාරන්න." ආයේ හාරනකොට මස් වැදැල්ලක් හම්බවුණා. "ස්වාමීනී, මස් වැදැල්ලක්." "එකත් අයින් කරන්න. ආයෙත් හාරන්න." ඊළඟට නයෙක්

හම්බවෙනවා. "ස්වාමීනී, නයෙක් ඉන්නවා." "ආ... නයාට ඉන්න දෙන්න. ඒ නයත් එක්ක හැප්පෙන්න යන්න එපා! (නමෝ කරෝහි නාගස්සා ති) ඒ නාගයාට වඳින්න" කියනවා.

ගැටලුව තථාගතයන් වහන්සේ කරා...

මේ දෙවියා මේ විදිහට ප්‍රහේලිකාවක් වන් ප්‍රශ්නයක් ප්‍රකාශ කරලා "භික්ෂුව, ඔන්න මං ඔබට ප්‍රශ්නය කිව්වා. දැන් ඔබ භාග්‍යවතුන් වහන්සේ ලඟට ගිහින් මේ කාරණය අහන්න. භාග්‍යවතුන් වහන්සේ යම් විදිහකින් පිළිතුරු දෙයිද, ඒ විදිහට මතක තබාගන්න" කිව්වා. "හැබැයි භික්ෂුව, දෙවියන් සහිත, මරුන් සහිත, බඹුන් සහිත, ශ්‍රමණ බ්‍රාහ්මණයන් සහිත මේ ලෝකයේ තථාගතයන් වහන්සේ හැර, තථාගත ශ්‍රාවකයෙක් හැර, එයින් ඉගෙන ගත්තු දෙයක් උපුටා දක්වන්න පුළුවන් කෙනෙක් හැර මේ ප්‍රහේලිකාව විසඳන්න පුළුවන් කෙනෙක් නම් ලෝකයේ නෑ."

දෙවි කෙනෙක් පුදුම ප්‍රශ්නයක් ඇහුවා නෙව...

ඉතින් කුමාර කස්සපයන් වහන්සේ ඒ රෑ ඇවෑමෙන් භාග්‍යවතුන් වහන්සේව බැහැදකින්න පිටත් වුණා. භාග්‍යවතුන් වහන්සේට වන්දනා කළා. වන්දනා කොට එකත්පස්ව වාඩිවෙලා මේ විදිහට කියා සිටියා. "ස්වාමීනී භාග්‍යවතුන් වහන්ස, ඊයේ මධ්‍යම රාත්‍රියේ මුළු අන්ධ වනයම ඒකාලෝක කරගෙන එක්තරා දෙවියෙක් පැමිණුනා. පැමිණිලා මෙහෙම කිව්වා "භික්ෂුව, මේ තියෙන්නේ තුඹසක්. මේ තුඹස රාත්‍රියට දුම් දානවා. දවාලෙට ඇවිලෙනවා. එතකොට බ්‍රාහ්මණයෙක් නුවණ

ඇති කෙනෙකුට "නුවණ තියෙන තැනැත්ත, ආයුධයක් අරගෙන ඔය තුඹස හාරන්න" කියලා කියනවා. ඉතින් අර නුවණ තියෙන තැනැත්තා මේ තුඹස හාරනවා. හාරද්දී ඒ නුවණැත්තාට තුඹස වසා ඇති දොර අගුලක් අහුවෙනවා. එතකොට එයා අර බ්‍රාහ්මණයට කියනවා 'ස්වාමීනී, දොර අගුලක් අහුවුණා' කියලා. බ්‍රාහ්මණයා පිළිතුරු දෙනවා, "ඥාණවන්ත තැනැත්ත, දොර අගුල ගලවලා උඩට ගන්න. පැත්තකින් තියන්න. ආයෙමත් හාරගෙන යන්න" කියලා.

තුඹසේ ගවේශනය කුමක් පිණිසද...?

ආයේම හාරගෙන යද්දී ගෙම්බෙක් අහුවෙනවා. 'ස්වාමීනී, ගෙම්බෙක් ඉන්නවා' කියනවා. 'හා ඔය ගෙම්බවත් අරගෙන පැත්තකින් තියන්න. නුවණැති තැනැත්ත, ඔය ආයුධයෙන් තවදුරටත් හාරන්න.' ආයේ හාරගෙන යනකොට දෙමං සන්ධියක් අහුවෙනවා. 'ස්වාමීනී, දෙමං සන්ධියක් අහුවුණා' කියනවා. 'නැණවත් තැනැත්ත, එහෙනම් ඒකත් අරගෙන පැත්තකින් තියලා තවදුරටත් හාරන්න' කියනවා. තවදුරටත් හාරද්දී පෙරහංකඩයක් හම්බෙනවා. 'ආ ඒකත් පැත්තකින් තියන්න. තවදුරටත් හාරන්න' කියනවා.

දිගින් දිගටම හාරනකොට ඉදිබුවෙක් අහුවෙනවා. එතකොට අර බ්‍රාහ්මණයා 'නැණවත් තැනැත්ත, තව දුරටත් හාරාගෙන යන්න' කියනවා. ඉතින් අර නුවණැති කෙනා තවදුරටත් ආයුධයෙන් හාරාගෙන යද්දී මස් කපන කොටෙයි, පිහියයි අහුවෙනවා. 'ස්වාමීනී, මස් කපන කොටේකුයි, පිහියකුයි තියෙනවා.' 'ආ.. ඒකත් අයින් කරන්න' කියනවා.

නාගයාට නමස්කාර කරන්න...

ඒකත් අයින් කරලා හාරගෙන යද්දී මස් වැදැල්ලක් අහුවෙනවා. 'ස්වාමීනී. මස් වැදැල්ලක් අහුවුණා.' එතකොට අර බ්‍රාහ්මණයා 'ඒ මස් වැදැල්ලත් අයින් කරන්න. ආයේම හාරගෙන යන්න' කියනවා. ආයේ හාරනකොට නයෙක් හම්බවෙනවා. 'ස්වාමීනී, නයෙක් ඉන්නවා.' එතකොට කියනවා 'හා.. හා.. නාගයා හිටපුවාවේ. ඒ නාගයාත් එක්ක හැප්පෙන්න යන්න එපා. නාගයාට නමස්කාර කරන්න' කියලා.

භාග්‍යවතුන් වහන්ස, මෙන්න මේවා තමයි ඒ දෙවියා මගෙන් ඇහුවේ. ඒ විදිහට ප්‍රකාශ කරලා මට කිව්වා 'පින්වත් භික්ෂුව, මෙන්න මේ ප්‍රහේලිකාව ඉගෙනගෙන ගිහින් භාග්‍යවතුන් වහන්සේගෙන් අහන්න' කියලා. ඒ වගේම 'තථාගතයන් වහන්සේ හැර, තථාගත ශ්‍රාවකයෙක් හැර, එයින් ඉගෙන ගත්තු දෙයක් උපුටා දක්වන්න පුළුවන් කෙනෙක් හැර, දෙවියන් සහිත, මරුන් සහිත, බඹුන් සහිත, ශ්‍රමණ බ්‍රාහ්මණවරුන් සහිත ලෝකයේ වෙන කාටවත් මේ ප්‍රශ්නයට උත්තර දෙන්න බෑ' කිව්වා."

පහදා දෙනු මැන තුඹසේ ගැටලුව...

ඉතින් කුමාර කස්සප ස්වාමීන් වහන්සේ බුදුරජාණන් වහන්සේගෙන් අසා සිටියා "ස්වාමීනී භාග්‍යවතුන් වහන්ස, මේ තුඹස කියලා කියන්නේ මොකක්ද? ස්වාමීනී භාග්‍යවතුන් වහන්ස, රෑට දුම් දමනවා කියන්නේ මොකක්ද? ස්වාමීනී භාග්‍යවතුන් වහන්ස, දවාලට ඇවිලෙනවා කියන්නේ මොකක්ද? ස්වාමීනී, බ්‍රාහ්මණයා කියන්නේ කාටද? ස්වාමීනී, ඤාණවන්ත තැනැත්තා කියන්නේ

කවුද? ස්වාමීනී, ආයුධය කියන්නේ මොකක්ද? භාරනවා කියන්නේ මොකක්ද? දොර අගුල කියලා කියන්නේ මොකක්ද? ගෙම්බා කියලා කියන්නේ මොකක්ද? දෙමංසන්ධිය කියලා කියන්නේ මෝකක්ද? පෙරහන්කඩේ කියලා කියන්නේ මොකක්ද? ඉබ්බා කියලා කියන්නේ කාටද? මස් කපන පිහියයි කොටෙයි කියලා කියන්නේ මොනවද? මස් වැදැල්ල කියන්නේ මොනවද? නාගයා කියන්නේ කවුද?" දැන් මෙතැන ප්‍රශ්න රාශියක්.

අපි ඔක්කොම තුඹස්...

බුදුරජාණන් වහන්සේ පිළිතුරු දෙනවා "පින්වත් භික්ෂුව, තුඹස කියලා කියන්නේ සතර මහා ධාතූන්ගෙන් හටගත්, මව්පියන් නිසා උපන්, ආහාර පාන ආදියෙන් යැපෙන, අනිත්‍ය වූ ඉලීම්, පිරිමැදීම්, බිඳීම්, වැනසීම් ස්වභාව කොටගත් මේ සිරුරට කියන නමක්." එහෙනම් අපි ඔක්කෝම තුඹස්. හුඹස් බියෙන් යුක්ත හුඹස්. තුඹස කියලා කියන්නේ සාරවත් දෙයක් නෙවෙයිනේ.

වේයෝ තුඹසක් හැදුවට පස්සේ එක්කෝ ඒකේ තලගොයෙක් ගිහිල්ලා පදිංචි වෙලා ඉන්නවා. එක්කෝ ගැරඬියෙක්, එක්කො නයෙක්, කවුරු හරි රිංගලා ඉන්නවා. ඒ විදිහට යම් යම් දේවල් මේ තුඹසේ රිංගලා තියෙනවා. එතකොට තුඹස කියන්නේ එක එක දේවල් රිංගපු, එක එක දේවල් ඇතුළේ තියෙන දෙයක්. බුදුරජාණන් වහන්සේ මේ ශරීරය ගැන දේශනා කරන්නේ තුඹසක් වගේ කියලයි. පඨවි ධාතු, ආපෝ ධාතු, තේජෝ ධාතු, වායෝ ධාතු කියන සතර මහා භූතයන්ගෙන් හටගත් මේ කයට තමයි තුඹස කියලා කියන්නේ.

මේක සම්භවය වුණේ මව්පියන්ගෙන් කියනවා. අපි දන්නවා මව්කුසක ධාතු 6 ක් පිහිටනවා. පඨවි ධාතු, ආපෝ ධාතු, තේජෝ ධාතු, වායෝ ධාතු, ආකාශ ධාතු, විඤ්ඤාණ ධාතු. යම් දවසක මව්කුසක ඒ ධාතු හය පිහිටනවාද, ඒක තමයි උපත. ඊට පස්සේ මෑණියන් ගන්න ආහාර පාන සාරය කොටගෙන, කර්මානුරූපව ඒ කළලය පෝෂණය වෙනවා. ඇයි විඤ්ඤාණය සම්බන්ධ වෙලානේ තියෙන්නේ. මොකද, උපදින්නේ භවය ප්‍රත්‍යයෙන්.

අපට විෂය නොවන බුදුවරුන්ගේ අවබෝධය...

භවය කිව්වේ විපාක පිණිස කර්ම රැස්වීම. අපි සංසාරේ රැස්කරන ලද කර්මයට අනුව තමයි උපත තියෙන්නේ. බුද්ධ දේශනාවේ තියනවා "**(කම්ම විපාකෝ අචින්ත්‍යයෝ)** කර්ම විපාක අචින්ත්‍යයි" කියලා. කර්මය විපාක දෙන ආකාරය අපට හිතන්න බෑ. මොකද, අපේ හිතීමේ හැකියාව බොහොම සීමා සහිතයි. අපේ කල්පනාවට සීමාවක් තියෙනවා. ඒ නිසා බුදුරජාණන් වහන්සේ දේශනා කළා 'කර්ම විපාක, කර්මය විපාක දෙන ආකාරය හිතලා ඉවරකරන්න බෑ' කියලා. ඒ වගේම "**(ලෝක විසයෝ අචින්තියෝ)** ලෝකයේ ස්වභාවය සම්බන්ධයෙනුත් හිතලා ඉවර කරන්න බෑ" කියනවා.

නෙළුම් දණ්ඩක් තුළින් මහා සේනාවක්...?

එක දවසක් තරුණයෙක් ලෝකය ගැන කල්පනා කරන්න හිතුවා. ඒ ළඟ 'සමාගාවා' කියලා පොකුණක් තිබුණා. මේ තරුණයා ඒ පොකුණ ගාවට ගිහින් වාඩිවෙලා 'මම දැන් ලෝකය ගැන හිතනවා' කියලා හිතන්න පටන් ගත්තා. මෙයා හිත හිතා හිටියේ අර පොකුණ දිහා බලාගෙන. දැන් මෙයාට පොකුණේ නෙළුම් පේනවා.

එක නෙළුම් දණ්ඩකට මෙයාගේ අවධානය යොමුවෙලා තිබුණා. ඒ දිහා බලාගෙන තමයි මෙයා ලෝකය ගැන හිත හිතා හිටියේ. එකපාරට මෙයාට ඒ නෙළුම් දණ්ඩ අස්සෙන් පිරිසක් යනවා පෙණුනා. මේක දැකපු ගමන් මේ තරුණයා බයවුණා. බයවෙලා "මේන් බලාපල්ලා නෙළුම් දණ්ඩක් අස්සෙන් මහා සේනාවක් යනවා" කියලා මිනිස්සුන්ට කිව්වා. මිනිස්සු "උඹට පිස්සු. උඹ පිස්සෙක්. නෙළුම් දණ්ඩක් අස්සෙන් කොහෙද යෝධයෝ සේනා යන්නේ?" කියලා ඇහුවා.

ලෝකය ගැන අපේ දැනුම අල්පයි...

බුදුරජාණන් වහන්සේ වදාළා, "මහණෙනි, ඇත්තටම එදා ඒක සිද්ධවුණා. ඒ වෙලාවේ ලෝකේ සුර අසුර යුද්ධයක් වුණා. ඒ යුද්දෙදී අසුරයෝ පැරදිලා ඒ නෙළුම් දණ්ඩ අස්සෙන් පැනලා ගියා." බලන්න, මේ දේවල් ලෝකයේ සාමාන්‍ය මනුස්සයෙකුට හිතා ගන්නවත් පුළුවන්ද? මේ තමයි ලෝක ස්වභාවය. සාමාන්‍ය මනුස්සයෙකුට හිතනවා තියා සිතුවිලි කොනකටවත් එන්න බෑ. අපිට හිතෙන්නේ දුවන්න පාරක්ම ඕන කියලානේ. ඒ ලෝක ස්වභාවය ගැන අපේ නොදන්නාකමයි.

ඒ වගේම "**(බුද්ධ විසයෝ අචින්තියෝ)** බුදුවරු ගැන හිතන්න යන්න එපා" කිව්වා. බුදුරජාණන් වහන්සේලාට කරන්න පුළුවන් දේවල්, උන්වහන්සේලාගේ විෂය ක්ෂේත්‍රය මොකුත් හිතන්න එපා කිව්වා. හිතන්න එපා කිව්වේ, ඒක හිතන්න ගිහිල්ලා **(විඝාතස්ස භාගියස්ස)** නැති අවුලකට භාජනය වෙනවා. උන්වහන්සේ දේශනා කළේ "ඕවා හිතන්න ගියොත් උමතු වෙනවා. වුවමනා කරන කාරණයෙන් තමන් ගිලිහී යනවා" කියලයි.

බුද්ධ වචනය ඉක්මවා නොයන්න...

බුදුවරු කොහොමද, උන්වහන්සේලා කල්ප කොච්චර පෙරුම් පුරනවාද, උන්වහන්සේලාගේ ස්වභාවය මොකක්ද, උන්වහන්සේලාට වැටහෙන්නේ මොනවාද? කිය කියා හොයන්න ගත්තොත් අපි බුද්ධ වචනය ඉක්මවා යනවා. මොකද, බුදුරජාණන් වහන්සේ දේශනා කළේ "**(බුද්ධ විසයෝ අචින්තියෝ)** බුදුරජාණන් වහන්සේලා ගැන අපට හිතලා නිමකරන්න බෑ" කියලනේ.

ඊළඟට උන්වහන්සේ "**(ඣාන විසයෝ අචින්තියෝ)** ධ්‍යාන විෂය, (ධ්‍යානයක් ඇතිවුණාට පස්සේ ඒ ධ්‍යානය පාදක කරගෙන සිදුවෙන දේවල්) හිතලා ඉවර කරන්න බෑ" කිව්වා. උන්වහන්සේ මේවා පෙන්නුවේ අචින්තනීය දේවල් හැටියටයි.

මෙන්න අපට අවශ්‍ය දේ...

ඒ වගේම උන්වහන්සේ අපට හිතන්න පුළුවන් කොටස දේශනා කළා. ඒ හිතන්න පුළුවන් කොටස හොඳට නුවණ තියෙන කෙනෙකුට හිතන්න පුළුවන්. ඉතින් උන්වහන්සේ මෙතැනදී මේ ශරීරය ගැන දේශනා කළේ තුඹසක් වගේ කියලයි. තුඹසේ සිදුරු තියෙනවා වගේ මේ කයෙත් ඇස, කණ, නාසය, දිව, කය, මනස තියෙනවා. කණ් සිදුරු, නාස් සිදුරු ආදී සිදුරු තියෙනවා. ඒ නිසයි සිදුරු තියෙන තුඹසක් වගේ කිව්වේ. මව්පියන් නිසා හටගත්, ආහාරපාන ආදියෙන් පෝෂණය වෙන, අනිත්‍ය වූ ඉලීම්, පිරිමැදීම් ඇති, කැඩීබිඳී යන ස්වභාවය ඇති, වැනසී යන ස්වභාවය ඇති මේ ශරීරයට කියන නමක් තමයි 'තුඹස.'

රාත්‍රියේ දුම් දැමීම...

ඊට පස්සේ බුදුරජාණන් වහන්සේ රාත්‍රියට දුම් දානවා කියලා කියන්නේ කුමක්ද? කියලා කුමාර කස්සපයන් වහන්සේට වදාළා. ඒ තමයි, පහුවදාට කරන්න තියෙන වැඩ ගැන කල්පනා කර කර සිටීම. හෙට කරන්න තියෙන වැඩ ගැන අද කල්පනා කර කර ඉන්නවා "හෙට අරයට මෙහෙම කරන්න ඕන.. හෙට අරයට දෙන්නම් වැඩේ.. ලියන්නම් පෙත්සම.." මේවා කල්පනා කර කර ඉන්නවා. ඒ නිසා රෑ තිස්සේ නින්ද යන්නේ නෑ. සුසුම් හෙලනවා. හති වැටෙනවා. පහුවදාට කරන දේවල් ගැන රෑ තිස්සේ දුම් දානවා. ඒකට කියන්නේ තුඹසෙන් දුම් දානවා කියලයි.

ඊළඟට දවාලට තුඹස ගිනි ගන්නවා කියන්නේ මොකක්ද? කියලා දේශනා කරනවා, "**(රත්තිං අනුවිතක්කෙත්වා අනුවිචාරෙත්වා)** රෑ තිස්සේ කල්පනා කර කර ඉඳලා, දවාලට ඒ දේවල් කයිනුත්, වචනයෙනුත්, මනසෙනුත් ක්‍රියාවේ යොදවනවා. ඒ තමයි, දවාලට ගිනි ගැනීම. රෑට සැළසුම් ගහනවා. දවාලට ක්‍රියාත්මක කරනවා. බලන්න උන්වහන්සේට කොච්චර ලස්සනට මේ දේවල් වැටහෙනවාද? ඒ දෙවි කෙනා කල්පනා කරපු විදිහ බලන්න. කොහොම හරි කල්පනා කරලා හොයන්න බැරිවෙන්න ප්‍රශ්නයක් ගැටගැහුවා. ඒ දෙවියා කිව්වනේ "මේක විසදන්න පුළුවන් වෙන්නේ එක්කෝ බුදු කෙනෙකුට, එහෙම නැත්නම් බුදුරජුන්ගේ ශ්‍රාවකයෙකුට, එහෙමත් නැත්නම් ඒ ධර්මය අහගත්ත කෙනෙකුට විතරයි. වෙන කෙනෙකුට නම් මේක විසඳන්න බෑ" කියලා. ඒක හරි බව පේනවානේ. මේක ලේසි කෙනෙකුට තෝරන්න බෑ.

නිවනට මග කී උත්තම බ්‍රාහ්මණයා...

"(බ්‍රාහ්මණෝ ති ඛෝ භික්ඛු තථාගතස්සේතං අධිවචනං අරහතෝ සම්මා සම්බුද්ධස්ස) භික්ෂුව, බ්‍රාහ්මණයා කියලා කියන්නේ තථාගත අරහත් සම්මා සම්බුදුරජාණන් වහන්සේට කියන නමක්. එතකොට මෙතැන බ්‍රාහ්මණයා කියලා කිව්වේ සාමාන්‍ය බමුණන් ගැන නෙවෙයි. සාමාන්‍ය බමුණන් ගැන අනගාරික ධර්මපාල තුමා හොඳට කියලා තියෙනවා. අනගාරික ධර්මපාලතුමා සාමාන්‍ය බමුණන්ගෙන් ඇහුවනේ, "ගඳගහන අමුඩෙත් ඇඳගෙන පූන නූල දාගෙන ඉන්න උඹලට මොනවද තියෙන්නේ?" කියලා.

මෙතැන බ්‍රාහ්මණ කියලා කියන්නේ ඒ අර්ථයෙන් නෙවෙයි. මෙතැන බ්‍රාහ්මණ කියන්නේ කෙලෙස් බැහැර කළ, කෙලෙස් ප්‍රහාණය කළ කෙනා කියන අර්ථයෙන්. මෙතැන කෙලෙස් ප්‍රහාණය කළ කෙනා කියලා කිව්වේ කෙලෙස් ප්‍රහාණය කරලා අන් අයට මාර්ගය පෙන්වන තථාගත අරහත් සම්මා සම්බුදුරජාණන් වහන්සේට.

බුදු කෙනෙකුගේත් පසේ බුදු කෙනෙකුගේත් වෙනස...

සම්මා සම්බුදුරජාණන් වහන්සේ නමකගෙයි, පසේ බුදුරජාණන් වහන්සේ නමකගෙයි අතර ලොකු වෙනසක් තියෙනවා. සම්මා සම්බුදුරජාණන් වහන්සේට බුද්ධ ශාසනයක් පිහිටුවන්න පුළුවන්. නමුත් පසේ බුදුරජාණන් වහන්සේ නමකට ශාසනයක් පිහිටුවන්න බෑ. බුද්ධ ශාසනය පිහිටුවන, ඒ සම්මා බුදුරජාණන් වහන්සේ පෙන්වාදෙන වැඩපිළිවෙලට පැමිණෙන ශ්‍රාවකයා ඒ වැඩපිළිවෙල තුළ කියන ආකාරයට කටයුතු කළොත් ශාසනය තුළින් ලබාගන්න තියෙන පරමාර්ථය අත්පත්

කරගන්න පුළුවන්. ඒ වැඩපිළිවෙල බිහිකරන්න පුළුවන් සම්මා සම්බුදු කෙනෙකුට පමණයි. පසේ බුදුවරුන්ට බෑ.

කලියුගයක අවාසනාව...

පසේ බුදුවරු පහළ වෙන්නේ බුදුරජාණන් වහන්සේ නමක් පහළවී සිටින කාලේ නෙවෙයි. දැන් මේ අපි ගත කරන කාලපරිච්ඡේදයට කියන්නේ පරිහානී යුගය කියලා. මේ පිරිහී පිරිහී යන යුගයක්. පිරිහෙන්නේ සිහිය, නුවණ, වීර්යයි. වීර්ය පිරිහෙනවා කියලා මෙතැන අදහස් කළේ, කුසල් දහම් උපදවගන්න තියෙන වීර්ය පිරිහීමයි. අකුසල් ප්‍රහාණය කරන්න තියෙන වීර්ය පිරිහීමයි. 'මේ කුසල්, මේ අකුසල්' කියලා දැනගන්න පුළුවන් ශක්තිය පිරිහීමයි. මේ යුගයේ වීර්යය වගේම සිහියත් පිරිහෙනවා.

ඒ වගේම යමක් විමසලා තෝරා බේරාගන්න තියෙන හැකියාව පිරිහෙනවා. නුවණ පිරිහෙනවා. සාමාන්‍ය ලෝකයා ඉතින් කාලා බීලා ඉඳියි. හැබැයි, මේ ලෝකය පිරිහිලා ගිහිල්ලා ආයුෂ අවුරුදු 10 ට අඩුවෙනවා. ඒ කාලයේ පසේ බුදුවරු පහළ වෙන්නේ නෑ. ආයුෂ අවුරුදු දහයේ යුගයෙන් පස්සේ විශාල යුද්ධයක් එනවා. ඒ යුද්ධයෙන් බොහොම සුළු පිරිසක් ඉතිරි වෙනවා.

සොඳුරු යුගයකට තව බොහෝ ඈතයි...

ඒ පිරිස ආයේ ටික ටික ගුණධර්ම දියුණු කරනවා. මේ විදිහට ටිකෙන් ටික ගුණධර්ම දියුණු වෙනකොට මිනිසුන්ගේ ආයුෂ අවුරුදු 80,000 දක්වා වර්ධනය වෙනවා. එහෙම වෙලා මෛත්‍රී බුදුරජාණන් වහන්සේගේ යුගය පහළ වෙන්න කලින් තමයි පසේ බුදුවරුන්ට පොඩි කාලයක් එන්නේ.

ප්‍රඥාවන්තයින්ගේ ලෝකයක ඇරඹුම...

අපි මේක තේරුම්ගන්න ඕනේ එහෙමයි. ඒ කියන්නේ ප්‍රඥාවන්තයින් පහළවෙන යුගයක් එනවා. ඒ යුගයේදී සම්මා සම්බුදු කෙනෙක් පහළ වෙන්න කලින් පසේ බුදුවරු පහළ වෙනවා. අපේ ගෞතම බුදුරජාණන් වහන්සේ පහළවෙද්දී මනුස්ස ලෝකේ 'මාතංග' කියන නමින් පසේ බුදුකෙනෙක් ඉඳලා තියෙනවා. ගෞතම බුදුරජාණන් වහන්සේ උපදිනවා කියලා කරුණු යෙදෙනකොට ඒ පසේ බුදුරජාණන් වහන්සේ පිරිනිවන් පෑවා. ඊට පස්සේ පසේ බුදු යුගය ඉවරයි. ඊට පස්සේ එන්නේ සම්මා සම්බුදු යුගය. දැන් මේ ගතවෙන්නේ ඒ සම්මා සම්බුදු යුගයත් අවසන් වේගෙන යන කාලේ. මේ කාලයත් අවසන් වෙලා මේ ධර්ම මාර්ගයේ කුසල් මාත්‍රයක් කතා නොකොට නැතිවෙලා යනවා.

ඒ කියන්නේ ලෝකේ බොහෝ රටවල කුසල් අකුසල් මාත්‍රයක්වත් කතා කරන්නේ නෑ. කතා කරන්න දන්නෙත් නෑ. හොඳට ගෙවල් දොරවල් හදාගෙන ඉඳියි. නමුත් ඒගොල්ලන්ට ජීවිතය ගැන වැටහීමක් නෑ. සතුන් කෙරෙහි අනුකම්පාව දැක්වීම වගේ පොඩි පොඩි දේවල් තියෙයි. නමුත් චතුරාර්ය සත්‍යය ගැන මොකුත් දන්නේ නෑ. කර්මය ගැන දන්නේ නෑ. කර්ම විපාක ගැන කියලා දෙන ශාසනයක් නැනේ. ඒ නිසා මොකක්වත් දන්නේ නෑ.

නිරයෙන් නවතින වත්මන් ලෝකය...

සමහර තැන්වල අම්මා අසනීප වෙලා ඉස්පිරිතාලේ ඉන්නවා. දරුවෝ ගිහිල්ලා මැරෙන්න ඉන්ජෙක්ෂන් එකක්

ගහන්න කියලා කියනවා. 'අසනීප වුණ කෙනෙකුට එහෙම කළාට කමක් නෑ' කියලා ඒක සම්මතත් කරගන්නවා. ඒ විදිහට මේ යුගයේ මිනිසුන් ආනන්තර්ය පාපකර්ම පවා සිද්ධ කරගන්නවා.

සමහර තැන්වල කුසට දරුවන් ආවට පස්සේ නැතිකළාට කමක් නෑ කියලා සම්මත කරගන්නවා. ඒ විදිහටත් හරියට මනුෂ්‍ය ඝාතන සිද්ධ වෙනවා. මිථ්‍යා දෘෂ්ටිය හරියට වැඩිවෙනවා. පින් පව් දන්නේ නෑ. කර්ම, කර්ම විපාක දන්නේ නෑ. මව්පියෝ හඳුනන්නේ නෑ. එහෙම ලෝකයක් තමයි දැන් තියෙන්නේ. එන්න එන්නම මේ ස්වභාවය වැඩිවෙනවා. හැබැයි හොඳට ඉදියි. යන්න එන්න පහසුකම් ඇතිවෙයි. ඒවා හදාගනියි.

මේ කාලේ දිව්‍ය ලෝකත් පිරිහෙනවා...

වර්තමානයේ බොහෝ දෙනෙක් දිව්‍ය ලෝකවල බ්‍රහ්ම ලෝකවල මොනතරම් සේනාවක් ඉන්නවද කියලා දන්නේ නැතේ. අපිට ඒක පේන්නේ නෑ. සමහරවිට දිව්‍ය ලෝකවල ඉන්න ඒ අය එහෙන් චුතවෙවී එනවා. එතකොට කාලයක් යනකොට එහේ පිරිස් නැතුව හිස් වෙනවා ඇති. ඒ අය චුතවෙවී චුතවෙවී මනුස්ස ලෝකෙට එනවා. මනුස්ස ලෝකෙට ආවට පස්සේ මනුස්ස ලෝකේ ධර්මය නෑ. ඉතින් එතැනින් පහළට වැටෙනවා. එහෙමයි වෙනවා ඇත්තේ.

ඊට පස්සේ දිව්‍ය ලෝකවල ඉන්න පිරිස වේගයෙන් අඩුවෙනවා. ආයුෂ ඉවරවෙන ඉවරවෙන ගානේ ඒගොල්ලෝ චුතවෙවී චුතවෙවී පහළට වැටෙනවා. මනුස්ස ලෝකෙට එනවා. මනුස්ස ලෝකෙදී හොඳ ලස්සනට

කාලා බීලා ඉන්නවා. මොකවත් දන්නේ නෑ. කියාදෙන්න කෙනෙක් නෑ. සිහි නුවණ දියුණු කරන්න බෑ, පිරිහිලා. වීර්ය දියුණු කරන්න බෑ, පිරිහිලා. ප්‍රඥාව ඉස්මතුවෙන ධර්මයක් නෑ. ධර්මය මතුවෙන්න දෙන්නෙත් නෑ. මේ ජීවිතේ කාලා බීලා ජීවත් වෙන්න දරන වෑයමේදී අකුසල් රැස්වෙනවා. ඊට පස්සේ මෙතැනින් ලිස්සලා සතර අපායට වැටෙනවා.

එහෙම තමයි බොහෝ දෙනෙකුට සිද්ධ වෙන්නේ. මෙහෙම තියෙන ලෝකෙක තමයි කලාතුරකින් සම්මා සම්බුදු රජාණන් වහන්සේ නමක් පහළවෙලා මේ ජීවිතය ගැන කියලා දෙන්නේ. ඉතින් මෙතැන බුදුරජාණන් වහන්සේ බ්‍රාහ්මණයා කියලා වදාළේ ඒ තථාගත අරහත් සම්මා සම්බුදුරජාණන් වහන්සේටයි.

සුමේධ කියන්නේ කාටද...?

ඊළඟට බුදුරජාණන් වහන්සේ වදාළා "පින්වත් භික්ෂුව, සුමේධ කියලා කියන්නේ (සේඛස්සේතං භික්ඛුනෝ අධිවචනං) සේඛ භික්ෂුවට කියන නමක්." සේඛ භික්ෂුව කියන්නේ ආර්ය අෂ්ටාංගික මාර්ගය පුහුණු කරන කෙනාටයි. සේඛ කියන එකේ සාමාන්‍ය අර්ථය 'පුහුණු වෙනවා' කියන එකයි. පුහුණු වෙන්නේ ආර්ය අෂ්ටාංගික මාර්ගයේ යන්නයි. ආර්ය අෂ්ටාංගික මාර්ගයේ යන්න පුහුණු වෙන්නේ මෝඩයෙක් නෙවෙයි, ප්‍රඥාවන්තයෙක්.

ප්‍රඥාව උපදවන අභ්‍යන්තර උපකරණය...

සාමාන්‍යයෙන් අපේ අභ්‍යන්තර ජීවිතයේ විශේෂ උපකරණයක් තියෙනවා. ඒ උපකරණයේ නම 'යෝනිසෝ

මනසිකාරය' (නුවණින් විමසීම). සාමාන්‍යයෙන් ඒක තියෙන්නේ වැඩ කරන්නේ නැතුව. ඔහේ තියෙනවා. අපි දන්නේ නෑ.

මේ කෙනාට චතුරාර්ය සත්‍යය ධර්මය ඇහෙනවා. චතුරාර්ය සත්‍යය ධර්මය ඇසෙනකොට යෝනිසෝ මනසිකාරය මතුවෙලා චතුරාර්ය සත්‍යය ධර්මය විමසන්න ගන්නවා. තේරුම් ගන්න බලනවා. එතකොට ඒ ධර්මය කෙරෙහි පැහැදීමක් ඇතිවෙනවා. යෝනිසෝ මනසිකාරය ඇතිවෙන්නේ එහෙමයි. ඊට පස්සේ යෝනිසෝ මනසිකාරය තුළින් ඇති වූ පැහැදීම තුළ එයා 'මම මේ මාර්ගයේ යන්න ඕන' කියලා හිතනවා. ඊට පස්සේ එයාට වාසනාව තිබුණොත් වාසනාවට අනුව එයා තම තම නැණ පමණින් ඒ මාර්ගයේ යනවා. ඒ විදිහට මේ ධර්ම මාර්ග යේ පුහුණුවෙන කෙනාට තමයි ඥාණවන්තයා (සේඛ) කියලා කියන්නේ.

ප්‍රඥාව ආයුධයක්...

ඊළඟට (සත්ථං) ආයුධය. ආයුධය කියන්නේ (අරියායේතං පඤ්ඤාය අධිවචනං) ආර්ය වූ ප්‍රඥාවට කියන නමකි. අනිත්‍ය දේ අනිත්‍ය වශයෙන් දැකීමේ කුසලතාවය, දුක් දේ දුක් වශයෙන් දැකීමේ කුසලතාවය, අනාත්ම දේ අනාත්ම වශයෙන් දැකීමේ කුසලතාවය, හේතුඵල දේ හේතුඵල වශයෙන් දැකීමේ කුසලතාවයට තමයි ප්‍රඥාව කියන්නේ. මොකද, ප්‍රඥාවන්ත කෙනා ඒ විදිහට නුවණින් විමසන්නේ යථාභූත ඥාණය ඇතිවෙන ආකාරයටයි. යථාභූත ඥාණය ඇතිවෙන ආකාරයට නුවණින් විමසනකොට එයාට ආර්ය වු ප්‍රඥාව උපදිනවා. ඒ ආර්ය වූ ප්‍රඥාවෙන් තමයි එයා මේ තුඹස හාරන්නේ.

බුද්ධ ශාසනය වීර්යවන්තයින්ගේයි...

බුදුරජාණන් වහන්සේ වදාරනවා "පින්වත් භික්ෂුව, භාරනවා කියලා කියන්නේ වීර්යයට. (**විරියාරම්භස්සේතං අධිවචනං**) භාරනවා කියන්නේ පටන්ගත් වීරියට කියන නමක්" කියනවා. එහෙනම් මේ හැරිල්ල හැමෝටම බෑ.

නමුත් හැමෝටම තුඹස තියෙනවා. ඒ හැම තුඹසක්ම රෑට දුමත් දානවා. දවල්ට ඇවිලෙනවා. හැබැයි 'මේක භාරපන්' කියන්න බ්‍රාහ්මණයා හැමෝටම මුණගැසෙන්නේ නෑ. ඤාණවන්ත පුද්ගලයන් ඉන්නවද කියන්නත් අපි දන්නේ නෑ. ඒ වගේම ආර්ය ප්‍රඥාව කා ළඟ තියෙනවාද කියන්න දන්නෙත් නෑ. එයා ඒක භාරන්නේ කොහොමද කියලත් අපි දන්නේ නෑ. බලන්න, ඒකට කොච්චර පිනක් ඕනද?

වීරිය කියන එක අපි හරියට හඳුනාගන්න ඕන. අපි කියමු කෙනෙක් තපස් කරනවා. ඒ කෙනා තපස් කරද්දී 'මම දවසක් තනි කකුලෙන් හිටගෙන ඉන්නවා' කියලා හිටන් ඉන්නවා. බැලූ බැල්මට පේන්නේ ඒකත් වීරියක් වගේ. නමුත් සමහර විට එයාට උපන් ද්වේෂය මැඩලන්න බෑ. ඒකට වුවමනා කරන වීරිය නෑ. එහෙම වෙන්න පුළුවන්. නමුත් උපන් ද්වේෂය ප්‍රහාණය කරගන්න පුළුවන් නම්, උපන් මාන්නය ප්‍රහාණය කරගන්න පුළුවන් නම්, එකට එක කිරීම ප්‍රහාණය කරගන්න පුළුවන් නම්, වෛරය ප්‍රහාණය කරගන්න පුළුවන් නම්, ආශාව ප්‍රහාණය කරගන්න පුළුවන් නම්, ඒකට තමයි වීරිය කියලා කියන්නේ. ඒ වගේම මෙත් සිත දියුණු කරගන්න පුළුවන් නම්, සිහිය දියුණු කරගන්න පුළුවන් නම්, නුවණින් විමසීම දියුණු කරගන්න පුළුවන් නම්, කරුණාව, මෛත්‍රිය, අනුකම්පාව දියුණු කරගන්න පුළුවන් නම් ඒක තමයි වීරිය.

තුඹස වසා ගත් දොර අගුල...

ඒ වීරිය ඇතිකර ගන්න බොහොම අමාරුයි. බුදුරජාණන් වහන්සේ දේශනා කරනවා "ඒ වීරිය ඇතිවෙන්නේ ආර්ය වූ ප්‍රඥාවෙන් හාරද්දී" කියලා. තුඹස හාරන්නේ ආර්ය වූ ප්‍රඥාවෙන්. හාරද්දී ඉස්සෙල්ලාම හම්බවෙන්නේ තුඹස වහගෙන තියෙන දොර අගුල. දොර අගුල ගලවන්න කියනවා. තුඹසේ තියෙන දේවල් ටික හොයාගන්න නම් දොර අගුල ගලවන්න එපැයි.

මේකේ තියෙනවා "(**ලංගී'ති බෝ භික්ඛු අවිජ්ජායේතං අධිවචනං**) දොර අගුල කියලා කියන්නේ අවිද්‍යාවට" කියලා. අවිද්‍යාව කියලා කියන්නේ දුක ආර්ය සත්‍යයක් කියලා නොදැනීම. ඒ වගේම දුක හටගන්න හේතුවෙලා තියෙන කරුණු ආර්ය සත්‍යයක් කියලා නොදැනීම. ඒ වගේම දුක්ඛ නිරෝධය, දුක්ඛ නිරෝධගාමිනී ප්‍රතිපදාව ආර්ය සත්‍යයක් කියලා නොදැනීම.

අපි ඉපදීම දුකයි කියනවා. නමුත් බැලූ බැල්මට දුකක් කියලා පේන්නේ නෑනේ. ඔන්න කවුරුහරි කියනවා "අනේ මට දරු සිඟිත්තෙක් ලැබෙන්න ඉන්නවා" කියලා. අපි "හරි ෂෝක් නේ" කියන්නේ නැද්ද? "අනේ අපි සෙත් පතනවා!" කියනවා. අපිට ඒක දුකක් කියලා පේන්නේ නෑ. යම් දවසක පඨවි, ආපෝ, තේජෝ, වායෝ, ආකාශ, විඤ්ඤාණ කියන ධාතූන් මව්කුසේ පිහිටියාද, එතැන පිහිටියේ ඉපදීමයි.

අනාරක්ෂිත බවේ බිය...

යම් තැනක පඨවි, ආපෝ, තේජෝ, වායෝ පිහිටයිද එතැන පිහිටන්නේ දුකයි. 'ඉපදීම දුකයි' කියන එක

මෙහෙම තේරුම් ගන්න. අනාරක්ෂිතබව නිසා ඇතිවෙන භයක් එතැන තියෙනවානේ. ඉපදුණු දවසේ ඉඳලා අනිත්‍ය බව පිළිබඳ අනතුරක් තියෙනවා. ඒ අනිත්‍ය බව නිසයි ආරක්ෂාව නැතිබව කියලා එකක් තියෙන්නේ.

අම්මා කෙනෙකුට දරුවෙක් පිළිසිඳ ගත්තොත් පිළිසිඳ ගත් දවසේ ඉඳලා 'මේ දරුවාව මම ආරක්ෂා කරගන්න ඕනේ' කියලා දරුවා පිළිබඳ බයක් තියෙනවා. දරුවා ඉපදුණාට පස්සේ ක්‍රම ක්‍රමයෙන් ඒ දරුවාටත් ඒ බය ඇතිවෙනවා. ඔන්න ඇස, කණ, නාසය, දිව, කය, මනස, සකස් වෙනවා. සකස් වෙලා දරුවා උපන්නා.

උපන් දා පටන් බියෙන්...

ඉපදුණු වෙලාවේ ඉඳලා බය නැද්ද? මේ පොඩි ළමයා පොඩ්ඩක් එහා මෙහා වෙනකොට කෑ ගහන්නේ නැද්ද? එහෙනම් ඉපදුණු වෙලාවේ ඉඳලා දුක තියෙනවා. මව්කුසේ ඉපදුණේ යම් වෙලාවකද, ඒ වෙලාවේ ඉඳලා ආරක්ෂාව නැතිකම නිසා ඇතිවුණ බය තියෙනවා. ආරක්ෂාව නැතිකම නිසා ඇතිවුණ බය තියෙනවා. (ජාතිපි දුක්ඛා) ඉපදීම නිසා දුක තියෙනවා. (ජරාපි දුක්ඛා) වයසට යනකොටත් ඒ බය තියෙනවා. (ව්‍යාධිපි දුක්ඛෝ) රෝග වීම පිළිබඳවත් බය තියෙනවා.

ලෝකය හෙල්ලිලා යන රෝග බිය...

බලන්න, පහුගිය කාලේ ඌරු උණක් හටගත්තා කියලා මුළු බටහිරම හෙල්ලිලා ගියානේ. ලෝකය පසුවෙන්නේ රෝග පීඩා හටගැනීම පිළිබඳ මහා බියකින්. මහා විශාල බියකින් පසුවෙනවා. ඇහුවොත් "අනේ අපට දුකක් නෑ" කියනවා. එකට හේතුව, දුක කියන

ආකාලික මුනි දහම 179

වචනයේ අර්ථය තේරෙන්නේ නැතිවීමයි. භයානක රෝගයක් බෝවෙනවා කිව්වම 'මට මේක හැදෙයිද?' කියලා විශාල බියක් හටගන්නවානේ. 'මේකෙන් මම අනතුරට පත්වෙයිද, මේකෙන් මට කරදරයක් වෙයිද?' කියලා විශාල බයක් එක්ක තමයි ඉන්න තියෙන්නේ. ඒ බය ඇතිවෙන වෙලාව හොයන්න බෑ. ඒ අනතුර ආපු ගමන් අපි සී සී කඩ දුවන්නේ නැද්ද? එහෙනම් අපිට ඒ බය තියෙනවා. '**ව්‍යාධිපි දුක්ඛෝ.**'

අපට උරුම දුක...

ඊළඟට (**මරණම්පි දුක්ඛා**) මරණය සම්බන්ධයෙනුත් හැම තිස්සේම අනාරක්ෂිත බව පිළිබඳ බය තියෙනවා. ඒ වගේම (**අප්පියේහි සම්පයෝගෝ දුක්ඛෝ**) තමන්ට සතුරු, තමන්ට අහිතවත් පිරිසක් සමඟ එකට ඉන්න ලැබුණොත් එයාට තියෙන්නේ බයක් නේද? එයා හැම තිස්සේම ඉන්නේ ආරක්ෂාව නැතිකම පිළිබඳව බයෙන්. ඒක දුකක් නෙවෙයිද? ඒක තමයි දුක. ඊළඟට (**පියේහි විප්පයෝගෝ දුක්ඛෝ**) ප්‍රිය වූ කෙනෙක් වෙන්වෙද්දී 'මට කරදරයක් වෙයිද? ඒ නිසා මං අසරණ වෙයිද?' කියලා දුක හිතෙනවා නේද? ඒ නිසා බුදුරජාණන් වහන්සේ මේ සියල්ල හකුළුවා දේශනා කරනවා "රූප උපාදානස්කන්ධය, වේදනා උපාදානස්කන්ධය, සඤ්ඤා උපාදානස්කන්ධය, සංඛාර උපාදානස්කන්ධය, විඤ්ඤාණ උපාදානස්කන්ධය තමයි දුක" කියලා.

ඒ වගේම, මේ දුකට හේතුවක් තියෙනවා. (**අවිජ්ජා නීවරණානං සත්තානං තණ්හා සංයෝජනානං**) අවිද්‍යාවෙන් වැසීගිය, තණ්හාවෙන් බැඳී ඉන්න සත්ත්වයාට හටගන්න තණ්හාව තමයි ආයේ ආයෙමත් දුක හදලා

දෙන්නේ. තණ්හාව නැත්නම් දුක නෑ. දැන් ඔබට මේක තේරෙනවා ඇති.

කෙලෙස් නැති ජීවිතය කුමකට බිය වෙන්නද...?

ඔබ අවුරුදු හතේ අධිමුත්ත සාමණේරයන් වහන්සේ ගැන අසා ඇතිනේ. උන්වහන්සේ අවුරුදු හතේදීමයි අරහත්වයට පත්වුණේ. දවසක් හොරු කණ්ඩායමක් උන්වහන්සේව අල්ලාගෙන ගිහින් මරන්න හැදුවා. නමුත් උන්වහන්සේට අනාරක්ෂිත බවෙන් හටගන්න බය නෑ. මොකද, උන්වහන්සේ දුකට හේතුව ප්‍රහාණය කළා. ඒ නිසා මරණය ප්‍රශ්නයක් නෙවෙයි. ඒක දුකක් නෙවෙයි. දුකින් නිදහස්.

මේ විදිහට අවිද්‍යාව කියලා කියන්නේ ආර්ය සත්‍යය ගැන නොදැනීමයි. ඒ නොදැන සිටීමෙන් තමයි තුඹස ලොක් කරලා තියෙන්නේ. තුඹසේ ලොක් එක අවිද්‍යාවයි. ඒ දොර අගුල ගලවලා අයින් කරන්න කියනවා. ඊට පස්සේ ආයෙමත් හාරන්න කියනවා. හාරන්න කියන්නේ ආයෙමත් වීරිය කරන්න කියන එකටයි. ආර්ය ප්‍රඥාවෙන් වීරිය කරන්න කියන එකටයි.

තුඹසේ සැඟවුණු හොර කල්ලිය...

නැවතත් ආර්ය ප්‍රඥාවෙන් වීරිය කරන කොට තුඹසේ රිංගගෙන ඉන්න කට්ටිය මුණගැසෙනවා. ඔන්න පැන පැන යන සතෙක් ඉන්නවා. බලවත් ක්‍රෝධය තියෙනවා. ඒ තමයි තුඹස අස්සේ එහාට මෙහාට පැන පැන ඉන්න මැඩියා. බලවත් ක්‍රෝධය නැමැති මැඩියා ඉන්නවා. ඌට ඉන්න දෙන්න එපා කියනවා. තුඹස ඇතුළේ ඉන්න මැඩියාව අල්ලාගෙන ගොඩට විසි කරන්න

කියනවා. ඔන්න විසිකළා.

බලන්න, මේ ක්‍රෝධය කියන එක සැණෙකින් හටගන්න පුළුවන්නේ. උපන් ක්‍රෝධය මැඬලන්න නම් ක්‍රෝධයේ ආදීනව දැනගන්න ඕන. ඊළඟට තමන්ටම ඒක නුවණින් මෙනෙහි කරන්න පුළුවන් වෙන්න ඕන.

ධර්මය කැඩපතක් කරගන්න...

බුදුරජාණන් වහන්සේගේ ධර්මයෙන් අපට තම තමන්ගේ ජීවිතය දිහා බලන්න යම්කිසි කැඩපතක් සකස් කරගන්න උදව් කරනවා. ඒ කැඩපතෙන් බලාගන්න තියෙන්නේ තමන්ගේ ජීවිතයයි. ඒකෙන් තමන්ගේ ජීවිතය පේන්නේ නැත්නම් එයාට කැඩපත හදාගන්න බැරිවෙලා. බුදුරජාණන් වහන්සේගේ ධර්මයෙන් තමන්ගේ ජීවිතය පේනවා නම් එයා දහම් කැඩපත හදාගෙන.

තුඹස හාරන්න ඕන තමාමනේ. එතකොට තමන්ගේ තියෙන දේවල් තමන්ටම හොයාගන්න පුළුවන්. නැත්නම් තමන් තුළ ක්‍රෝධය හටගත්තු ගමන් ඇඟිල්ල දික් කරන්නේ අනුන්ට. අනුන්ට ඇඟිල්ල දික් කර කර "උඹ වැරදියි! උඹ වැරදියි!" කිය කියා නින්දා කරනවා මිසක් තමන්ට මොකක්ද වුණේ කියලා හොයාගන්න බෑ. ඒ තමයි ක්‍රෝධ උපායාසය. මේ කාලේ තුඹස්වල හරියට ගෙම්බෝනේ. ගෙම්බෝ වැඩියි.

කලින්ම දොර අගුල් කඩා දමන්න...

හැබැයි තුඹසේ ඉන්න ගෙම්බව අයින් කරන්න ඉස්සර වෙලා ලොක් එක කඩන්න ඕනනේ. අවිද්‍යාව

කඩනවා කියන්නේ, එයා යම් ප්‍රමාණයකට හරි චතුරාර්ය සත්‍යය ගැන තේරුම් ගන්න ඕනේ. දුක ගැන, දුකට හේතුව ගැන, දුක නිරුද්ධවීම ගැන, දුකෙන් නිදහස්වීම ගැන නුවණින් විමසන්න පුළුවන් වෙන්න ඕනේ. ඊට පස්සේ තමයි මේක හොයාගන්න පුළුවන් වෙන්නේ.

ඊට පස්සේ තවදුරටත් හාරගෙන යනකොට හොයා ගන්න බැරි දෙමංසන්ධියක් හමුවෙනවා. පාර නොදන්නා කෙනෙක් කොහේහරි දෙමංසන්ධියකට ආවොත්, එයා 'මම මෙතැනින් හැරෙන්නද? අතනින් හැරෙන්නද? මේ පැත්තට යන්නද? අර පැත්තට යන්නද?' කියලා කල්පනා කරනවානේ. දෙමංසන්ධියක් තියෙද්දී එකපාරට ඉස්සරහට යන්න බෑ. ඒ නිසා දෙමංසන්ධිය කියන්නේ සැකයට කියන නමක් කියලා බුදුරජාණන් වහන්සේ දේශනා කළා.

සැකයට හේතුව...

සැකය ඇතිවෙන්න හේතුව ශ්‍රද්ධාව නැතිවීමයි. ශ්‍රද්ධාව නැතිවෙන්න හේතුව සද්ධර්ම ශ්‍රවණය නොලැබීමයි. සද්ධර්ම ශ්‍රවණය ලැබුණත්, ශ්‍රද්ධාව ඇති නොවෙනවා නම් ඊට හේතුව යෝනිසෝ මනසිකාරයේ නොයෙදීමයි. සමහර අය සුළු කාරණාවලදී පවා තමන්ගේ ශ්‍රද්ධාවට හානි කරගන්නවා. හානි කරගන්නේ විචිකිච්ඡාවෙන්. විචිකිච්ඡාව නිසා යන්න ඕන පාර අත්හැරලා වැරදි පාරට හැරෙනවා.

තැන තැන දුවන අසරණ ජීවිත...

සමහර අය අසනීප වුණාට පස්සේ අද්භූත විදිහට සුවයක් බලාපොරොත්තු වෙනවා. ශ්‍රද්ධාව තිබුණා නම් මේ විදිහට අද්භූත විසඳීමක් බලාපොරොත්තු වෙන්නේ

නෑ. එයා අසනීපයට බෙහෙත් කරන අතරේ, ආර්ය සත්‍යය ගැන කල්පනා කරනවා. 'මම සංසාරේ බොහෝ කලක් ඉපදි ඉපදී, මැරි මැරී ආපු කෙනෙක්. මට මේ ජීවිතෙත් ඒක උරුමයි. මම මේ කර්මානුරූපව ආපු ගමනක්' කියලා කල්පනා කරනවා. නමුත් ගොඩක් අය අසනීප වුණාට පස්සේ කටයුතු කරන්නේ ඒ විදිහට නෙවෙයි. ඔන්න සමහර අය ඇවිල්ලා කියනවා "ඔයා අපි කියන තැනට යන්න එන්න. ගිහිල්ලා දෙවියන්ගෙන් ඉල්ලා හිටින්න" කියලා.

අපි කියමු මෙයා අවුරුදු 4 ක් - 5 ක් විතර මේ අසනීපයෙන් දුක් විඳිනවා කියලා. මේ කෙනා අසනීපයට බෙහෙත් කරන ගමන්ම ඔන්න යාඥා කරන තැනට යනවා. ගිහිල්ලා යාඥා කරනවා. අපි හිතමු මෙයාට ඒ කර්ම විපාකය විඳින්න තිබුණේ අවුරුදු පහකට කියලා. ඉතින් අවුරුදු පහ යනකොට ඒ කර්ම විපාකය ඉවරයි. ඒ නිසා දැන් මෙයාට බෙහෙත අල්ලනවා. දැන් බෙහෙත් අල්ලනකොට මෙයා රැවටෙනවා 'මට මේ සනීපවුණේ යාඥාවෙන්' කියලා. ඊට පස්සේ 'හරි පාර මොකක්ද? වැරදි පාර මොකක්ද?' කියලා තිබුණු සැකය නිසා එයා හිතනවා 'එහෙනම් මේ පාර තමයි හරි' කියලා. අන්න අහුවුණා.

මොනතරම් අවාසනාවක්ද...?

ඊට පස්සේ එයා යථාර්ථය පෙන්වා දෙන ශාස්තෘන් වහන්සේව අත්හරිනවා. යථාර්ථය අවබෝධ කරවන ධර්මය අත්හරිනවා. යථාර්ථය අවබෝධ කරවන මාර්ගය අත්හරිනවා. ඒ ඔක්කොම අත්හැරලා ඊට පස්සේ ජීවිතේ සෑම දේකටමම එතැනින් විසඳුම් සොයන්න පුරුදු වෙනවා. හැබැයි ඒ සැකය නම් නැතිකරන්න බෑ. ඔන්න

එයාට තව ප්‍රශ්නයක් එනවා. ඒකට එතැනින් විසඳුමක් නොලැබුණොත් ඊට පස්සේ වෙන පාරක් හොයනවා.

ඊට පස්සේ තව කෙනෙක් කියනවා "ඕක හරියන්නේ නෑ. ඔයාට විශේෂ අපලයක්. ඔයා අසවල් කෝවිලට යන්න. ගිහිල්ලා මේ මේ විදිහට කටයුතු කරන්න" කියලා. ඊට පස්සේ මෙයා ඒක කරනවා. සමහර විට 'නව හඳ බලන්න' කියනවා. ඔන්න මෙයා අලුත් හඳ දිහා බලන් ඉන්නවා. එතකොටම සනීප වෙනවා. දැන් මෙයා හිතනවා 'මම මේ සනීපවුණේ සඳ බැලීමෙන්' කියලා. විචිකිච්ඡාව ඇතිවුණාම මේ විදිහට සිද්ධවෙන්න පුළුවන්. විචිකිච්ඡාව තුළ ඒ කිසිවක් හොයාගන්න බෑ. සමහර විට මෙයාට භූත දෝෂයක් තියෙනවා. නමුත් මෙයා මේක දන්නේ නෑ. ඔන්න මෙයා කොහේ හරි තැනකට යනවා. ගියාම එතැනින් ඒ භූත දෝෂය අයින් කරනවා. ඊට පස්සේ එයා හිතනවා 'අසවල් කෙනා තමයි මාව සනීප කළේ' කියලා.

දෙමංසන්ධියේ නැවතී සිටිමුද...?

එතකොට මේ වගේ දේවල් හරි ආකාර ලෙස තෝරා බේරාගන්න බැරිවෙන්නේ හුඹහේ දෙමංසන්ධියක් තියෙන නිසයි. අර ඤාණවන්ත කෙනා ආර්ය ප්‍රඥාවෙන් තුඹස හාරගෙන යද්දී තමයි මේක අහුවුණේ. ඊට පස්සේ බ්‍රහ්මණතුමා, "තුඹසේ තියෙන ඒ දෙමංසන්ධිය අයින් කරන්න" කියලා අවවාද කළා.

ඊට පස්සේ බුදුරජාණන් වහන්සේ පෙරහංකඩේ ගැන දේශනා කළා. පෙරහංකඩෙන් තමයි පෙරන්නේ. පෙරුවට පස්සේ පෙරහන්කඩේ ඉතුරු වෙන්නේ රොඩුටික.

බුදුරජාණන් වහන්සේ, "පෙරහන්කඩය කියලා කියන්නේ පංච නීවරණවලට කියන නමක්" කියලා දේශනා කළා.

නිවන ආවරණය කරන නීවරණ ධර්ම...

අපි ආසකරන රූප, ශබ්ද, ගන්ධ, රස, ස්පර්ශවලට සිත ඇදිලා යනවා. මේක කාමච්ඡන්දය. කාමය කියලා කියන්නේ ප්‍රිය මනාප රූප, ශබ්ද, ගන්ධ, රස, ස්පර්ශ. මේ දේවල්වලට සිත ඇදිලා යනවා. කාමච්ඡන්දය. ඒ වගේම තරහා ඇතිවුණාට පස්සේ ඒකටම සිත ඇදිලා යනවා. ඒ ව්‍යාපාදයයි. එහෙම නැත්නම් අකර්මණ්‍යතාවය එනවා. ඒ කියන්නේ ක්‍රියාවකට නගාගන්න බැරි විදිහට කයයි, මනසයි හැකිලෙනවා. ඒ ථීනමිද්ධය. ථීනමිද්ධය ආපු වේලාවට හිතට අරමුණු ගන්න බෑ. ඒ අරමුණු අකර්මණ්‍යය වෙනවා. සිතේ ක්‍රියාකාරීත්වය අකර්මණ්‍යයයි. අකර්මණ්‍යයයි කියන්නේ ක්‍රියාවට නංවන්න බැරුව යනවා. එතකොට නිදිමත එනවා. ඒක ථීනමිද්ධය.

ඊළඟට උද්ධච්ච කුක්කුච්චය. සිත විසිරෙනවා. එක්කෝ පසුතැවෙනවා. එහෙම නැත්නම් විචිකිච්ඡාව (සැකය) එනවා. මේ තමයි පෙරහංකඩය. මේ පෙරහංකඩෙත් අයින් කරන්න කියනවා.

ඊට පස්සේ තුඹස තවත් හාරන් යන්න කියනවා. අර දෙවියා ඊළඟට ඉබ්බෙක්ව හම්බවෙනවා කියලා කිව්වනේ. "ඉබ්බා කියලා කියන්නේ පංච උපාදානස්කන්ධයට" කියලා බුදුරජාණන් වහන්සේ දේශනා කළා. ඒ කියන්නේ රූප උපාදානස්කන්ධය, වේදනා උපාදානස්කන්ධය, සඤ්ඤා උපාදානස්කන්ධය, සංඛාර උපාදානස්කන්ධය, විඤ්ඤාණ උපාදානස්කන්ධයට. අපි රූපෙට හිරවෙලා ඉන්නවා.

විඳීමට හිරවෙලා ඉන්නවා. සඤ්ඤාවට හිරවෙලා ඉන්නවා සංස්කාර වලට හිරවෙලා ඉන්නවා. විඤ්ඤාණයට හිරවෙලා ඉන්නවා. මේ පංච උපාදානස්කන්ධය තමයි ඉබ්බාට උපමා කළේ.

කාමය කියන්නේ මේ වගේ දෙයක්...

ආයෙමත් හාරගෙන යනකොට මස් කපන කොටෙයි, පිහියයි හම්බවෙනවා. මස් කපන කොටෙයි පිහියයි වගේ කියනවා මේ පංච කාමගුණ. (**චක්ඛු විඤ්ඤෙය්‍යානං රූපානං ඉට්ඨානං කන්තානං මනාපානං පියරූපානං කාමූපසංහිතානං රජනීයානං**) ඇසින් දකින ඉෂ්ට, කාන්ත, මනාප, ප්‍රිය ස්වභාව ඇති, ආශාව ඇතිවෙන, කෙලෙස් හටගන්නා යම් රූප ඇද්ද, ඒ රූපය මස් කපන කොටෙයි පිහියයි වගේ කියනවා. ඒ වගේම ප්‍රිය මනාප මිහිරි ශබ්දය මස් කපන කොටෙයි පිහියයි වගේ කියනවා. ප්‍රිය මනාප මිහිරි සුවඳ මස් කපන කොටෙයි පිහියයි වගේ කියනවා. ඒ වගේම ප්‍රිය මනාප මිහිරි රස, ප්‍රිය මනාප මිහිරි ස්පර්ශය මස් කපන කොටෙයි පිහියයි වගේ කියනවා. මස් කපන කොටේ තියෙනවා. පිහියත් තියෙනවා. නමුත් මසක් නෑ. කපනවා කපනවා. කපලා අයින් කරපු ගමන් කොටෙයි පිහියයි විතරයි තියෙන්නේ. ඉවරයක් නෑ නේද? පංච කාමය මේ වගේ කියනවා. ඒ නිසා ඒකත් අයින් කරන්න. නැවතත් හාරන්න කියනවා.

අයින් කරලා නැවත හාරද්දී ඔන්න කප කප හිටපු දේ මුණගැසෙනවා. ඔන්න මස් වැදැල්ලක් තියෙනවා. බුදුරජාණන් වහන්සේ "(**මාංසපේසී'ති ඛෝ භික්ඛු නන්දිරාගස්සේතං අධිවචනං**) පින්වත් භික්ෂුව, මස් වැදැල්ල කියලා කියන්නේ ආශාවෙන් ඇලීමට" කියලා දේශනා කළා. ඒ

ආශාවෙන් ඇලීමත් අයින් කරන්න ඕන. මස් වැදැල්ල අයින් කරන්න ඕන. ඒ විදිහට ඇලීමත් අයින් කරලා තව දුරටත් හාරගෙන යනකොට නාගයෙක් හම්බවෙනවා. එතකොට අර බ්‍රාහ්මණයා "නාගයාට මොකුත් කරන්න එපා. එහෙමම ඉන්න දෙන්න. නාගයත් එක්ක හැප්පෙන්න යන්න එපා" කිව්වා.

හැරිල්ල ඉවර වෙන්නේ අරහත්වයෙන්...

බ්‍රාහ්මණතුමා කිව්වේ "**(නමෝ කරෝහි නාගස්සාති)** නාගයාට නමස්කාර කරන්න" කියලයි. ඉතින් බුදුරජාණන් වහන්සේ වදාළා "**(නාගෝති බෝ භික්ඛු ඛීණාසවස්සේතං භික්ඛුනෝ අධිවචනං)** නාගයා කියලා කියන්නේ ක්ෂීණාශ්‍රව, (ආශ්‍රවයන් ක්ෂයකළ) රහතන් වහන්සේට කියන නමක් කියලා. "ඒ ආශ්‍රවයන් ක්ෂය කළ රහතන් වහන්සේ, **(තිට්ඨතු නාගෝ)** නාග තෙම සිටීවා! **(මා නාගං ඝට්ටේසි)** නාගයා සමඟ ගැටෙන්න නොයන්න. **(නමෝ කරෝහි නාගස්සාති)** ඒ නාගයාට නමස්කාර කරන්න."

එතකොට බලන්න, මේ හැරිල්ල ඉවර වෙන්නේ රහතන් වහන්සේගෙන්. හුඹහ හාරගෙන යනකොට ඉවරවෙලා තියෙන්නේ රහතන් වහන්සේගෙන්. ඒ රහතන් වහන්සේලා පහළ වෙන්නේ බුද්ධ ශාසනයක පමණයි.

හැමෝම කියන්නේ එකම දහමක්ද...?

ඔබට මතක ඇති, බුදුරජාණන් වහන්සේ පරිනිර්වාන මංචකයේ සැතපී සිටිද්දී සුභද්‍ර කියලා තාපසයෙක් ඇවිදින් අහපු කාරණය. "භාග්‍යවතුන් වහන්ස, මේ ලෝකයේ විවිධාකාර වැඩපිළිවෙලවල් තියෙනවා. මේ කිසිවක් භාග්‍යවතුන් වහන්සේ විස්තර කරලා දෙන ධර්මය හා

සමානත්වයක් තියෙනවද? මේ ඔක්කොම එකයිද?" කියලා ඇහුවා. එතකොට බුදුරජාණන් වහන්සේ "ඕවා හොයන්න යන්න එපා. ඕවට කාලයක් නෑ" කියලා පිළිතුරු දුන්නා.

බුදු සසුනේ ප්‍රභූ පිරිස්...

ඊට පස්සේ බුදුරජාණන් වහන්සේ දේශනා කළා "සුභද්‍ර, යම් තැනක ආර්ය අෂ්ටාංගික මාර්ගය ඇද්ද, එතැන පළවෙනි ශ්‍රමණයා, දෙවෙනි ශ්‍රමණයා, තුන්වෙනි ශ්‍රමණයා, හතරවෙනි ශ්‍රමණයා ඉන්නවා. සුභද්‍ර, යම් තැනක ආර්ය අෂ්ටාංගික මාර්ගය නැද්ද, එතැන පළවෙනි ශ්‍රමණයාත් නැත. දෙවෙනි ශ්‍රමණයාත් නැත. තුන්වෙනි ශ්‍රමණයාත් නැත. හතරවෙනි ශ්‍රමණයාත් නැත. සුභද්‍රය, මේ ගෞතම ශාසනයේ ආර්ය අෂ්ටාංගික මාර්ගය තිබේ. ආර්ය අෂ්ටාංගික මාර්ගය තිබෙන නිසා මේ ගෞතම ශාසනයේ තමයි පළවෙනි ශ්‍රමණයා, දෙවෙනි ශ්‍රමණයා, තුන්වෙනි ශ්‍රමණයා, හතරවෙනි ශ්‍රමණයා ඉන්නේ."

පළවෙනි ශ්‍රමණයා කිව්වේ සෝතාපන්න ශ්‍රාවකයාට. දෙවෙනි ශ්‍රමණයා කිව්වේ සකදාගාමී ශ්‍රාවකයාට. තුන්වෙනි ශ්‍රමණයා කිව්වේ අනාගාමී ශ්‍රාවකයාට. හතරවෙනි ශ්‍රමණයා කිව්වේ රහතන් වහන්සේට.

මේ සියලු දෙනා ලෝකයේ විද්‍යමාන වෙන්නේ ආර්ය අෂ්ටාංගික මාර්ගය තිබෙන තැනක පමණයි. එහෙනම් අපි තේරුම් ගන්න ඕන, මාර්ගඵල ලාභීන් බිහිවන්නේ බුද්ධ ශාසනයේ පමණයි. මොකද, ආර්ය අෂ්ටාංගික මාර්ගය තියෙන්නේ මේ ශාසනයේ පමණයි. වෙන කිසිම ආගමික ඉගැන්වීමක් තුළ ආර්ය අෂ්ටාංගික මාර්ගය නෑ.

මැදුම් පිළිවෙත වරදා ගත් අය...

නමුත් කෙනෙකුට විචිකිච්ඡාව තිබුණොත් හිතන්න පුළුවන් 'අනිත් තැන්වලත් ආර්ය අෂ්ටාංගික මාර්ගය තියෙනවා' කියලා. සමහර අය අදත් ආර්ය අෂ්ටාංගික මාර්ගය ගැන හරියට දන්නේ නැතුව "මගේ ළඟත් තියෙන්නේ මැදුම් පිළිවෙත. මගේ ළඟත් තියෙන්නේ *middle path*" කියනවනේ. දන්නෙ නැති කෙනා හිතනවා "හරි. මේ කියන්නේ ඇත්තක්" කියලා.

එක දවසක් මදුරාසියේදී නෝනා කෙනෙක් මට එහෙම කිව්වා. "මෙහෙමයි ස්වාමීන් වහන්ස, අපට දැන් කාලේ බුදුරජාණන් වහන්සේ නෑනේ. ඒ නිසා මම මේ වෙසක් එකට සායි බාබා බලන්න යනවා" කිව්වා. මම ඇහුවා "ඒ මොකද එහේ යන්නේ?" කියලා. "හාමුදුරුවනේ, එතැන තමයි *correct path* තියෙන්නේ" කිව්වා. ඒ කිව්වේ හරි මාර්ගය. ඉතින් මම ඇහැව්වා "ආ.. ඔයාට හරි මාර්ගය හම්බවුණාද, මොකක්ද ඒක?" කියලා. එතකොට කියනවා "ඒක *middle path*" කියලා. ඒ කියන්නේ මැද මාවත කියන එක. මම ඇහුවා "එහෙනම් කියන්න බලන්න ඔයාගේ *middle path* එක මොකක්ද?" "ඒක පන්සිල්" කිව්වා. මම ඇහැව්වා "ඉතින් ඔයාට පන්සිල් ගැන කියලා දෙන්න එයාවම ඕනවුණාද? ඇයි ඔයා පන්සිල් ගැන අහලා නැද්ද?" කියලා. එතකොට බලන්න, තමන්ගේ හිස් බව වහගන්න ධර්මයේම වචන දානවා. මේක සිද්ධ වෙන්නේ සැකය නිසා.

පෙරළුන පිට හොඳයි කිව්වලු...

ඔන්න කෙනෙක් පාරුවක ගියාලු. ඒක පෙරළුණා.

ඊට පස්සේ දැන් කොහොමහරි කඳට නැගගත්තා. "ෂා... මේකනේ හොඳ!" කිව්වලු. 'පෙරළුණ පිට හොඳයි' කිව්වලු. ඒ වගේ එකක් තමයි තියෙන්නේ.

දන්නේ නැති කෙනෙකුට "මේක තමයි මැදුම් මාවත, මේක තමයි මැද පිළිවෙත" කියලා කියනකොට ආර්ය අෂ්ටාංගික මාර්ගය දන්නේ නැති කෙනා "ආ.. මේ කියන්නේ එහෙනම් ඇත්තක් තමයි" කියලා ඒකට අහුවෙනවා. ඒ නිසා අපි මේ දේවල් ගැන විස්තර වශයෙන් දැනගන්න ඕනේ.

අසම්පූර්ණ අර්ථ දැක්වීම්...

අපි දන්නවනේ ආර්ය අෂ්ටාංගික මාර්ගය කියන්නේ 'සම්මා දිට්ඨි, සම්මා සංකප්ප, සම්මා වාචා, සම්මා කම්මන්ත, සම්මා ආජීව, සම්මා සති, සම්මා සමාධි' කියන අංග අටට. කවුරුහරි "සම්මා දිට්ඨි කියන්නේ හරි දැක්ම, සම්මා සංකප්ප කියන්නේ හරි සංකල්පය, සම්මා වාචා කියන්නේ හරි වචනය, සම්මා කම්මන්ත කියන්නේ හරි ක්‍රියාව, සම්මා ආජීව කියන්නේ හරි දිවි පැවැත්ම, සම්මා වායාම කියන්නේ හරි වීරිය, සම්මා සති කියන්නේ හරි සිහිය, සම්මා සමාධි කියන්නේ හරි සමාධිය" කියලා ඔක්කොටෝම හරි හරි කියලා දැම්මට ඒ අර්ථ දැක්වීම නිවැරදි වෙන්නේ නෑ.

නිවැරදි වන තාක් අවුල තියෙනවා...

'හරි දැක්ම' කියලා විතරක් අහගෙන ඉන්න කෙනෙක් කියන්න පුළුවන් "මගේ දැක්ම හරි දැක්මයි" කියලා. ඒ නිසා සම්මා දිට්ඨිය 'හරි දැක්ම' කියලා පරිවර්තනය කළොත් ඒක සම්පූර්ණ වෙන්නේ නෑ.

සම්මා දිට්ඨිය කියලා කියන්නේ චතුරාර්ය සත්‍යය පිළිබඳ අවබෝධයටයි කියලා නිවැරදි වෙනතාක් අවුල තියෙනවා.

සම්මා සංකප්ප කියලා කියන්නේ නෙක්ඛම්ම සංකල්ප, අව්‍යාපාද සංකල්ප, අවිහිංසා සංකල්ප වලටයි කියලා අහන තාක් මේ ගැටලුව තියෙනවා. එහෙම නැතුව 'හරි සිතුවිලි' කියලා විතරක් කිව්වොත් 'ආ.. මගේ ළඟත් හරි සිතුවිලි තියෙනවා' කියලා ලෝකේ හැමෝම කියයි.

සම්මා වාචා කියන්නේ බොරු කීමෙන් වෙන්වීම, කේලාම් කීමෙන් වෙන්වීම, එරුෂ වචනයෙන් වෙන්වීම, හිස් වචනයෙන් වෙන්වීම කියලා නොඅසනා තාක් මේ ගැටලුව තියෙනවා. 'හරි වචනය' කියලා විතරක් කිව්වොත් අනිත් අයත් කියයි 'අපිත් කියන්නේ හරි වචනනේ' කියලා. බලන්න නොදන්නාකමේ අවුල. අද ලෝකයේ මේ අවුල තියෙනවා.

අපේ දිවි පැවැත්මත් හරි...

සම්මා කම්මන්ත කියන්නේ ප්‍රාණඝාතයෙන් වෙන්වීම, සොරකමින් වෙන්වීම, වැරදි කාමසේවනයෙන් වෙන්වීම කියලා නොකියා 'හරි ක්‍රියාව' කිව්වොත්, "අපිත් හරි ක්‍රියා කරන අය" කියයි. එතකොට අහුවෙනවා. සම්මා ආජීවය කියන්නේ අධාර්මික ජීවිතයෙන් වැළකීමටයි. එහෙම නැතුව 'හරි දිවි පැවැත්ම' කියලා කිව්වොත් "අපේ දිවි පැවැත්මත් හරි. අපිත් ඉඩම් ගන්නවා. ගෙවල් හදනවා. අපිත් රස්සාවල් කරනවා. අපිත් ජීවත්වෙන පිළිවෙල හරි" කියලා ඕන කෙනෙකුට කියන්න බැරිද? බලන්න, ආර්ය අෂ්ටාංගික මාර්ගය හරියට විස්තර නොවුණොත් ඒ අර්බුදය හිටිනවා.

සම්මා වායාමය බුදු සසුනක පමණයි...

ඊළඟට සම්මා වායාම කියන්නේ 'හරි වීරිය' කියලා පරිවර්තනය කළොත් මොකද වෙන්නේ? කෙනෙක් කියයි "අපිත් වීරිය කරනවා. කඹුරු කොටනවා, ගොවිතැන් කරනවා, අපිත් රස්සාවල් කරනවා. ඉතින් අපේ වැයමත් 'හරි වීරිය' කියලා. නමුත් බුද්ධ දේශනාවේ පෙන්වන සම්මා වායාම කියන්නේ ඒකට නොවෙයිනේ.

(උප්පන්නානං අකුසලානං ධම්මානං පහානාය ඡන්දං ජනේති වායමති විරියං ආරභති චිත්තං පග්ගණ්හාති පදහති) උපන්නා වූ අකුසල ධර්ම ප්‍රහාණය කරන්න **(ඡන්දං ජනේති)** කැමැත්ත ඇති කරගන්නවා, **(වායමති)** වැයම් කරනවා, **(විරියං ආරභති)** වීර්යය පටන් ගන්නවා, **(චිත්තං පග්ගණ්හාති)** සිත දැඩි කරගන්නවා, **(පදහති)** පදන් වෙර ගන්නවා. ඒ තමයි සම්මා වායාම. සම්මා වායාම නොදන්න කෙනා 'හරි වීරිය' කියලා ඇහුවාම, 'මගේ ගාව තියෙන්නේ හරි වීරිය' කියලා වරදවා ගන්න පුළුවන්. ඉංග්‍රීසි පරිවර්තනවල ඒ වරද තියෙනවා. ඇයි, ඔක්කොටම තියෙන්නේ *right understanding, right speech...* කියලනේ. එතකොට ඔක්කොම වරදිනවා.

සම්මා සති කියන්නේ **(කායේ කායානුපස්සී විහරති. වේදනාසු වේදනානුපස්සී විහරති. චිත්තේ චිත්තානුපස්සී විහරති. ධම්මේසු ධම්මානුපස්සී විහරති. ආතාපි සම්පජානෝ සතිමා විනෙය්‍යලෝකේ අභිජ්ඣා දෝමනස්සං)** සතර සතිපට්ඨානයට. මේ කාරණය දන්නේ නැති කෙනා 'හරි සිහිය' කියනකොට "ආ.. මාත් සිහියෙන් ඉන්නේ" කියයි. ඔන්න දොරේ හැප්පෙන්න ගියා. "කෝ ඔයාගේ සිහිය?" කියනවා. නමුත් මෙතැන

සිහිය කියන්නේ සතර සතිපට්ඨානයට. (ආතාපි) කෙලෙස් තවන වීර්යයෙන්, (සම්පජානෝ) මනා නුවණින් යුක්තව, (සතිමා) සිහියෙන් යුක්තව, (විනෙය්‍යය ලෝකේ අභිජ්ඣා දෝමනස්සං) මේ ජීවිතය තුළ ලෝභයත් දොම්නසත් බැහැරකර සිහිය පිහිටුවීම. ඒක හරි විදිහට පරිවර්තනය නොවුණොත් නිවැරදි අර්ථය එන්නේ නෑ.

කාමය ඉක්මවා ගිය සමාධි සැපය...

බුදුරජාණන් වහන්සේ සම්මා සමාධිය වශයෙන් විස්තර කළේ ධ්‍යාන හතරයි. පළවෙනි ධ්‍යානය විස්තර කරන්නේ මෙහෙමයි. කාමයන්ගෙන් වෙන්ව, අකුසල ධර්මයන්ගෙන් වෙන්ව, විවේකයෙන් හටගත් ප්‍රීති සුඛය ඇති, විතක්ක විචාර සහිත ඒකාග්‍රතාවයෙන් යුතු වූ පළවෙනි ධ්‍යානය. මේවා නැතුව 'හරි සමාධියයි' කියලා පරිවර්තනය කළොත් හරියනවාද? ඒ වගේම දෙවන ධ්‍යානය, තුන්වන ධ්‍යානය, හතරවන ධ්‍යානය කියන මේ ධ්‍යාන හතරටයි සම්මා සමාධිය කිව්වේ.

මේ දේශනාවේදී බුදුරජාණන් වහන්සේ දේශනා කරනවා තුඹස හාරන කෙනාට පළමුවෙන්ම හමුවෙන්නේ දොර අගුල කියලා. ඒක අයින් කරන්න කියනවා. දොර පොල්ල කඩන්න කියනවා. ඒ අවිද්‍යාව බැහැර වෙන්න නම් 'දුක මේකයි, දුකේ හටගැනීම මේකයි, දුක නැතිවීම මේකයි, දුක නැතිවීමේ මාර්ගය මේකයි' කියලා දැනගන්න ඕන. එයා ආර්ය අෂ්ටාංගික මාර්ගය හැටියට දන්නේ 'හරි දැක්ම, හරි සිතුවිලි, හරි වචන, හරි ක්‍රියා, හරි දිවි පැවැත්ම, හරි වීරිය, හරි සිහිය, හරි සමාධිය' කියලා පමණක් නම් වරදිනවා.

අද ලෝකයේ ඔක්කොම මිශ්‍ර වෙලා...

පතංජලීගේ යෝග ශාස්ත්‍රය කියන පොත ලෝකේ ගොඩක් ජනප්‍රියයිනේ. ඒකේ තියෙන යෝග ශාස්ත්‍රයේ ශ්‍රද්ධා, විරිය, සති, සමාධි, පඤ්ඤා කියලා උගන්වනවා. යෝග ශාස්ත්‍රය ලියැවුණේ ක්‍රිස්තු පූර්ව තුන්වන සියවසේ. උපුටා ගත්තේ බුද්ධ වචනය. උපුටාගෙන මේ ශරීරයට ඒක ගලපලා දැම්මා. එතකොට දන්නේ නැති කෙනා 'ආ.. එහෙනම් මේකෙත් ඉන්ද්‍රිය ධර්ම තියෙනවා. ඒ නිසා මේකෙත් යම්කිසි මාර්ගයක් තියෙනවා' කියලා හිතලා අහුවෙනවා. ඇයි, ලෝකේ දැන් ඔක්කොම මිශ්‍රවෙලානේ තියෙන්නේ. ඉතින් මේ නිසා බුදුරජාණන් වහන්සේගේ ධර්මය නිර්මල විදිහට තේරුම් නොගන්නා තුරු එයා ඉන්නේ විචිකිච්ඡාවෙන්.

බුදු සසුනේ කලයාණ වැට...

ඒ නිසා ඔබ මේ කාරණා හොඳට මතක තියා ගන්න ඕන. එක තැනකදී බුදුරජාණන් වහන්සේ දේශනා කරනවා "මහණෙනි, මම මෙවර පිහිටපු මේ කල්‍යාණ වැට මේ ආර්ය අෂ්ටාංගික මාර්ගයයි. මේ කල්‍යාණ ප්‍රතිපදාව ආර්ය අෂ්ටාංගික මාර්ගයයි. මේ ආර්ය අෂ්ටාංගික මාර්ගය කෙරෙහි සිත පහදවා ගන්න. දුකින් නිදහස්වීමට ඇති එකම මාර්ගය මේ ආර්ය අෂ්ටාංගික මාර්ගයයි. වෙන මාවත් නෑ. ලෝකයේ යම් තැනක ආර්ය අෂ්ටාංගික මාර්ගය තිබෙයිද, එතැන තමයි පළමුවෙනි ශ්‍රමණයා, දෙවෙනි ශ්‍රමණයා, තුන්වෙනි ශ්‍රමණයා, හතරවෙනි ශ්‍රමණයා ඉන්නේ" කියලා.

එතකොට ඔබ තේරුම් ගන්න ශ්‍රද්ධාවට පැමිණෙනවා

කියන්නේ කොයිතරම් අමාරු දෙයක්ද කියලා. ශ්‍රද්ධාවට පැමිණෙන්න නම් ඒ ධර්මය නියම ආකාරයෙන්ම ශ්‍රවණය කරන්න ඕන. නියම ආකාරයෙන් ශ්‍රවණය නොකරන තාක් කල් අපේ ශ්‍රද්ධාව වහා සැලෙනවා.

ඉල්පෙන ශ්‍රද්ධා ඇත්තහුගේ ප්‍රඥාව නොපිරේ...

සැලෙන ශ්‍රද්ධාව ගැන මෙහෙම සඳහන් වෙනවා. "**(පරිප්ලව පසාදස්ස පඤ්ඤා න පරිපූරති)** ඉල්පෙන සැදැහැ ඇත්තහුගේ ප්‍රඥාව නොපිරේ." නොපිරෙන්න හේතුව එයා පහදින්නේ වෙන වෙන දේවල්වලට වීමයි. ඒ පැහැදීම සැණෙකින් වෙනස් වෙනවා. එක්කෝ තමන්ට ප්‍රශංසා කරන තාක් කල් පහදිනවා. තමන්ට ප්‍රශංසා කිරීම අතපසු වුණොත් අපැහැදුණා. තමන් එක්ක හිනාවෙනකම් පහදිනවා. තමන් එක්ක හිනාවෙන්න බැරිවුණොත් ඉවරයි. එක්කෝ තමන් කියන දේ අහගෙන ඉන්නකම් පහදිනවා. තමන්ගේ වචනය අහන්නේ නැත්නම් අත්හරිනවා. "අනේ අපිට වැඩක් නෑ. අපි එතැනට ගියා. අපි මේක කිව්වා. ඒක කළේ නෑ. ඒ නිසා අපි අත්හැරියා" කියනවා.

මේ ධර්මය අත්හැරෙන්න තියෙන අවස්ථා සීයක් නම් අල්ලාගන්න තියෙන්නේ එක අවස්ථාවයි. අල්ලා ගන්න තියෙන ඒ අවස්ථාව ලැබෙන්න නම් **'පරිප්ලව පසාද'** නැතුව ඉන්න ඕන. ඒ කිව්වේ ඉල්පෙන සැදැහැ නැතුව ඉන්න ඕන. ඉල්පෙන සැදැහැවෙන් වැඩක් නෑ. මේ පහදිනවා, මේ නැතිවෙනවා. ඒකෙන් ප්‍රඥාවට උදව්වක් නෑ.

ප්‍රඥාවට උදව් වෙන්නේ **'ආකාරවතී'** (කරුණු සහිතව ස්වාධීන වූ) ශ්‍රද්ධාව. ස්වාධීන ශ්‍රද්ධාව කියන්නේ

තමාගේ යෝනිසෝ මනසිකාරයෙන්, තමා නුවණින් විමසලා ඇති කරගන්න එකක්. නුවණින් විමසන්න පාදක කරගන්න ඕනේ තමන් හිතින් හදාගන්න මනස්ගාත නෙවෙයි. නුවණින් විමසන්න පාදක කරගන්න ඕනේ බුදුරජාණන් වහන්සේ වදාළ ධර්මයයි.

ස්වාධීන ප්‍රඥාවක් ඇත්නම් බයවෙන්න හේතුවක් නෑ

ගෞතම බුදුරජාණන් වහන්සේ වදාළ ධර්මය පාදක කරගැනිල්ලෙන් පමණයි තමන්ට ස්වාධීන ප්‍රඥාවක් ඇති කරගන්න පුළුවන් වෙන්නේ. ස්වාධීන ප්‍රඥාව ඇති කරගත්තාට පස්සේ ආයේ කාට බය වෙන්නද? ඇයි, ඒ ප්‍රඥාව තමා සතු එකකනේ. ඒක තමා විසින් විමසලා තේරුම්ගත්ත එකක්නේ. එයාට මොන ප්‍රශ්නයක් ආවත් ඒකෙන් ශ්‍රද්ධාවට හානියක් වෙන්නේ නෑ. ශ්‍රද්ධාවට හානියක් නොවී තමන්ට ඒක පවත්වන්න පුළුවන් වෙනවා. මේ විදිහට තමයි තමන්ගේ ශ්‍රද්ධාව ඇති කරගන්න ඕනෑ. ඒ ශ්‍රද්ධාව කරුණු සහිත වූ ශ්‍රද්ධාවක්. එය මනාකොට කරුණු තේරුම් ගැනීමෙන් ඇතිකරගන්න ශ්‍රද්ධාවක්. බොහෝ කලක් හිතසුව පිණිස පවතින ශ්‍රද්ධාවක්. අන්න ඒ ශ්‍රද්ධාව අපට බොහෝ සෙයින් උදව් වෙනවා, උපකාර වෙනවා.

දැන් බලන්න, මේ කාලේ වගේ නෙමෙයි, බුද්ධ කාලේ ගත්තොත් මීටත් වඩා සංකීර්ණයි. නමුත් ඒ කාලේ මිනිස්සුන්ට සිහිය දියුණු කිරීමේ හැකියාව තිබුණා. නුවණ දියුණු කිරීමේ හැකියාව, වීරිය දියුණු කිරීමේ හැකියාව තිබුණා. ඒ කාලේ විමුක්තිය හොයනවා කිය කියා හැමෝම යනවනේ.

අවිද්‍යාව කියන්නේ මහා පුදුම දෙයක්...

දවසක් මහා කාශ්‍යපයන් වහන්සේ බුදුරජාණන් වහන්සේගෙන් අහනවා "භාග්‍යවතුන් වහන්ස, සම්මා සම්බුද්ධත්වයට පත්නොවී ඔය එක එක්කෙනා සම්බුදුයි කියන්නේ ඇයි?" කියලා. ඒ කියන්නේ බුද්ධ කාලෙත් 'මමත් සම්මා සම්බුද්ධයි.. මමත් සම්මා සම්බුද්ධයි' කියලා කියපු එක එක අය ඉඳලා තියෙනවා. ඒ වගේ සම්මා සම්බුද්ධයි කියලා කියන ඩුප්ලිකේට් අය ඉන්නකොට ධර්මය අහපු නැති කෙනා "ආ.. සම්බුදු කෙනෙක් ඉන්නවා. යමල්ලා බලන්න" කියපු ගමන් බඩු පොදි බැඳගෙන ලෑස්ති වෙනවා.

බුදුරජාණන් වහන්සේ මහා කාශ්‍යප මහරහතන් වහන්සේට දේශනා කරනවා "පින්වත් කාශ්‍යප, මේ අවිජ්ජා ධාතුව (අවිද්‍යාව) කියන්නේ මහා පුදුම දෙයක්. මේ සේරම ප්‍රශ්න තියෙන්නේ ඒක නිසා" කියලා.

අද බොහෝ දෙනෙකුට ආකාරවතී ශ්‍රද්ධාව නෑ...

එතකොට බලන්න, ඒ කාලේ බුදුරජාණන් වහන්සේ අරහං, සම්මා සම්බුද්ධයි කියලා දෙව් මිනිසුන් අභියස ප්‍රකාශ කරද්දී, 'මමත් සම්බුදුයි' කියන තවත් අය හිටියා. 'මමත් රහත්' කියන තවත් අය හිටියා. ඒ කාලේ භික්ෂූන් වහන්සේලා චාරිකාවේ වඩින ක්‍රමයක්නේ තිබුණේ. ගමකට වැඩම කළා, ධර්මය දේශනා කළා, ආපහු වැඩියා. ඊට පස්සේ තවත් පිරිසක් එනවා. ඇවිල්ලා ඒගොල්ලන්ගේ එකක් කියනවා. තව පිරිසක් එනවා. එතකොට ඒ ඔක්කොම මැද්දේ ශ්‍රාවකයින් නොසැලී රැඳිලා හිටියේ ආකාරවතී ශ්‍රද්ධාව නිසයි. අද එහෙම ඉන්න පුළුවන්ද?

අද ඒ හැකියාව නෑ. හැකියාව තිබුණත් තියෙන්නේ කලාතුරකින් කෙනෙකුට.

කෙනෙකුට කරුණු සහිතව ශ්‍රද්ධාව ඇතිවුණොත් ඒත් සමඟම කෙළෙහිගුණ පිහිටනවා. "මම බුදුරජාණන් වහන්සේගේ ධර්මය ඇසුවා. ඒ ධර්මය මට ලැබුණේ අසවල් තැනින්" කියලා කෙළෙහිගුණ පිහිටනවා. එතකොට ශ්‍රද්ධාවත් තියෙනවා. කෘතගුණත් තියෙනවා. සත්පුරුෂයෙකුත් වෙනවා. ඔක්කොම ගානට පිහිටනවා. ඒ දේවල් කිසිවක් කෘතිමව ගන්න බෑ. ඒක ස්වභාවිකව එන්න ඕන.

ඉතින් ඒ නිසා එවැනි ශ්‍රද්ධාවක් ඇතිකරගෙන ජීවිතාවබෝධය ලැබීම පිණිස මේ ධර්ම ශ්‍රවණය සියලු දෙනාටම හේතු වාසනා වේවා!

සාදු! සාදු!! සාදු!!!

මහාමේඝ ප්‍රකාශන

● ත්‍රිපිටක පොත් වහන්සේලා :

01. මජ්ඣිම නිකාය 1 කොටස
(මූල පණ්ණාසකය)
02. සංයුත්ත නිකාය 1 කොටස
(සගාථ වර්ගය)
03. සංයුත්ත නිකාය 2 කොටස
(නිදාන වර්ගය)
04. ඛුද්දක නිකාය 1 කොටස
05. ඛුද්දක නිකාය 2 කොටස
(විමාන වත්ථු , ප්‍රේත වත්ථු)
06. සංයුත්ත නිකාය 3 කොටස
(ඛන්ධක වර්ගය)
07. දීඝ නිකාය 1 කොටස
(සීලක්ඛන්ධ වර්ගය)
08. සංයුත්ත නිකාය 4 කොටස
(සළායතන වර්ගය)
09. අංගුත්තර නිකාය 1 කොටස
(ඒකක, දුක, තික නිපාත)
10. මජ්ඣිම නිකාය 2 කොටස
(මජ්ඣිම පණ්ණාසකය)
11. මජ්ඣිම නිකාය 3 කොටස
(උපරි පණ්ණාසකය)

● සදහම් ග්‍රන්ථ :

01. කියන්නම් සෙනෙහසින් මිය නොයන් හිස් අතින්
02. තෝරාගනිමු සැබෑ නායකත්වය
03. පැහැදිලි ලෙස පිරිසිදු ලෙස දෙසූ සේක සිරි සදහම්
04. දම් දියෙන් පණ දෙව් විමන් සැප
05. බුදුවරුන්ගේ නගරය
06. සයුර මැද දූපතක් වේ ද ඔබ...?
07. ගිහි ගෙයි ඔබ ඇයි?
08. ඔබේ සිත සමඟ පිළිසඳරක්
09. මෙන්න නියම දේවදූතයා
10. ආදරණීය වදකයා
11. සයුරේ අසිරිය ධර්මයේ
12. විෂ නසන ඔසු
13. සසරක ගමන නවතන නුවණ
14. විස්මිත හෙළිදරව්ව
15. දිළිසෙන සියල්ල රත්තරන් නොවේ
16. අනතුරින් අත්මිදෙන්නට නම්...
17. අතරමං නොවීමට...
18. සුන්දර ගමනක් යමු
19. කවදා නම් අපි නිදහස් වෙමුද?
20. ලෙඩ දුක් වලින් අත්මිදෙන්නට නම්...
21. ලෝකය හැදෙන හැටි
22. යුද්ධයේ සුළමුල
23. රහතන් වහන්සේ මරණින් මතු ඇත නැත
24. නුවණැස පාදන සිරි සදහම්
25. මරණය ඉදිරියේ අසරණ නොවීමට නම්
26. අපේ නව වසර බුද්ධ වර්ෂයයි
27. පිරුවානා පොත් වහන්සේ
28. හේතුවක් නිසා
29. අවබෝධ කළ යුතු ධර්මය මෙයයි
30. සැබෑ බිරිඳ කවුද?
31. පහන් සිළ නිවෙන ලෙස පිරිනිවී වැඩි සේක
32. සසරට බැඳෙමුද සසරින් මිදෙමුද?
33. රහතුන්ගේ ධර්ම සාකච්ඡා
34. සැබෑ දියුණුවේ රන් දොරටුව
35. බලන් පුරවරක අසිරිය
36. මමත් සිත සමාහිත කරමි බුදු සමිඳුනේ...
37. එළිය විහිදෙන නුවණ
38. සැබෑ ශ්‍රාවකයා ඔබ ද?
39. අසිරිමත් ය ඒ භාග්‍යවතාණෝ...
40. නුවණැත්තෙක් වෙන්නට නම්
41. බුද්ධියේ හිරු කිරණ
42. නිවන්නට භව ගිමන් දෙසූ සදහම් ගිමන්
43. සිතට සුවදෙන භාවනා
44. ඒ භාග්‍යවතුන් වහන්සේගේ ශ්‍රාවකයා වෙමි මම
45. සසරක රහස
46. නුවණින් ලොව එළිය කරනා මහා ඉසි-වරයාණෝ
47. ස්වර්ණමාලී මහා සෑ වන්දනාව
48. සොඳුරු හුදෙකලාව

49. මඟ හොඳට තිබේ නම්...
50. මගේ ලොව හිරු මඬල ඔබයි බුදු සමිඳුනේ
51. නුවණැත්තන් හට මෙලොවේ - දකින්ට පුළුවනි සදහම්
52. සිත සනසන අමා දහම්
53. අසිරිමත් සම්බුදු නුවණ
54. ගෞතම සසුනේ පිහිට ලබන්නට...
55. බුදුරජාණන් වහන්සේ කුමක් වදාළ සේක් ද?
56. පින සහ අවබෝධය
57. සැබෑ බසින් මෙම සෙත සැලසේවා
58. සැපයක්ය එය නුඹට - සැනසෙන්න මෙත් සිතින්
59. අසත්‍යයෙන් සත්‍යයට...
60. කවුරුද ලොව දැකගත්තේ - ඒ සම්බුදු සිරි සදහම්
61. පිරිනිවුණි ඒ රහත් මුනිවරු
62. බාධා ජයගත් මගමයි යහපත්
63. භව පැවැත්මේ සැබෑ ස්වභාවය
64. සුගතියට යන සැලැස්මක්
65. පින් මතුවෙන වන්දනා
66. බුදුමුවින් ගලා ආ - මිහිරි දම් අමා දුන්
67. ශ්‍රී සම්බුද්ධත්ව වන්දනා
68. යළි යුගයක් ආවා ලොව සම්බුදු
69. පිනක මහිම
70. බුදු නෙතින් දුටු හෙට දවසේ ලෝකය
71. ජීවිතය දකින කැඩපත ධර්මයයි.
72. අකාලික මුනි දහම

• සදහම් සිතුවම් පොත් පෙළ :

01. ඡත්ත මාණවක
02. බාහිය දාරුචීරිය මහරහතන් වහන්සේ
03. පිණ්ඩෝල භාරද්වාජ මහරහතන් වහන්සේ
04. සුමන සාමණේර
05. අම්බපාලී මහරහත් තෙරණියෝ
06. රට්ඨපාල මහරහතන් වහන්සේ
07. සක්කාර නුවර මසුරු කෝසිය
08. කිසාගෝතමී
09. උරුවේල කාශ්‍යප මහරහතන් වහන්සේ
10. සංකිච්ච මහරහතන් වහන්සේ
11. සුප්පබුද්ධ කුෂ්ඨ රෝගියා
12. බුද්ධ දිවාකරයාණෝ
13. සුමන මල් වෙළෙන්දා
14. කාලි යක්ෂණිය
15. මුගලන් මහරහතන් වහන්සේ

• මහාමේඝ මාසික පුවත් සඟරාව

පූජ්‍ය කිරිබත්ගොඩ ඤාණානන්ද ස්වාමීන් වහන්සේ විසින් සරල සිංහලට පරිවර්තනය කරන ලද ත්‍රිපිටක පොත් වහන්සේලා ඇතුළුව සියලුම සදහම් ග්‍රන්ථ, ධර්ම දේශනා කැසට් පට සහ සංයුක්ත තැටි ලබාගැනීමට විමසන්න....

thripitakasadahambooks@gmail.com

info@mahameghapublishers.com